权威·前沿·原创

皮书系列为
"十二五""十三五""十四五"时期国家重点出版物出版专项规划项目

北京蓝皮书

BLUE BOOK OF BEIJING

北京经济发展报告

（2023~2024）

ANNUAL REPORT ON ECONOMIC DEVELOPMENT

OF BEIJING (2023~2024)

组织编写／北京市社会科学院

主　　编／邓丽姝

副 主 编／唐　勇

社会科学文献出版社

SOCIAL SCIENCES ACADEMIC PRESS (CHINA)

图书在版编目（CIP）数据

北京经济发展报告 . 2023-2024 / 邓丽姝主编；唐
勇副主编 . --北京：社会科学文献出版社，2024.5
（北京蓝皮书）
ISBN 978-7-5228-3459-7

Ⅰ.①北… Ⅱ.①邓… ②唐… Ⅲ.①区域经济发展
-研究报告-北京-2023-2024 Ⅳ.①F127.1

中国国家版本馆 CIP 数据核字（2024）第 066183 号

北京蓝皮书

北京经济发展报告（2023~2024）

主　　编 / 邓丽姝
副 主 编 / 唐　勇

出 版 人 / 冀祥德
责任编辑 / 吴　敏
责任印制 / 王京美

出　　版 / 社会科学文献出版社·皮书分社（010）59367127
　　　　　地址：北京市北三环中路甲 29 号院华龙大厦　邮编：100029
　　　　　网址：www.ssap.com.cn
发　　行 / 社会科学文献出版社（010）59367028
印　　装 / 天津千鹤文化传播有限公司

规　　格 / 开　本：787mm×1092mm　1/16
　　　　　印　张：22.75　字　数：337 千字
版　　次 / 2024 年 5 月第 1 版　2024 年 5 月第 1 次印刷
书　　号 / ISBN 978-7-5228-3459-7
定　　价 / 158.00 元

读者服务电话：4008918866

主要编撰者简介

邓丽姝 北京市社会科学院经济研究所副所长、研究员。毕业于中国人民大学产业经济学专业，经济学博士。主要从事产业经济、科技创新经济、数字经济等领域研究。作为独立作者在《经济管理》、《经济日报》（理论版、时评版）、《城市发展研究》、《治理现代化研究》、《中国流通经济》、《北京工商大学学报》（社会科学版）、《前线》等发表理论文章80余篇。独著署名出版专著《生产性服务业与北京产业升级》（中国经济出版社，2014）、《科技创新引领北京经济高质量发展研究》（北京燕山出版社，2022）、《北京产业发展研究》（北京燕山出版社，2009）3部。参编专著《新时代首都发展的战略擘画》（人民出版社，2022）、《产业经济学》（东北财经大学出版社，2019）等4部。主持北京社科基金重点项目和一般项目、首都高端智库重大项目、北京市优秀人才项目、北京市社会科学院重点项目等科研项目多项，作为主要执笔人参加中央"马克思主义理论研究和建设工程"项目、北京社科基金重大项目等集体攻关项目。主持完成的研究报告获得北京市主要领导的肯定性批示。

唐　勇 北京市社会科学院经济研究所助理研究员，华中科技大学数量经济学硕士、北京邮电大学产业经济学博士。主要研究方向为宏观经济和计量经济。近年来，运用计量经济学、大数据分析、人工神经网络、深度学习等前沿科学方法分析经济增长理论和现实问题，围绕经济增长、科技创新、房地产经济、高技术产业发展、文化创意产业发展等主题公开发表学术论文15篇。主持北京市哲学社会科学规划项目青年课题一项，主持多项北京市各区县及委办局关于经济增长和统计计量方面的应用课题，参与院内多项重点或重大研究项目。

摘　要

《北京经济发展报告（2023～2024）》分为总报告、宏观经济篇、战略发展篇、产业发展篇、财政金融篇和区域发展篇。聚焦首都高质量发展这一首要任务，以"五子"联动服务和融入新发展格局为主线，采用定量研究和定性分析相结合的方法，对北京经济发展形势进行了分析与预测，聚焦全局性、战略性和关键领域重点问题，系统研究具有首都特点的现代化经济体系。以科技创新、绿色经济、数字化转型和产业发展等为代表的新增长点，为经济高质量发展提供了可行路径。对 2024 年北京经济形势以及信息服务业、科技服务业、房地产业、财政金融等形势进行了分析和展望，对数字科技创新、高精尖产业体系、生态产品价值实现、新型工业化、人工智能大模型、科技金融发展、中关村科学城建设世界领先科技园区、乡村产业振兴、京津冀产业链协同创新等重点热点问题进行了深入分析，并提出具有可操作性的对策建议。

第一，2024 年北京经济呈现稳中向好发展形势。2023 年，北京经济在波动中恢复，总体呈现"前低、中高、后稳"态势。为此，建立索洛模型，估算资本存量，测算全要素生产率增速，探讨北京经济增长的内生动力。研究表明科技创新对潜在经济增长率的拉动作用还有较大的提高空间。2024 年，北京经济面临的有利条件和发展机遇大于外部风险和挑战，将逐步回归平稳增长。预测 2024 年北京经济增速为 4.1%～4.4%。从需求侧来看，消费需求回归常态化增长水平，预计全年总消费增长 6.5% 左右；固定资产投资稳中趋缓，预计全市固定资产投资增长 4% 左右。从供给侧来看，根据重点领域预测结果，工业将恢复至4%左右的常态化增长水平；服务业有望延续新冠疫情前稳中趋缓发展态势，增速在5%左右。重点产业领域，信息服务业三大细分领域均有望实现稳健性增长，人工智能、信创和公共数据应用或迎来质的转变，预计信息服务业增加值增速将保持在14%左右。科技服务业作为实现科技创新驱动产业升级、加快形成新质生产力的关键一环，其战略支撑作用将愈发凸显，随着内外部需求回暖、利好政策落地显效、科技成果加速涌现，北京经济将打开增量空间、迎来发展新机遇，预计增速企稳，呈现向好发展态势。

第二，培育具有首都特点的现代化产业体系，新动能新优势加快形成。推进首都新型工业化，持续夯实以高精尖产业为代表的实体经济根基，逐步构建符合首都城市战略定位的现代化产业体系。生产性服务业对服务业发展的贡献率高达73%，生产性服务业发展产生的集聚效应，改变了城市发展逻辑，深刻地影响了产业空间布局。同时，北京人工智能大模型产业发展水平全国领先，正在快速构建具有全球影响力的产业生态体系。针对在算力、数据、算法等关键要素与应用等关键环节面临的系列挑战与问题，要加快算力基础设施建设，优化供给结构，提高效率；支持高质量数据集开发，进一步加快数据要素市场建设；加强算法与工具创新，优化开放合作生态；深化应用场景开放，牵引大模型应用落地；做好引导监督，推动大模型产业安全有序发展。

第三，实施创新驱动发展战略，加强国际科技创新中心建设。北京深入推进数字科技自主创新，在完善自主创新推进机制、突破关键核心技术、提升企业科技创新主体地位、前瞻布局未来科技等方面探索出一系列经验。为进一步提升北京数字科技自主创新能力，要坚持自主创新突破，实施非对称竞争战略；坚持融通创新，巩固企业创新主体地位；坚持应用创新和场景驱动，加强创新生态培育。从稳步推进国产替代战略、以颠覆性技术创新促进关键核心技术自主可控、完善新型举国体制实现机制与模式、加强创新链与产业链的互动耦合、优化创新应用生态、构筑新兴领域差异化竞争优势等方面完善政策举措。同时，做好科技金融大文章，加强对科技创新领域的金融支持，推动形成"科技—产业—金融"良性循环。

第四，绿色经济夯实经济高质量发展底色。北京聚焦生态涵养区保护与发展问题，构建基础制度体系，探索生态产品价值实现路径，完善政策支持路径。健全生态补偿机制，做到调节服务产品"可收益"；加强农业品牌建设，做到生态物质产品"可增值"；创新产业融合发展，做到文化服务产品"可变现"。同时，"五子"联动与北京绿色低碳循环发展紧密关联，但产业数字化发展程度影响绿色低碳转型速度、数字技术赋能绿色低碳发展不足、碳价值和生态价值核算处于初级阶段等为北京数字经济与绿色低碳协同发展带来了挑战。要加快推进以科技创新为引领的数字化、绿色低碳化产业体系建设，强化政府与市场多维度协同，以数字技术为媒介，加快绿色低碳技术创新，拓展碳价值、生态产品价值实现途径。

第五，以产业链协同为重要切入点，深入推进区域协调发展。推进京津冀产业链深度融合、打造具有竞争力的创新型产业集群，完善北京产业配套环境，拓展产业链合作腹地。京津冀地区是我国重要的集成电路开发和生产基地之一，具备率先实现产业融合发展的良好条件，要推动形成更为有效的产业链分工合作格局。同时，加强南北合作，培育跨区域产业集群，推动城南地区高质量发展。对接中关村科学城、未来科学城、怀柔科学城的创新成果，构建北部成果南部转化机制，将南部地区打造成为科技成果转化示范区与高精尖产业发展主阵地。

关键词： 宏观经济　数字经济　科技创新　绿色经济　北京

目 录 ⟩

Ⅰ 总报告

Ⅱ 宏观经济篇

Ⅲ 战略发展篇

Ⅳ 产业发展篇

Ⅴ 财政金融篇

VI 区域发展篇

皮书数据库阅读 **使用指南**

总 报 告

B.1

2023~2024年北京经济形势
分析与预测

北京市社会科学院经济形势分析与预测课题组*

摘　要： 2023年北京经济发展的主要特征有：经济增速冲高回落，总体通胀保持低位，就业形势基本稳定，科技创新推动发展，投资需求低速增长，消费需求持续回暖，居民收入稳定增长，住房市场库存降低。本报告通过建立索洛模型，估算资本存量，测算全要素生产率增速，探讨北京经济增长的内生动力。近年来劳动人口数量逐步减少，并有可能在未来拉低潜在经济增速。人均资本积累速度放缓，对潜在经济增长率的拉动作用将减弱。科技创新对潜在经济增长率的拉动作用还有较大的提高空间。应用ARIMA模型和LSTM模型对2024年北京经济增速进行预测。ARIMA模型对GDP季度增速的最近一期预测结果为2024年第一季度经济增长4.3%，对GDP年度增速的最近一期预测结果为2024年经济增长4.1%；LSTM模型对GDP年度

---

* 执笔人：唐勇，北京市社会科学院经济研究所助理研究员，主要研究方向为宏观经济学、经济增长理论等。

增速的最近一期预测结果为 2024 年经济增长 4.36%。综合来看，据模型预测结果，2024 年全年北京经济增速为 4.1%~4.4%。

关键词： 经济增长　资本存量　全要素生产率　北京

一　世界经济形势与中国经济发展趋势

（一）世界经济总体形势

全球经济刚从新冠疫情冲击下逐步恢复，就遭遇了影响深远的俄乌冲突和极端气候变化的双重打击，又受持续收紧的各国货币政策影响，总体增速有所放缓，多数发达经济体的通胀水平得到了控制，全球经济展现出了一定的韧性。

1. 外部冲击持续不断

俄乌冲突短期内仍然没有任何即将结束的迹象，中东地区又爆发了局部战争，对全球经济的负面影响是显而易见的。俄罗斯是全球重要的石油生产大国，乌克兰是重要的能源中转国，俄乌冲突会持续影响欧洲一些国家的石油供应，从而影响全球能源市场稳定。冲突的不确定性将会严重影响相关企业和消费者的信心，从而影响投资和消费，甚至会引发金融市场动荡。与此同时，全球自然灾害频繁发生，极端气候变化导致农作物减产、土地退化和畜牧业受损，同时导致道路、桥梁等基础设施受损，对经济增长造成严重负面影响。

2. 经济增速小幅放缓

2023 年，全球经济增速相比上年适度放缓。联合国发布的《2024 年世界经济形势与展望》中对 2023 年和 2024 年全球经济增速的预测值分别为 2.7% 和 2.4%，相比 2022 年逐步走低（联合国对 2022 年全球经济增速的预测值为 3.0%）。国际货币基金组织（IMF）2023 年 10 月发布的《世界经济展望》中对 2023 年和 2024 年全球经济增速的预测值分别为 3.0% 和 2.9%，相比 2022 年逐步放缓（IMF 对 2022 年全球经济增速的预测值为 3.5%）。

3.通胀得以有效控制

2023 年，以美国为代表的发达经济体相继实施了紧缩货币政策，以控制通胀水平。在新冠疫情期间，多数发达经济体的央行出台了量化宽松货币政策，刺激投资和市场流动性，在短期内经济得以快速恢复，但同时通货膨胀压力不断增大。为此，美联储和欧洲各国央行纷纷将货币政策从量化宽松转向量化紧缩。据联合国估计，全球总体通胀率从 2022 年的 8.1% 下降到 2023 年的 5.7%；而 IMF 估计，全球总体通胀率从 2022 年的 9.2% 下降到 2023 年的 5.9%。虽然数据略有不同，但两者关于通胀水平得到有效控制的结论是一致的。

（二）中国经济可能面临的风险及发展趋势

2023 年，中国经济经受住了外部贸易环境复杂严峻的考验，积极应对新冠疫情冲击下的社会预期偏弱和市场信心不足，实现了 5.2% 的稳定增长（国家统计局初步核算结果），较 2022 年提高了 2.2 个百分点（2022 年受新冠疫情影响经济增长 3%）。

1.可能面临的风险

一是房地产行业风险。随着恒大事件的不断发酵，一些房地产企业相继"爆雷"，房地产企业碧桂园也发布了巨亏公告。房地产行业高度依赖信贷的高负债、高周转发展模式存在不小的潜在风险。未来，化解房地产行业风险，需要通过深化体制机制改革，降低地方政府财政对土地出让金的过度依赖，改变以前过度负债的发展模式。

二是系统性金融风险。第一类是银行业系统风险，不少中小银行资产负债结构严重失衡，金融腐败现象频发，风险防控机制不健全。第二类是地方政府债务风险。2023 年全国地方政府债务余额为 42.2 万亿元，比 2022 年增长 20%。并且，一些地方债务还本付息压力较大。第三类是股票市场信心风险。2023 年全年，A 股上证指数下跌 3.7%，收于 3000 点下方，2024 年开年，指数快速下跌，创近三年来新低；2024 年农历春节以来，随着证监会采取一系列举措，市场信心有所恢复。

2. 未来发展趋势

一是发展新基建。新型基础设施建设可能会包括以下几个方面。第一，物联网基础设施。推动物联网技术在各行业的应用，实现设备之间的互联互通，提高生产效率和服务质量。第二，数字化基础设施。加快数字化交通、数字化医疗、数字化教育等领域的建设，提高服务质量和效率。第三，绿色能源基础设施。加速可再生能源基础设施建设，如风电、太阳能等，推动绿色能源发展，减少对传统能源的依赖。新基建旨在为推动中国经济的数字化转型和智能化发展提供强大后盾。

二是通过发展关键领域的核心技术加快科技创新步伐。这些关键领域可能包括人工智能、生物制造、生命科学、量子科技、商业航天等。这些领域的发展将对未来科技创新和产业发展产生深远影响，各国都在加大对这些领域的投入和研发力度，以保持和争取在全球科技竞争中的优势地位，推动社会经济可持续发展。

三是发展银发经济。可以考虑从以下几个方面入手。第一，发展长寿经济，鼓励和支持长寿产业发展，包括医疗保健、养老服务、健康管理、文化娱乐等领域，以满足老年群体的多样化需求。第二，推动科技创新在养老服务、医疗保健、智能设备等领域的应用，提高老年人生活质量。第三，鼓励企业提供灵活的工作机会和培训计划，吸引和留住年长员工，发挥他们的经验和技能优势。第四，建设老年友好型社会，包括建设无障碍设施、提供便利的交通服务、鼓励参与社交活动等。第五，健全养老金制度，增进老年人福利，扩大养老金制度覆盖范围。第六，提倡健康生活方式，鼓励老年人积极参与体育锻炼、健康管理，提高生活质量。

二　北京2023年经济形势分析

2023年，北京坚持"五子"联动服务和融入新发展格局，全年经济实现了低通胀下的稳定增长。

（一）经济增速冲高回落

实现经济总量快速增长是宏观经济政策的首要目标。2023年，全市地区生产总值（GDP）实现4.4万亿元，同比增长5.2%。其中，第一产业增加值下降4.6%，第二产业增加值增长0.4%，第三产业增加值增长6.1%。分季度来看，2023年北京GDP第一季度同比增长3.1%，上半年同比增长5.5%，前三季度增速回落到5.1%，全年增速稳定在5.2%，总体呈现冲高回落态势。[①]

（二）总体通胀保持低位

北京总体通胀保持在较低水平。2023年，全市居民消费价格同比上涨0.4%。其中，消费品价格下降0.3%，服务价格上涨1.2%。服务价格和消费品价格的"一升一降"反映了北京服务类商品的供不应求和消费类商品的供过于求。

具体来看，2023年北京教育文化娱乐类价格上涨2.8%，反映了北京市居民教育、文化和娱乐方面的需求增加，但市场供给可能在短期内无法同步跟上。

2023年，北京交通通信类价格下降1.7%。这可能是由于通信领域仍然处于从4G到5G的过渡期，并且5G网络覆盖范围也无法与4G网络相提并论。

（三）就业形势基本稳定

2023年全年北京城镇调查失业率均值为4.4%，比2022年下降0.3个百分点。从2023年该指标的季度走势来看，总体呈现"前高后低"态势。失业率保持稳定，有利于在保障社会和谐的前提下，提升消费者信心和支出水平，促进消费市场稳定发展，推进人力资源优化配置，为扩张性财政政策的实施提供良好的社会环境。

---

① 本报告以下所有数据均来自北京市统计局官方网站。

（四）科技创新推动发展

研发是科技创新的重要驱动力。2023年1~11月，全市大中型重点企业中，开展研发活动的企业占比接近八成，其中工业、科技服务业企业的研究开发费用增速都超过了10%。大中型重点企业期末有效发明专利24.7万件，同比增速接近20%。

数字经济发展为企业提供了新的商业模式和创新路径，通过应用数字化技术，可以实现生产、管理、营销等方面的创新，推动科技创新发展。2023年全年北京数字经济实现增加值18766.7亿元，同比增长8.5%，占地区生产总值的比重达到42.9%，比2022年提高了1.3个百分点。

"专精特新"企业聚焦自身的核心竞争力和优势领域，带动整个产业协同发展，促进产业生态健康发展，从而推动整个产业的技术升级和创新发展。2023年北京规模以上"专精特新"工业企业产值增长5.2%，规模以上"专精特新"服务业企业收入增长6.5%，明显高于相应的工业和服务业平均水平。

（五）投资需求低速增长

投资需求是资本形成的重要来源，并且通过"干中学"可以推动技术进步，实现经济持续增长。2023年，在房地产开发投资低速增长（0.4%）的背景下，北京固定资产投资同比增长4.9%，其中，贡献最大的是设备购置投资（增长24.4%），反映了未来企业扩大生产规模的需求。

从投资结构来看，2023年北京第一产业投资下降45.7%，第二产业投资下降1.1%，第三产业投资增长6.0%。其中，信息传输、软件和信息技术服务业，文化、体育和娱乐业，交通运输、仓储和邮政业投资分别增长47.1%、11.4%和10.1%。高技术产业投资增长16.2%，其中，高技术服务业投资增长36.1%，反映了该行业技术创新活跃、创新能力强、对高端人才的需求较大。

（六）消费需求持续回暖

消费需求是拉动经济增长的重要引擎之一。2023年，北京市场消费总额同比增长10.2%。其中，服务性消费在交通、文体娱乐等领域的发展带动下增长14.6%，反映了经济结构向服务业进一步转型升级。

2023年，北京实现社会消费品零售总额14462.7亿元，增长4.8%。其中，餐饮收入1314.6亿元，增长32.5%，反映疫情防控平稳转段下接触性服务业快速恢复。2023年北京汽车类商品零售额增长13.5%，其中，新能源汽车销售增长38.0%，反映了我国支持新能源汽车产业发展的政策效果显著。新能源汽车消费快速增长，有助于推动能源结构优化，减少对传统石油能源的依赖，培育新的经济增长点和新动能，减少尾气排放，改善城市空气质量。

（七）居民收入稳定增长

居民收入快速增长是经济增长的重要目标之一。2023年，北京居民人均可支配收入81752元，扣除价格因素实际增长5.2%，与经济增速同步。其中，工资性收入增长8.1%，经营净收入增长13.6%，转移净收入增长2.9%，财产净收入下降1.1%。需要注意的是，财产净收入增速下降。财产净收入主要包括资产收益、财产租金等，其中主要是股票和房产收益。2023年房地产行业经历调整和重组，房产收益下滑；上证指数长期在3000点附近徘徊，股票收益自然也受到影响，因此2023年居民财产净收入增速下跌。

（八）住房市场库存降低

在坚持"房住不炒"的总体定位和全国房地产市场整体低迷的大环境下，2023年北京市住房市场库存进一步下降，可以从住宅施工面积和销售面积的相对变化反映出来。2023年末，全市房屋住宅施工面积下降6.8%，相反，住宅销售面积增长9.3%。这"一降一升"反映的是北京住房市场库存进一步下降，化解了住房市场可能存在的潜在风险。

三 北京经济增长的内生动力

经济增长的内生动力是指推动经济增长的内在因素和机制。经济学家们一般认为，内生动力主要包括健全的制度和良好的投资环境、企业家精神、科技创新、人力资本等因素，其中最重要的是科技创新。

（一）索洛模型

衡量科技创新对经济增长的作用是重要的经济学课题。采用最常见的全要素生产率（Total Factor Productivity，TFP）方法来计算科技创新对北京经济增长的贡献。其中，隐含的一个前提假设是除资本和劳动力外其他因素对经济增长的贡献都是通过技术进步的方式来实现的。

基于经典的索洛增长模型构建道格拉斯生产函数：

$$Y = AK^{\alpha}L^{\beta} \tag{1}$$

对式（1）两边取对数，得到：

$$\ln(Y) = \ln(A) + \alpha\ln(K) + \beta\ln(L) \tag{2}$$

式中，Y 为地区生产总值，K 为资本，L 为劳动力。A 为除资本和劳动力外的其他影响北京经济增长的因素。

（二）资本存量估算

需要估算北京地区的资本存量。许多学者对中国及各省份的资本存量都进行过估算，并取得了不少有价值的研究成果。将刘云霞[①]对 1978 年北京净资本存量的估算结果作为基准年份的资本存量，采用永续盘存法估算北京1978~2022 年的资本存量值。

---

① 刘云霞：《我国省际总资本存量和净资本存量估算研究》，《厦门大学学报》（哲学社会科学版）2023 年第 3 期。

$$K_t = K_{t-1} + (1 - \delta) I_t \tag{3}$$

式中，I_t 为 t 期的投资额，使用资本形成总额数据，根据消费物价指数折算为 1978 年价格的投资额。δ 为固定资产折旧率，仍然采用刘云霞[①]使用的在转化率 90% 下估算的全国折旧率 7.03% 来估算北京的资本存量（见表1）。

表1 1978~2022 年北京 TFP 增速测算结果

年份	GDP（亿元，1978 年价格）	资本存量（亿元，1978 年价格）	就业人口（万人）	人均产出增长率（%）	人均资本增长率（%）	TFP增长率（%）
1978	108.84	120.00	444.10			
1979	119.40	147.91	470.50	3.48	15.14	-3.78
1980	133.44	179.31	484.20	8.25	16.38	0.38
1985	211.80	426.04	566.50	6.52	21.39	-3.75
1990	310.63	851.16	627.10	-0.37	3.56	-2.08
1995	543.33	1323.54	665.30	11.19	9.86	6.45
2000	895.75	1994.87	619.29	11.22	8.58	7.10
2001	1001.44	2180.98	628.88	9.62	7.38	6.07
2002	1119.64	2430.73	679.20	3.46	3.14	1.95
2003	1243.93	2733.01	703.28	7.04	8.24	3.09
2004	1409.37	3085.90	854.07	-6.94	-7.28	-3.44
2005	1582.75	3479.57	878.00	8.84	9.24	4.40
2006	1785.30	3902.93	919.70	7.40	6.84	4.12
2007	2042.38	4375.14	942.70	10.98	8.95	6.69
2008	2226.21	4826.13	980.90	4.65	5.84	1.84
2009	2448.79	5306.89	998.30	7.77	7.74	4.06
2010	2703.48	5902.64	1067.30	3.21	3.96	1.31
2011	2922.46	6506.50	1090.10	5.68	7.63	2.01
2012	3147.54	7148.64	1115.30	5.13	7.13	1.71

[①] 刘云霞：《我国省际总资本存量和净资本存量估算研究》，《厦门大学学报》（哲学社会科学版）2023 年第 3 期。

续表

年份	GDP （亿元， 1978年价格）	资本存量 （亿元， 1978年价格）	就业人口 （万人）	人均产出 增长率 （%）	人均资本 增长率 （%）	TFP 增长率 （%）
2013	3389.93	7799.31	1137.20	5.47	6.77	2.23
2014	3640.81	8437.22	1141.80	6.74	7.46	3.16
2015	3892.01	9042.90	1164.40	4.71	4.97	2.33
2016	4160.52	9682.41	1187.60	4.70	4.86	2.37
2017	4443.39	10381.30	1191.30	6.27	6.66	3.07
2018	4741.07	11082.27	1189.60	6.63	6.68	3.42
2019	5030.26	11806.30	1183.50	6.43	6.84	3.15
2020	5085.55	12538.49	1163.80	2.77	7.70	-0.92
2021	5533.10	13416.00	1158.00	8.93	7.26	5.45
2022	5571.85	14301.12	1132.10	2.96	8.65	-1.19
平均值	—	—	—	6.82	8.74	2.62

注：限于篇幅，部分年份数据没有列出。

（三）TFP测算

对式（2）求全微分可以得到：

$$\mathrm{d}[\ln(Y)] = \mathrm{d}[\ln(A)] + \alpha \times \mathrm{d}[\ln(K)] + \beta \times \mathrm{d}[\ln(L)] \tag{4}$$

再根据生产函数规模报酬不变的假定，即

$$\alpha + \beta = 1 \tag{5}$$

将式（5）代入式（4），经变形整理可得：

$$\mathrm{d}[\ln(A)] = \mathrm{d}\left[\ln\left(\frac{Y}{L}\right)\right] - \alpha \times \mathrm{d}\left[\ln\left(\frac{K}{L}\right)\right] \tag{6}$$

式（6）也可以重新写为：

$$\frac{\Delta A}{A} = \frac{\Delta(Y/L)}{Y/L} - \alpha \times \frac{\Delta(K/L)}{K/L} \tag{7}$$

其中，$\frac{\Delta A}{A}$ 为全要素生产率增速，$\frac{\Delta(Y/L)}{Y/L}$ 为人均产出或劳均产出增速，$\frac{\Delta(K/L)}{K/L}$ 为人均资本增速。α 为资本的产出弹性，采用大多数文献中的经验值取 $\alpha = 0.48$。

根据式（6）或式（7）可以计算得出北京 1979 年以来的 TFP 年均增速，计算结果见表 1。

（四）主要结论

近年来劳动人口数量逐步减少，未来可能拉低潜在经济增速。从表 1 可以看出，北京就业人口 2017 年达到顶峰 1191 万人，从 2018 年开始就业人口逐年下降，2022 年仅为 1132 万人，六年间共减少了 59 万人。从直接影响来看，就业人口减少可能会在生产端引发要素投入减少从而降低长期经济增速。从间接影响来看，就业人口减少也意味着居民总体收入减少，可能会导致消费支出水平下降。更需注意的是，就业人口减少可能会引发一些社会问题，如失业率上升、社会不稳定等，从而对长期经济增长产生负面影响。

人均资本积累速度放缓，对潜在经济增长率的拉动作用减小。2008 年国际金融危机以来，北京的人均资本积累速度明显下降了一个台阶，基本在 8% 以下。在完成物资资本投资后，通过所谓的"干中学"，可以积累人力资本和推动技术进步。因此，资本积累速度放缓可能会使技术进步减缓，从而影响长期潜在经济增长速度。

科技创新对潜在经济增长率的拉动作用还有较大的提高空间。1978~2022 年，北京人均产出的年均增长率为 6.82%，其中 2.62% 来自全要素生产率的拉动，故可以计算出全要素生产率对北京潜在经济增速的贡献率为 38%。应该说，全要素生产率方面，最主要的是科技创新和技术进步发挥的作用。今后，随着人口老龄化，物质资本积累速度将放缓，要确保实际经济增速不过度偏离潜在增长率，就需要保持一定的经济增长速度，为此，应进一步提高科技创新和技术进步对长期经济增长的拉动作用。

四 2024年北京经济增速预测与展望

（一）应用ARIMA模型预测

1.模型简介

ARIMA（Auto Regressive Integrated Moving Average）模型是一种被广泛应用于时间序列分析和预测的统计模型。ARIMA模型结合了自回归（AR）、差分（I）和移动平均（MA）模型的特性，可以用来捕捉时间序列数据中的趋势和季节性。ARIMA模型由以下三个部分组成。

一是自回归（AR）部分。ARIMA模型中的自回归部分表示当前观测值与过去观测值之间的相关性，即当前值与前几个时间点的值之间的线性关系。自回归部分用参数p表示，表示模型考虑的历史观测值的阶数。

二是差分（I）部分。ARIMA模型中的差分部分表示对原始时间序列进行差分操作，以消除数据的非平稳性。差分阶数用参数d表示，表示进行几阶差分操作使时间序列平稳。

三是移动平均（MA）部分。ARIMA模型中的移动平均部分表示当前观测值与过去观测值之间的误差的线性组合。移动平均部分用参数q表示，表示模型考虑的过去预测误差的阶数。

ARIMA模型一般表示为ARIMA（p，d，q）。通过选择合适的p、d、q参数，可以构建适合具体时间序列数据的模型。ARIMA模型可以用来拟合时间序列数据，预测未来的趋势和模式，广泛应用于对经济、金融、气象等数据的分析和预测。

2.用季度数据预测北京经济季度增速

使用2015年第一季度至2023年第四季度的GDP累计增速数据，应用ARIMA模型绘制自相关和偏自相关图（见图1）。通过观察自相关图，寻找自相关图中超过置信区间的滞后阶数，可以确定自相关部分的参数$p=3$。通过观察偏自相关图，寻找偏自相关图中超过置信区间的滞后阶数，可以确定移动平均部分的参数 $q=2$。通过单位根检验，可以确定差分阶数 $d=1$。最后使用 ARIMA（3，1，2）模型拟合北京原始数据，得到 2024 年北京经济增速的季度预测值（见表 2）。

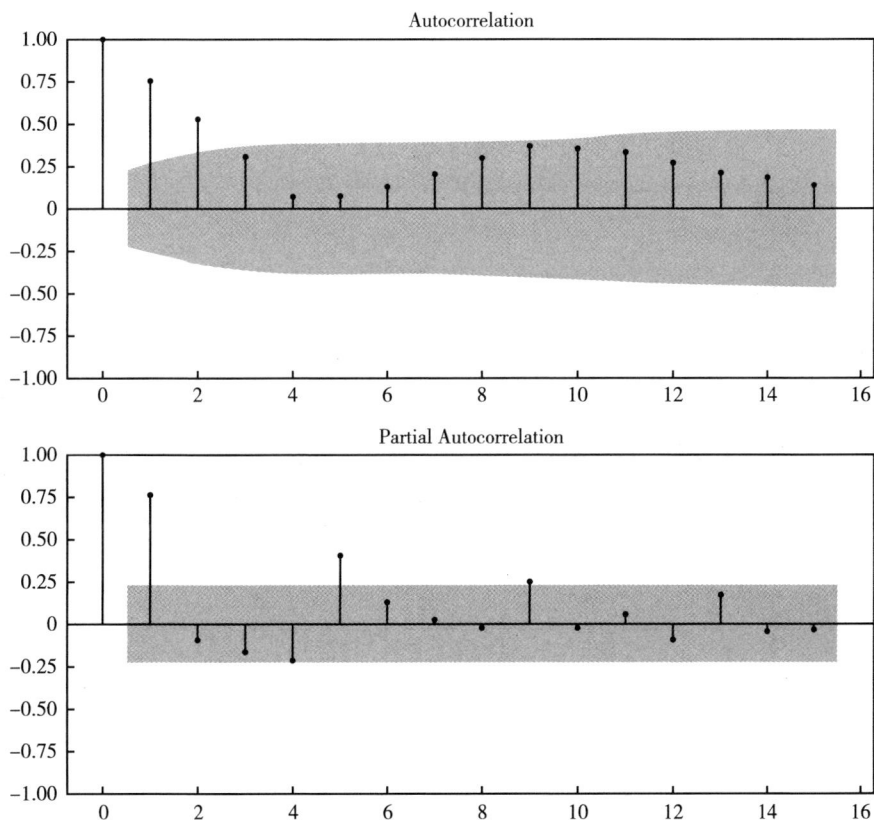

图 1 北京季度 GDP 累计增速的自相关和偏自相关

表 2 北京 GDP 增速的 ARIMA 模型预测结果（预测季度数据）

单位：%

时间	GDP 预测值	时间	GDP 预测值
第一季度	4.34	上半年	5.17
前三季度	4.68	全年	5.14

3. 用年度数据预测北京经济季度增速

使用1978~2023年的GDP年度同比增速数据，应用ARIMA模型绘制自相关和偏自相关图（见图2）。通过观察自相关图，寻找自相关图中超过置信区间的滞后阶数，可以确定自相关部分的参数$p=2$。通过观察偏自相关图，寻找偏自相关图中超过置信区间的滞后阶数，可以确定移动平均部分的参数$q=2$。通过单位根检验，可以确定差分阶数$d=2$。最后使用ARIMA（2，2，2）模型拟合北京原始数据，得到2024年北京GDP增速的年度预测值为4.1%。

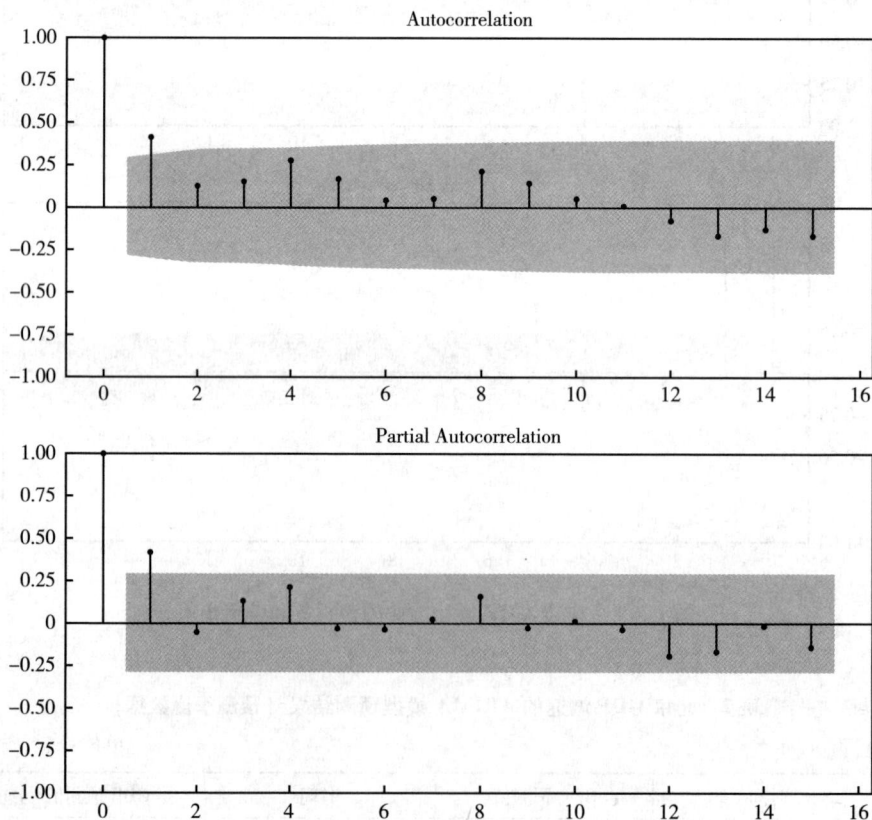

图2 北京年度GDP增速的自相关和偏自相关

（二）应用 LSTM 模型预测

长短期记忆网络（Long Short-Term Memory，LSTM）是一种常用于处理时间序列数据的深度学习模型。相较于传统的循环神经网络（RNN），LSTM 在解决梯度消失和梯度爆炸等问题上表现更好，能够有效地捕捉长期依赖关系。LSTM 被广泛应用在自然语言处理、语音识别、时间序列预测等领域，能够有效地处理不定长的序列数据，具有较好的记忆能力和泛化能力，是深度学习领域中的重要模型之一。

1. LSTM 模型的门控机制

LSTM 通过引入门控机制来控制信息的流动，主要包括遗忘门、输入门和输出门，并通过控制细胞状态来存储和传递信息。这些门控机制可以学习并决定哪些信息应该被保留、遗忘或输出，从而有效地处理长序列数据。

（1）细胞状态（Cell State）。LSTM 通过细胞状态来传递信息，避免了信息在传递过程中的衰减。细胞状态可以被看作 LSTM 网络的"记忆单元"，负责存储和传递信息。

（2）遗忘门（Forget Gate）。遗忘门决定了前一时刻的细胞状态中哪些信息需要被遗忘。它根据当前输入和前一时刻的隐藏状态，输出一个介于 0~1 的值，表示每个信息的重要程度。

（3）输入门（Input Gate）。输入门决定了当前时刻哪些信息需要被加入细胞状态中。它通过当前输入和前一时刻的隐藏状态，输出一个介于 0~1 的值，表示每个信息的重要程度。

（4）更新细胞状态（Update Cell State）。更新细胞状态主要包括两个步骤：首先，通过遗忘门决定哪些信息需要被遗忘；其次，通过输入门和当前候选值（候选细胞状态）来确定更新细胞状态。

（5）输出门（Output Gate）。输出门决定了当前时刻的隐藏状态。它通过当前输入和前一时刻的隐藏状态，以及更新后的细胞状态，输出一个介于 0~1 的值，表示当前时刻隐藏状态的重要程度。

通过以上门控机制的协同作用，LSTM 模型能够有效地捕获长期依赖关系，避免梯度消失和梯度爆炸问题，从而在处理时间序列数据时表现出色。

2. 数据处理

研究目的是预测 2024 年北京 GDP 年度增长率，为此将 1978~2023 年北京 GDP 年度同比增长率作为基础数据。

使用 Python 编程语言进行程序设计。建立模型之前，需要先导入 3 个必要的库。首先，导入 NumPy 库，是 Python 中用于科学计算的核心库，提供了多维数组和各种数学函数，非常适合用于处理数据。其次，导入 Pandas 库，是一个数据分析工具，提供了数据结构（如 DataFrame）和数据处理工具，用于数据清洗、处理和分析。最后，导入 PyTorch 库，是一个深度学习框架，提供了张量计算和自动求导等功能，用于构建神经网络模型。从 PyTorch 中导入 nn 模块，这个模块包含构建神经网络模型所需的各种层和工具，如全连接层、卷积层、循环神经网络等。

将原始数据转换为用于训练 LSTM 模型的输入特征 X 和目标值 y。首先，选择一个合适的窗口期，循环遍历数据，构建特征值和目标值；其次，将特征值和目标值转换为 NumPy 数组；最后，将其转换为 PyTorch 张量以便开展深度学习模型的训练。

3. 构建模型

构建 LSTM 模型时，首先，对数据结构进行初始化，通过 input_size、hidden_size 和 output_size 三个参数分别指定输入数据的特征维度、LSTM 模型隐藏层的维度和模型输出的维度。其次，创建一个 LSTM 层，输入维度为 input_size，隐藏层维度为 hidden_size。再创建一个全连接层，将 LSTM 输出的隐藏状态映射到输出维度上。

构建的 LSTM 模型还定义了前向传播过程。将输入数据 X 传入 LSTM 层中进行前向传播，得到输出 output 和最终的隐藏状态（忽略了细胞状态）。模型的核心结构见图 3。

4. 训练模型

在训练模型之前，先定义损失函数和优化器。损失函数选择最常用的均方误差（MSE）损失函数，用于衡量模型输出与目标值之间的差异。优化

```
class LSTMModel(nn.Module):
    def __init__(self, input_size, hidden_size, output_size):
        super(LSTMModel, self).__init__()
        self.hidden_size = hidden_size
        self.lstm = nn.LSTM(input_size, hidden_size)
        self.fc = nn.Linear(hidden_size, output_size)

    def forward(self, x):
        output, _ = self.lstm(x)
        output = self.fc(output[:, -1, :])
        return output
```

图 3　LSTM 模型的核心架构

器方面，选择最常用的 Adam 优化器，使用的是 Adam 优化算法，用于优化模型的参数。优化器的学习率（learning rate）设为 0.001。

训练模型选择遍历次数为 5000 次，每次循环都计算一次模型输出与目标值之间的损失值，然后把梯度清零，避免梯度累积，通过后向传播计算梯度，根据计算的梯度更新模型参数。这个训练循环是一个典型的 PyTorch 训练过程，用于训练神经网络模型。

5. 模型预测

模型训练好以后，在数据的测试集上进行验证，如果在测试集上预测效果不佳，可以通过修改窗口期、学习率、遍历次数等多个参数反复训练。多次重复上述过程后，选择在测试集上预测效果较好的一个模型。将这个最优模型保存好，在使用这个模型的时候直接加载。最终模型的参数值选择和预测结果见表 3。

表 3　LSTM 模型预测结果及相应参数值

年度	GDP 预测值	年度	GDP 预测值
2024 年	4.36%	2025 年	5.41%
2026 年	4.69%	2027 年	5.23%
学习率	Learning_rate = 0.001	窗口期	Window_size = 12
输入维度	input_size = 1	输出维度	output_size = 1
隐藏层维度	hidden_size = 64	遍历次数	Epoch = 5000

（三）2024年北京经济发展展望

1.经济增速预测

本报告所用的两个模型都是单变量时间序列模型，其预测效果往往比一些复杂的多变量计量经济学模型更好。其一，单变量时间序列模型通常比较简单，参数较少，因此更容易拟合。在某些情况下，简单的模型能够更好地捕捉数据的趋势和模式，使得预测结果更准确。其二，在某些情况下，多变量数据可能存在噪音或不相关变量，会影响多变量模型的性能。单变量模型只需关注一个变量，可以更好地处理数据质量问题。其三，将多个变量整合到一个模型中可能会导致信息损失。某些变量之间可能存在复杂的关系，如果这些关系没有被恰当地捕捉到，会影响多变量模型的准确性。

无论是 ARIMA 模型还是 LSTM 模型，都是属于应用模型对时间序列数据的预测。最新数据往往包含最新的趋势和变化，一般来说，最近一个时期的预测结果往往会更加准确。ARIMA 模型对 GDP 季度增速的最近一期预测结果为 2024 年第一季度经济增长 4.3%，对 GDP 年度增速的最近一期预测结果为 2024 年经济增长 4.1%。LSTM 模型对 GDP 年度增速的最近一期预测结果为 2024 年经济增长 4.36%。综合来看，模型预测 2024 年全年北京经济增速为 4.1%~4.4%，稍低于 2023 年经济增速。

2.不确定性

模型的预测结果通常是基于给定的前提条件和信息的。在进行预测时，模型会根据提供的输入数据做出推断和预测。尽管已知的 GDP 增速数据反映了当前条件下大部分的经济信息，但是未来充满不确定性，一旦条件发生改变，预测结果就会随之改变。

北京经济 2024 年可能面临如下不确定性，进而会影响实际经济增速。

（1）全球经济环境复杂。全球经济形势对北京经济增长有直接影响。当前大多数国家采取紧缩货币政策来抑制通胀，但随着通胀水平逐步接近政策目标，货币政策是否发生转变仍有较大的不确定性。另外，地缘政治局势紧张等也可能对经济增长造成负面影响。

（2）房地产和金融市场波动。当前房地产市场正处于转型和重组阶段，金融市场的不稳定性、股市波动、利率变化等因素都可能对经济增长产生影响。投资者情绪和市场预期对经济增长有着较大的影响。

（3）技术变革。技术快速发展可能会对经济结构和就业市场产生深远影响。人工智能的突破性发展可能会推动经济增长，但也可能导致某些行业发生衰退。

（4）政策变化。税收政策、货币政策等都可能对经济增长产生影响。政策调整对经济增长而言至关重要。

（5）人口结构变化。人口老龄化、人口增长率下降等因素也会对经济增长产生影响。劳动力市场的变化会影响生产率和经济增长潜力。

3. 前景展望

作为我国的首都和京津冀地区的经济中心，北京拥有强大的经济实力和发展潜力。尽管受到一系列不利因素影响，2024年北京经济增速可能小幅放缓，但仍然存在一些有利因素。

（1）政策导向。我国一直致力于推动产业结构升级和经济高质量发展，尽管近期面临一些风险，但整体通胀水平较低，财政政策和货币政策都还有较大的发挥作用的空间。2023年12月召开的中央经济工作会议以及2024年2月召开的中央全面深化改革委员会第四次会议都指出了潜在风险并且提出了积极的解决办法。

（2）科技创新。北京是我国的科技创新中心，拥有众多高新技术企业和研究机构，随着人工智能、生物技术等的快速发展，这些组织有望取得更多突破。

（3）服务业优势凸显。北京第三产业增加值占GDP比重从2002年开始就超过了70%，2014年超过了80%，2023年接近85%。随着产业结构进一步升级，服务业所占比重将持续增加，特别是文化创意产业、旅游业、金融业等的发展有望成为经济增长的持续动力。

参考文献

国际货币基金组织:《世界经济展望》,2023 年 10 月。

联合国:《2024 年世界经济形势与展望》,2024 年 1 月。

刘云霞:《我国省际总资本存量和净资本存量估算研究》,《厦门大学学报》(哲学社会科学版) 2023 年第 3 期。

王华:《中国 GDP 数据修订与资本存量估算:1952—2015》,《经济科学》2017 年第 6 期。

贾润崧、张四灿:《中国省际资本存量与资本回报率》,《统计研究》2014 年第 11 期。

张军、吴桂英、张吉鹏:《中国省际物质资本存量估算:1952-2000》,《经济研究》2004 年第 10 期。

单豪杰:《中国资本存量 K 的再估算:1952-2006》,《数量经济技术经济研究》2008 年第 10 期。

王斌会编著《计量经济学时间序列模型及 Python 应用》,暨南大学出版社,2021。

宏观经济篇

B.2
2023年北京市经济社会发展形势和2024年展望

北京市发展和改革委员会综合处*

摘　要：　2023年，北京市坚持以习近平新时代中国特色社会主义思想为指导，加强"四个中心"功能建设，提高"四个服务"水平，深入实施京津冀协同发展战略，坚持"五子"联动服务和融入新发展格局，经济社会大局保持稳定，首都高质量发展取得新成效。2024年，需要坚持稳中求进工作总基调，完整、准确、全面贯彻新发展理念，坚持以新时代首都发展为统领，深入实施人文北京、科技北京、绿色北京战略，深入实施京津冀协同发展战略，坚持"五子"联动服务和融入新发展格局，着力推动高质量发展，全面深化改革开放，切实增强经济活力、防范化解风险、改善社会预期，增进民生福祉，保持社会稳定，为推进中国式现代化作出首都贡献。

* 执笔人：马丽丽，北京市发展和改革委员会综合处干部，主要研究方向为宏观经济政策。

关键词： "五子"联动　京津冀协同发展　创新驱动发展战略　数字经济　供给侧结构性改革

一　2023年经济社会发展基本情况

2023年是全面贯彻落实党的二十大精神的开局之年，是三年新冠疫情防控平稳转段后经济恢复发展的一年，全市上下坚持稳中求进工作总基调，更好统筹疫情防控和经济社会发展，更好统筹发展和安全，系统抓好经济运行调度，努力克服各种不利因素的影响，全力推动稳预期稳增长稳就业政策落地显效，经济持续恢复向好，首都高质量发展取得新成效。全市地区生产总值增长5.2%，一般公共预算收入增长8.2%、突破6000亿元，居民人均可支配收入实际增长5.2%，城镇调查失业率4.4%，居民消费价格同比上涨0.4%，为经济运行回升向好打下坚实基础。

（一）京津冀协同发展走深走实，城乡区域协调发展稳步推进，现代化首都都市圈生机勃勃

协同工作推进机制创新完善。深入学习领会习近平总书记在深入推进京津冀协同发展座谈会上的重要讲话精神，出台本市贯彻落实意见。建立京津冀党政主要领导座谈会机制并在京召开首次会议，成立京津冀协同发展联合工作办公室并实现集中办公，组建产业、科创、营商环境等15个专题工作组，形成分领域、分层次的协同工作体系。

非首都功能疏解坚定有序。积极服务保障央属标志性项目疏解，首批疏解的在京部委所属4所高校雄安校区全部开工建设。深入实施北京城市总体规划，实施核心区控规新一轮行动计划。扎实开展疏解整治促提升专项行动，疏解提质一般制造业企业112家，拆除违法建设2315万平方米、腾退土地2282公顷，全市"基本无违法建设"创建目标完成。

"新两翼"建设加力推进。落实国家支持高标准高质量建设雄安新区政

策措施，雄安新区中关村科技园揭牌运营，30余家创新型企业、11家中关村集成服务机构入驻，京雄高速全线通车。城市副中心高质量发展提速，第二批市级机关陆续搬迁，运河商务区累计注册企业2万余家，首家市属国企总部大楼北投大厦基本建成。国家绿色发展示范区实施方案经中央深改委会议审议通过，通州区与北三县一体化高质量发展示范区执委会揭牌。

协同创新和产业协作更加紧密。制定促进科技成果转化协同推动京津冀高精尖重点产业发展工作方案，共建京津冀国家技术创新中心，建立京津冀科技成果转化供需清单联合发布线上平台、累计发布科技成果和开放许可专利127项，北京向津冀输出技术合同成交额748.7亿元、同比增长1.1倍。三地协同编制完成6条重点产业链图谱，启动产业链"织网工程"，生命健康、电力装备产业集群入选国家先进制造业集群名单。积极搭建产业对接平台，举办京津冀产业链供应链大会、京津冀基金与企业融资对接会、京津产业握手链接洽谈会等联合招商活动，签约项目超200个、意向投资额超1500亿元。

现代化首都都市圈加快构建。以区域交通设施一体化为支撑，推动形成环京地区通勤圈、京津雄功能圈、节点城市产业圈。城际铁路联络线一期工程、雄安新区至北京大兴国际机场快线（京雄快线）等项目加快建设，津兴城际铁路开通运行，天津港至北京大红门海铁联运班列开通，西太路主体完工。共建环评机构跨区域协同监管等工作机制，京冀签订官厅水库上游永定河流域水源保护横向生态补偿协议。

城乡区域融合协调发展全面推进。国家自然博物馆正式揭牌，南中轴国际文化科技园全面开园，丽泽金融商务区累计入驻企业超千家。回龙观体育文化中心等37个项目完工投用，奥北森林公园二期开园试运行。2023年中国科幻大会在首钢园成功举办，深空探测实验室落户首钢园区，中关村（京西）人工智能科技园算力中心试运行。完成全市及分区生态产品总值（GEP）试算工作，率先实现生态涵养区综合性生态保护补偿资金分配与生态系统调节服务价值（GEP-R）联动挂钩，发布全国首个特定地域单元生态产品价值（VEP）核算及应用指南、落地全国首个探索项目。基本完成

2800 余个村庄美丽乡村建设。农业中关村总体架构基本形成，实施种业振兴行动，自主培育的种禽出口非洲、实现我国种禽出口"零的突破"，国家农业创新港获批。

（二）创新驱动发展战略深入实施，国际科技创新中心建设全面推进，现代化产业体系加快构建

战略科技力量不断强化。联合科技部等部门出台加快推动北京国际科技创新中心建设工作方案。全力服务保障在京国家实验室高质量在轨运行。怀柔综合性国家科学中心重大科技基础设施集群初步形成，16 个设施平台进入科研状态，举办国际综合性科学中心研讨会等国际活动 50 余场。印发支持世界一流新型研发机构高质量发展实施办法，稳步推进国家区块链技术创新中心等重大创新平台建设，雁栖湖应用数学研究院开园并举办首届国际基础科学大会，"悟道 3.0"大模型等一批重大创新成果涌现。出台基础研究领先行动方案、关键核心技术攻坚战行动计划，发布全球最大中英文语义向量模型训练数据集，搭建"北脑二号"非人灵长类脑机接口平台。

"三城一区"创新能级稳步提升。编制世界领先科技园区建设方案，实施加快中关村国家自主创新示范区分园高质量发展指导意见。中关村科学城北区东升科技园二期竣工，南区北京卫星制造厂科技园开园。怀柔科学城仪器装备产业集群入选国家级中小企业特色产业集群，雁栖人才社区一期等配套功能设施亮相。未来科学城建立双碳技术转移转化研究院，新型储能产业示范区揭牌，国际研究型医院北京高博医院启用。创新型产业集群示范区承接三大科学城成果超过 270 个。

创新生态系统加速优化。中关村 24 条先行先试改革政策在示范区全域推广，科创金融改革试验区获批并出台建设实施方案。落实海外人才落地即支持政策，实施"北京学者""智源学者计划"，启动科学家创业 CEO 培养工作，国家（中关村）火炬科创学院落成，沙河高教园推动 32 名科研人员作为"科技副总"到企业任职。出台支持外资研发中心高质量发展、支持

首台（套）等政策措施，累计组建 24 个创新联合体，认定外资研发中心 107 家、专精特新中小企业 7180 家，拥有独角兽企业 114 家。完成国内首笔知识产权海外纠纷法律费用保险出险理赔。成功申办国际科技园协会（IASP）2025 年世界大会，全国首个国际科技组织总部集聚区在京落户。

现代化产业体系加快培育。出台支持新型储能等细分行业发展政策，设立 4 只政府高精尖产业基金。京东方第 6 代新型半导体显示器件生产线开工建设，小米智能手机工厂、理想汽车旗舰工厂提前投产，小米汽车试生产，亦昭生物医药中试研发生产基地建成。面向未来信息、健康、制造、能源、材料、空间六大领域，打造未来产业策源高地。北京经济技术开发区和昌平区两个机器人产业园落地，全球首枚入轨的液氧甲烷火箭朱雀二号遥二成功发射，卫星互联网技术试验卫星顺利入轨，北斗用户总规模超过 2000 万。推动出台北京证券交易所"深改 19 条"，推出"北+H"京港两地上市安排，北京证券交易所累计上市公司 241 家。北京股权交易中心"专精特新"专板正式运营，入板企业突破 200 家，积极推进全国首个认股权综合服务试点。印发推动先进制造业和现代服务业深度融合发展实施意见，认定首批市级示范园区 5 家、试点企业 35 家。

（三）全球数字经济标杆城市建设提速，智慧城市和数据要素市场加快培育，数字经济发展优势巩固扩大

数字经济发展基础持续夯实。施行北京市数字经济促进条例，率先出台更好发挥数据要素作用进一步加快发展数字经济的实施意见。新建 5G 基站 3 万个，每万人拥有 5G 基站数达 49 个，居全国第一。全球性能领先的区块链与隐私计算算力集群 Hive "蜂巢"启用，工业互联网标识解析国家顶级节点（北京）累计标识注册量 1262 亿。全国首个数据基础制度先行区启动建设，出台数据资产首登记、首交易等创新奖励措施。北京国际大数据交易所牌照落地，发放 71 张数据资产登记凭证，数据交易规模超过 24 亿元。北京测绘院完成全国首笔空间数据交易，6 家医院数据流通交易在全国率先破冰。成功举办 2023 全球数字经济大会。在政府机关试点推进首席数据官

制度。

数字产业化和产业数字化双向发力。全国人工智能顶尖研究机构在京聚集，自然语言处理、多模态交互大模型等关键算法技术达到国际先进水平。实施通用人工智能产业创新伙伴计划，发布总量1152TB的大模型高质量数据集，出台算力券政策为模型创新企业降低智能算力使用成本。"文心一言""智谱清言"等24个大模型产品通过备案正式上线。印发打造国家信创产业高地三年行动方案，信创行业全技术产业链基本形成。7个投资案例入选国家平台企业典型投资案例。高级别自动驾驶示范区3.0已完成160平方公里建设，部署无人配送车等八大场景775台自动驾驶车辆在区内测试使用。建成65家互联网医院，245家医院开展互联网诊疗服务。加快实施"新智造100"工程，103家企业完成智能工厂和数字化车间建设。支持551家专精特新企业大幅度提升数字化水平，昌平区入选全国首批中小企业数字化转型试点城市。数字经济增加值占地区生产总值的比重达42.9%。

智慧城市建设扎实推进。"七通一平"共性基础设施加速完善，完成120万个感知设施注册上账，城市码上线"一码多用"功能。"京通"用户超过2200万、接入800余项市级服务事项及17个区级旗舰店，"京办"接入294个系统，"京智"接入22个决策专题。"一网通办"上线407个新增服务事项，落地22项国家"跨省通办"事项，"一网统管"智慧供热项目平均节能率达5%、智慧管网实现外力破坏地下管线事故同比下降75%，"一网慧治"推动应急指挥调度、企业安全生产等领域决策专题应用建设。聚焦民生服务、城市治理等领域，发布37项智慧城市场景创新需求项目，推进回天地区和城市副中心数字化社区建设。

（四）以供给侧结构性改革创造新需求，积极扩消费促投资，经济发展内生动力逐步增强

稳增长系列政策精准发力。推动各项税费优惠政策精准落地、直达快享，全年新增免减退缓税费850亿元以上。出台进一步推动首都高质量发展

取得新突破行动方案。调整优化房地产政策。印发实施金融服务首都文化、旅游、体育及相关产业快速恢复和高质量发展若干措施等金融支持政策，推动实体经济融资成本稳中有降。

国际消费中心城市加快建设。"一圈一策"完成15个商圈品质提升，新增864家品牌首店，"北京老字号"达244家。出台汽车、绿色消费等领域促消费政策。举办直播电商购物节，认定首批13家本市特色直播电商基地。优化旅游景区门票预约服务，推出118条"漫步北京"主题游线路，朝阳国际灯光节点亮城市夜生活。规范引导帐篷露营地发展，制定影视拍摄服务工作方案。举办中国网球公开赛、北京马拉松等重大体育赛事活动。发布促进会展业高质量发展政策，大兴国际机场临空经济区国际会展消费片区完成城市设计国际方案征集工作，雁栖湖国际会都栖湖组团改造提升工程完工。全年市场总消费额同比增长10.2%。

投资质量效益稳步提升。出台政府投资管理办法，印发加快推进现代化基础设施体系建设实施方案。创新实施真抓实干促投资奖励措施，扎实推进"3个100"市重点工程，按季度压茬推进的全年640个项目全部开工。持续加强要素保障，全市建设用地供应4760公顷，发行地方政府专项债券资金949亿元，2个基础设施REITs项目上市发行、募集资金47亿元。面向民间资本推介两批重大项目206个、涉及总投资超3200亿元。全市固定资产投资同比增长4.9%，高技术产业投资增长16.2%。

城市更新有序实施。落实城市更新条例，制定三年行动工作方案。出台腾退低效产业空间改造利用支持政策，推动金科新区、京西八大厂等重点片区转型升级。皇城景山三期试点项目落地实施，京张铁路遗址公园、隆福寺—美术馆片区等公共空间改造建成投用，"新工体"投入使用。完成超2000户平房院落申请式退租和1287户修缮，启动危旧房改建、简易楼腾退20.4万平方米。全市老旧小区改造新开工355个、新完工183个，新开工老楼加装电梯1099部、新完工822部，均超额完成年度任务。

（五）重点领域改革稳步推进，对外扩大开放全面升级，发展活力不断释放

"两区"建设持续深化。深化服务业扩大开放综合示范区建设 2.0 方案获批，入选国家首批自贸试验区对接国际高标准推进制度型开放试点名单。便利外国人来京执业和生活，动态发布 122 项执业资格认可目录。举办投资北京全球峰会等活动，落地全国首家外商独资券商——渣打证券，穆巴达拉投资公司正式开设北京办事处。中关村综合保税区获批开工，天竺综合保税区成为首个国家级跨境贸易便利化标准化试点。全市实际使用外资 137.1 亿美元。持续加强"四平台"建设，2023 年服贸会达成各类成果超 1100 项，中关村论坛发布一批重大科技成果，2023 年北京文化论坛升格为国家级、国际性论坛，金融街论坛形成 30 余项重要成果。第三届"一带一路"国际合作高峰论坛相关分论坛签约 7 个项目。出台推动"冰雪丝路"高质量发展实施方案，举办第五届"空中丝绸之路"国际合作峰会等。开通北京地区首趟"本地报关、全国通关"的中欧班列，大兴国际机场首班全货机国际航班开通，签发 RCEP（区域全面经济伙伴关系协定）证书 5084 份，全年进出口实现 3.65 万亿元、同比增长 0.3%。

营商环境改革深入推进。出台全面优化营商环境打造"北京服务"的意见，构建"1368"营商环境框架体系。完成优化营商环境 6.0 版改革任务，餐饮店等 40 个行业"一业一证"全部上线，新增大型活动等 23 个"一件事"集成服务事项，"6+4"一体化综合监管试点拓展至 50 个。颁发全国首张直接变更经营者的个体工商户营业执照，政府采购实现电子营业执照"一照通投"。在交通运输等领域推行非现场检查，对 52 个领域 64 个事项开展联合双随机抽查。优化企业上市服务，在 20 个重点领域推行专用信用报告。建立破产重整企业"一口申报"信用修复机制。"服务包"机制促成新设机构 556 家、落地重大项目 365 个，企业诉求办结率达 99.5%、满意率达 99.9%。12345 企业服务热线受理企业诉求 6.3 万件，解决率 94.14%、满意率 97.24%。

重点领域改革稳步实施。出台全国统一大市场建设实施方案，开展妨碍建设全国统一大市场问题治理。制定促进民营经济发展壮大行动方案，建立民营经济政企沟通交流和问题解决机制、外资企业圆桌会议制度。深化国有企业改革，首次实现经营性国有资产集中统一监管，开展建设世界一流企业专项行动，改革市属国有文化资产监管体制。加快落实44家培训疗养机构改革方案。发布新版北京市定价目录，实行工商业峰谷分时电价。

二 对2024年北京市经济社会发展形势的基本判断

2024年是新中国成立75周年，是实现"十四五"规划目标任务的关键一年，是京津冀协同发展战略实施10周年，做好各项工作意义重大。首都经济社会发展面临诸多有利条件：一是国家宏观政策效应持续释放。国家围绕推动高质量发展出台了一系列政策措施，增发国债支持灾后恢复重建和提升防灾减灾救灾能力，为推动本市经济发展创造了良好的政策环境。二是创新驱动能力不断增强。国际科技创新中心建设加力推进，国家实验室、新型研发机构等战略科技力量的重大创新成果不断涌现，企业创新主体地位不断提升，国家高新技术企业、"专精特新"小巨人企业、独角兽企业数量均居全国各城市首位，科技优势加速转化为发展优势。三是数字经济放大叠加倍增作用加快显现。本市人工智能大模型优势明显，有望推动应用加速落地、催生新的产品和服务模式。数据基础制度先行区启动建设，国际大数据交易所等数据要素市场化配置平台持续强化，信创、高级别自动驾驶等领域快速发展，发展新动能不断增强。四是产业升级厚积薄发。关键基础技术和产品的工程化攻关不断取得突破，高精尖产业发展成效显著。新能源汽车等重大项目建成投产，产业集群加快布局，生产性服务业向专业化和价值链高端延伸，先进制造业和现代服务业深度融合，牵引产业整体向价值链高附加值环节迈进。五是京津冀协同发展空间深度拓展。协同创新和产业协作不断深化，重点领域产业链图谱绘制完成，"一链一策"推动产业链延链补链，区域内产业配套能力稳步提升，引领全国高质量发展的重要动力源加快形成。

六是改革开放全面深化。全面优化营商环境打造"北京服务"的举措逐步落地,"服务包"机制不断健全,进一步稳定和提振企业发展信心。积极融入共建"一带一路"高质量发展,服务业扩大开放进入新阶段,"两区"建设加快推进,改革开放的系统性、整体性和协同性增强。

三 2024年北京市经济社会发展的重点工作

2024年,要把坚持高质量发展作为新时代的硬道理,在稳中求进、以进促稳、先立后破上下功夫,充分发挥首都功能引领作用,把"四个中心""四个服务"蕴含的巨大能量充分释放出来,大力培育发展新动能、新优势,突出做好稳增长、调结构、防风险、惠民生、保稳定等工作,保持建首善、创一流的干劲拼劲,坚定信心,攻坚克难,以新气象新作为推动首都高质量发展取得新成效。

更大力度抓经济、稳增长,推动高质量发展。把稳增长放在更加突出、更加重要的位置,将其作为推动首都高质量发展的一项政治任务和战略部署。加强各项政策协调配合,持续抓好国际消费中心城市建设,激发有潜能的消费,扩大有效益的投资。

更大力度强创新、活文化,塑造竞争新优势。大力推进国际科技创新中心和全国文化中心建设,深化科技和文化体制改革,打通事业链和产业链,推动更多"从0到10"的突破。打造平原新城产业承载空间,加快培育生物经济,大力推动数字经济,释放绿色低碳经济发展潜能,催生更多新产业、新模式、新动能,发展新质生产力。

更大力度推改革、扩开放,激发市场活力。持之以恒地推动全国统一大市场建设,坚持有效市场和有为政府相结合,促进民营经济发展壮大,擦亮优化营商环境"北京服务"品牌,实打实帮助企业解难题、提信心,推动国企敢干、民企敢闯、外企敢投。稳步扩大制度型开放,用好"两区""四平台",深化"一带一路"国际合作,推动实现更高质量、更高水平"走出去"。

更大力度防风险、保稳定，增进民生福祉。牢固树立风险意识和底线思维，不断增强产业链发展、城市运行、民生保障的韧性，切实抓好生产安全、应急管理和重大风险防范化解，以高水平安全保障高质量发展。强化就业优先政策，统筹做好教育、医疗、养老、文体、住房保障等公共服务，让现代化建设成果更多更公平地惠及全体人民。

（一）加快构建现代化首都都市圈，推动京津冀协同发展不断迈上新台阶

深入开展疏解整治促提升专项行动。完善疏解激励约束政策措施，积极服务保障国家疏解非首都功能的战略安排。统筹用好腾退空间和地下资源，优先用于保障中央政务功能、增补公共服务设施，新建停车位1.5万个、新增有偿错时共享停车位1万个。疏解提质一般制造业企业100家。完成核心区平房院落2000户申请式退租、23处非法小散乱物流治理，推动德胜门等6家公交场站向外搬迁。首都体育学院延庆校区实现开工，中国人民大学通州新校区一期投用，友谊医院顺义院区、安贞医院通州院区竣工投用。拆除违法建设不低于2000万平方米、腾退土地不低于1500公顷。分类治理各类围挡756处。实施留白增绿220公顷，实现揭网见绿417公顷。

以"新两翼"带动现代化首都都市圈建设。坚持雄安新区需要什么就支持什么，实施好基础教育提升、医疗卫生发展、职业培训创新三项工程，加快推动雄安新区中关村科技园创新创业企业发展，实现"北京+雄安"政务服务同城化。加强干部人才支持。继续保持城市副中心千亿级投资强度，启动东六环高线公园建设工程，副中心站综合交通枢纽主体工程基本完工，加快建设国家绿色发展示范区。深化天津滨海—中关村科技园等合作园区建设。推动毗邻地区深度融合发展，大力支持通州区与北三县一体化高质量发展，加快轨道交通平谷线等项目建设，厂通路及跨潮白河大桥建成通车，推动大兴国际机场临空经济区体制机制改革，协同打造京张体育文化旅游带。

持续深化协同创新和产业协作。面向京津冀协同布局新质生产力，组建

京津冀大设施联盟，争取布局更多国家级重大科技基础设施。以区域内国家级和省市级优秀制造业创新中心为龙头组建一批创新联合体，探索打造京津冀科技创新生态圈。统筹建立链长制，"一链一策"开展产业链延伸和协同配套。培育新能源汽车、集成电路等跨区域的先进制造业集群。聚焦京津、京保石等交通廊道，推动重点产业链和重点园区共建。办好京津冀产业链供应链大会、京津冀基金与企业融资对接活动，推动京津冀资本市场服务基地挂牌运营。推动出台京津冀一流营商环境建设行动方案，深化三地"跨省通办"、政务热线高效联动、中介服务信息共享。

加快推动重点领域协同。建成城际铁路联络线一期，加快实施市郊铁路S6线。加快推进城市副中心线整体提升工程（北京西至良乡段），实现国道109新线高速通车。落实空气质量持续改善行动计划，开展生态环境联合联动执法。抓好太行山生态综合治理项目建设，加快实施潮白河、永定河综合治理与生态修复工程，推动官厅水库生态修复和饮用水水源地恢复。启动燕山—塞罕坝国家公园（北京片区）创建工作。深化京冀优质中小学基础教育资源对接合作工作，开展职业院校跨省"3+2"联合培养。做好京津冀基本医疗保险跨省异地就医直接结算工作。逐步实现京津冀社保卡"一卡多用、跨区域通用"。开展京津冀协同发展十周年系列宣传活动，讲好京津冀协同发展的生动故事。

深入推动区域协调发展。研究制定平原新城高质量发展支持政策，促进优质教育、医疗资源等向平原新城布局，谋划推动"一城一快线"，培育具有国际竞争力的产业集群。深入实施城南行动计划，培育壮大汽车等产业集群，高质量建设丽泽金融商务区、高端制造业基地等重点产业功能区。推进京西地区转型升级发展，推动老工业区独立工矿区改造提升，促进科幻、人工智能、特色文旅等产业发展，做亮门头沟"小院有戏"文化品牌。推动生态涵养区高质量发展，研究推进生态系统调节服务价值与地区生产总值交换补偿。以更高标准推动东西部协作和支援合作取得新成效。

（二）统筹协调各项政策措施向高质量发展聚焦，持续提升首都经济发展质效

统筹用好各类政策工具。坚决落实好国家宏观调控政策，强化政策逆周期和跨周期调节，增强宏观政策一致性，打好高质量发展政策"组合拳"。出台进一步推动首都高质量发展取得新突破的行动方案2024年工作要点等文件。财政政策更加注重加力提效；金融政策更加注重服务实体经济；科技政策聚焦自立自强，营造良好创新生态；产业政策围绕强链补链延链精准发力；区域政策更加注重补短板强弱项，不断增强区域主体功能；社会政策兜牢民生底线，解决实际困难。做好经济形势和政策宣传解读，主动回应社会热点关切。

推动消费上台阶提质量。落实进一步扩大消费促进高质量发展若干措施，开展汽车、家电等大宗消费品以旧换新。扩大教育、康养等服务消费，培育国货"潮品"等新兴消费。打造"双枢纽"国际消费桥头堡，加强城市海外营销宣传，提高外国游客移动支付便利度。支持企业举办网络购物节，培育即时零售等线上消费新增长点。实施支持商业消费空间公共区域品质提升政策措施，高水平改造提升一批时尚活力步行街。

精准加力有效投资。继续实施"3个100"市重点工程，坚持按季度推动160项市区重大项目开工建设。谋划招引50个以上总投资超过50亿元的重大项目。推动灾后恢复重建项目建设。健全本市政府和社会资本合作工作机制，形成一批示范项目。完善民间投资主体对接服务和问题反馈机制，及时解决问题。加快构建现代化基础设施体系，着力扩大产业投资。推进重点能源资源消耗行业、住房和市政基础设施领域等设备更新改造。出台城市更新条例配套政策，扎实推进三年行动，推动老旧小区综合整治新开工300个、完工200个。制定"三大工程"实施意见或方案。全年商品住宅供地规模300公顷左右。用好地方政府专项债券，推动一批基础设施REITs项目上市发行。深化政府投资管理和审批改革。

（三）全力打造世界主要科学中心和创新高地，加快提升创新驱动发展的能力和水平

推动高水平科技自立自强。全力保障在京国家实验室高标准高水平在轨运行。出台怀柔综合性国家科学中心创新实施方案，提高"怀柔"品牌的国际影响力。支持新型研发机构承担国家战略任务、推出重大科技成果。推进在京全国重点实验室体系化发展。围绕新一代信息技术等高精尖产业领域布局建设北京市重点实验室。加强基础研究和关键核心技术攻关，修订北京市自然科学基金管理办法，完善基础研究多元化投入机制。集中打好关键核心技术攻坚战，力争在人工智能、6G 等领域取得一批"卡脖子"关键技术新突破。推进中关村示范区新一轮空间布局优化调整和中关村分园体制机制改革，落实不达标园区摘牌退出机制。加强"三城一区"统筹联动发展，争取创新型产业集群示范区承接"三城"科技成果转化项目 280 个以上。

积极构建开放创新生态。完善支持全面创新的基础制度，落实北京国际科技创新中心建设条例。深入实施中关村先行先试改革措施。建设一批领军企业牵头的创新联合体和共性技术平台，探索由企业主导的产学研深度融合新范式。加快推进中关村科创金融改革试验区建设，鼓励社会资本设立创业投资基金，支持保险等长期资金加大对科技创新、高精尖产业的投资，完善PE/VC 被投企业服务机制，优化私募股权投资发展环境。培育专门服务于科技创新型企业的专营组织机构，构建科技企业全周期支持与服务体系。探索实行技术总师负责制、经费包干制、信用承诺制。积极创建国家知识产权保护示范区，优化知识产权快速协同保护机制，扩展专利预审服务分类号范围。

加快建设高水平人才高地。聚焦集成电路、人工智能等重点领域，积极引进战略科学家和科技领军人才。深入推进新一轮在京高校"双一流"建设，支持高校与企业共建国家产教融合创新平台，加快职业院校产教融合实训基地建设，推动北京经济技术开发区进入国家产教融合试点城市名单，培养集成电路等重点产业急需紧缺人才和复合型人才。在京布局和建设国家级

技能大师工作室，实施高技能领军人才培育计划。实施校城融合创新发展行动计划，推动高校联合共建大学科技园。办好全球创业者峰会暨创业大赛等品牌活动。用好"国际人才一站式服务窗口"，推动设立外籍移民事务服务中心。吸引更多海内外优秀青年人才投身北京建设发展。

（四）积极培育产业新优势新动能，加快构建现代化产业体系形成新质生产力

持续释放数字经济新动能。研究落实"数据要素×"行动，开展数据资产入表、数据跨境便利化服务等综合改革试点，推进数据训练基地等重大项目建设。持续提升北京国际大数据交易所能级。支持市属国企开展数据资产化试点。出台数据安全管理与保护工作办法。新建5G基站1万个以上，推进5G-A（增强版5G）和F5G-A（增强型全光网络）网络建设先行先试，争取建设国家新型互联网交换中心。促进垂直领域大模型在政务、医疗等领域落地，加速人工智能技术赋能科学研究。优化信创产业发展和人才政策，推动国家信创园吸引更多链主企业和产业项目落地。完成高级别自动驾驶示范区建设3.0阶段任务、启动4.0阶段任务。促进平台经济有序竞争、创新发展。制定制造业数字化转型实施方案，推动规上工业企业和"专精特新"企业加快实现"数转智改"。提升智慧城市建设水平，在"三医"数据联动、数字化社区等领域推出新一批标杆工程。

做大做强先进智造产业。深入落实新型工业化战略，实施产业筑基工程，组织链主企业聚焦"卡脖子"技术攻关。落实工业用地规划，统筹用好新设产业投资基金。大力支持新一代信息技术产业创新发展，加快集成电路领域重大项目建设。推动智能网联汽车立法，出台第三轮加快医药健康协同创新行动计划，聚力打造天坛国家脑科学产业园等6个特色产业园。制定合成生物制造产业发展专项扶持政策，建设合成生物制造产业创新中心、重点实验室和孵化器。大力支持量子、类人机器人等未来产业发展，建立国家北斗创新应用综合示范区，打造国内领先的机器人产业综合集聚区。

巩固提升现代服务业发展优势。推动出台北京证券交易所直接IPO制

度规则。鼓励践行可持续发展理念（环境、社会和治理）的各类组织或机构在京开展业务。完善银政企对接机制，推动中小企业融资扩面、降本增效。加快推进资本市场金融科技创新试点，推动金融科技等应用场景加快发展。提升专业服务业发展质效，谋划设计、人力资源、检验检测等特色专业服务领域创新试点。深入推进两业融合试点示范，支持一批专业化"一站式"产业服务平台、共性技术服务平台和两业融合示范园区配套建设项目。

大力推动文化融合创新发展。积极推进国家级文化产业示范园区（基地）创建，推动798艺术区等产业园区高质量发展。依托隆福寺、天桥等文化地标打造高品质文艺展演场所。推动国家级、市级文化和科技融合示范基地建设，持续开展重点革命文物数字化提升项目，建设文物艺术品交易数据平台。打造"大戏看北京""大运河文化节"等公共文化服务品牌，新增15家备案博物馆向公众开放，推动大葆台西汉墓遗址保护及博物馆改建工程基本完工、路县故城遗址保护展示工程完工。统筹推动文物建筑活化利用，探索分层分类管理工作机制。

推进现代农业提质增效。深化农业中关村建设，积极创建平谷国家农业高新技术产业示范区，推进北京京瓦农业科技创新中心建设，加快打造智慧农业应用场景。深入实施种业振兴行动，建设平谷、通州、延庆种业创新示范区。编制实施新一轮乡村振兴战略规划，基本完成美丽乡村建设任务。完成3000户农村住户清洁取暖改造工作。培育生态旅游、休闲康养等乡村新业态，积极发展农村电商、直播带货，推广北京特色农产品。大力发展林下经济。制定实施新一轮促进农民增收措施，支持农村劳动力多渠道就业和自主创业增收。

（五）协同推进降碳减污扩绿增长，持续巩固提升生态环境品质

大力发展绿色经济。研究制定促进绿色经济发展的综合性政策。攻关氢能、储能等关键技术。策划组织世界绿色技术创新大赛，推动设立国家级绿色技术交易平台。培育发展碳核算、碳资产管理、节能环保、绿色认证等绿

色低碳第三方服务。推动"绿氢""氢车"协同发展，力争建成国家氢燃料电池汽车质量检验检测中心。加快打造标杆绿色零碳企业。推广超低能耗建筑，装配式建筑面积占新增建筑面积的比例达到50%。

打好污染防治攻坚战。聚焦细颗粒物和臭氧污染协同控制，加快新能源汽车推广应用，推进大宗货物"公转铁""外集内配"等绿色运输模式。改造20台燃油锅炉，完善扬尘监管长效机制。深入实施第四个城乡水环境治理行动方案，建设减河北等再生水厂，加快推进雨污水管线混接错接治理工程，开展"清管行动"1万公里，动态消除黑臭水体、劣五类水体。加强土壤环境全链条管理，动态更新建设用地土壤污染风险管理和修复名录，探索"环境修复+开发建设"模式。研究构建无废园区评价体系，开展垃圾卫生填埋场生态治理修复。

着力提升生态系统质量和稳定性。编制花园城市专项规划，印发园林绿化彩化行动计划。建成15处休闲公园、城市森林，新建无界公园20个，实现环二环绿道全部联通。落实第二道绿化隔离地区减量提质规划，建设百善郊野公园等绿隔公园。持续推进绿化彩化立体化，打造100条城市画廊。加快实施温榆河公园二期工程。推进森林资源保护管理条例修订，出台大美北京森林实施方案。实施国家山水工程，加快受灾区域生态修复。开展山区森林经营抚育70万亩，调整平原生态林林分结构10万亩。编制全市自然保护地体系规划，推进国家植物园建设。

积极稳妥推进碳达峰碳中和。做好可再生能源利用条例立法保障工作，提前研究配套政策。完善市区两级碳排放控制体系和统计核算体系，推进重点领域碳标签试点。力争建成岱海等域外绿电基地，签订京晋绿电入京三年协议，建成投用张北—胜利特高压通道，推进大同—怀来—天津北—天津南特高压通道建设。在产业园区、公共机构和建筑领域推广分布式光伏发电系统，推进农村地区整村光伏发电应用。实施东北热电中心等余热利用改造项目。推进虚拟电厂试点建设。高效运营全国温室气体自愿减排交易市场。构建绿色低碳全民行动格局，加快推进公共机构节能降耗，将绿色出行等纳入碳普惠激励范围。

（六）深入推动改革开放先行先试，塑造首善标准、国际一流的"北京服务"

推动"两区"建设取得更大成效。推动深化国家服务业扩大开放综合示范区170余项创新举措落地，力争对接国际高标准推进制度型开放试点本市事权任务全部落实。深入实施重点园区（组团）发展建设三年行动计划。推动天竺综合保税区打造进口贸易促进创新示范区，试点开展再制造产品进口等。加快首都机场临空经济区转型升级。推进大兴国际机场综合保税区二期项目建设，加快建设一级货站等项目。力争中关村综合保税区实现封关运行，探索实施信息化围网方案。优化服贸会全链条服务，发挥中关村论坛高位链接全球创新资源的作用，将北京文化论坛打造成为促进文化交流、深化文明互鉴的一流平台，提升金融街论坛的全球影响力。推动出台外商投资地方立法，健全外商投资服务机制。推动国际贸易"单一窗口"向跨境贸易全链条拓展。打造国际商事仲裁中心。

积极融入新阶段共建"一带一路"高质量发展。出台本市积极融入共建"一带一路"高质量发展实施方案，推动搭建"一带一路"综合服务平台，精心打造"丝路会客厅"。办好"四平台"共建"一带一路"专题活动。持续推进4个国家级"一带一路"联合实验室建设。大力争取国家支持北京市"空中丝绸之路"核心枢纽建设，提升"空中丝绸之路"国际合作峰会的影响力。探索建设"数字丝绸之路"经济合作试验区。支持北京市绿色丝绸之路创新服务基地加入"一带一路"绿色发展国际联盟。与津冀协力创建中欧班列集结中心。

擦亮国际一流"北京服务"营商环境品牌。推动修订《北京市优化营商环境条例》，制定全面优化营商环境打造"北京服务"意见年度工作要点。积极探索"信用+政务服务"，推进营商环境标准化建设。深化"一业一证""一件事"改革，全面推进一体化综合监管落地实施，大力推行非现场监管，加快全国市场监管数字化试验区建设。强化"京通"

电脑端、移动端、自助端建设，依托"京通码"推进"一码办事"，推动政务服务从网上可办向"全程网办"、好办易办转变。推动受益所有人登记、税务行政复议线上办理等试点政策率先落地。完善"服务包""服务管家"制度，实行服务包企业动态调整。打造中小企业公共服务"一站式"平台。优化12345企业服务热线工作。出台深化破产制度改革优化营商环境的若干措施。

突出重点深化改革。深化统一大市场建设，强化竞争政策的基础地位，进一步优化产权制度、社会信用制度、市场准入制度等，推动劳动力、资本、土地、数据等要素自主有序流动和高效配置，分批争取国家赋权试点。巩固妨碍统一市场和公平竞争的政策措施的清理成效。全面落实促进民营经济发展壮大行动方案，深入开展清理拖欠企业账款专项行动。实施新一轮国企改革深化提升行动，建立经营性国有资产委托监管长效机制，加快建设世界一流企业。

（七）坚持在发展中保障和改善民生，努力让人民群众有更多获得感

大力促就业增收入。实施新一轮促进创业带动就业三年行动计划，挖掘更多岗位面向本市高校毕业生、农村转移劳动力等重点群体招聘，促进12万城镇就业困难人员就业，实现城镇新增就业人口不少于26万人。优化首都特色"家门口"公共就业服务。探索建立规范有序的零工市场。鼓励职业院校、公共实训基地和各类职业培训机构针对灵活就业群体、失业人员等重点群体开发培训项目，全年开展各类培训、参与人数不少于70万人次。研究制定促进共同富裕实施方案，发布企业、行业工资指导线。推进实施个人养老金制度。进一步扩大北京普惠健康保参保覆盖面。

不断完善公共服务体系。围绕"七有"要求和市民"五性"需求，优先解决"老老人""小小孩"问题。打造100个街乡区域养老服务中心，新增2000张养老家庭照护床位、240个农村邻里互助养老服务点，新增养老助餐点300个。积极稳妥推进长期护理保险试点。新增普惠托位

1万个，新增2万个中小学学位。深化疾病预防控制体系改革，完善精神卫生和心理健康服务，提升全民健康素养。推进国家医学中心在京落地，高标准推进第二、第三批研究型病房示范建设。强化儿科服务体系和人才队伍建设，建设15家母婴友好医院。力争建设300个社区中医阁。在人口集聚区谋划布局一批区域级公共体育场馆和体育公园。开展城市社区嵌入式服务设施建设先行试点。筹建保障性租赁住房7万套、竣工各类保障性住房8万套。

（八）不断提升城市精细化治理水平，建设更加安全韧性的城市

加强城市精细化治理。编制落实接诉即办工作手册，落实"每月一题"，继续办好"向前一步"节目。推动社会组织建立健全诚信承诺制度。深入推进回天地区发展，推动"回天大脑"2.0迭代升级。提升火车站、综合交通枢纽与城市交通的接驳换乘效率，推进北京朝阳站等配套交通设施建设，精心打磨"进京第一印象"。实现地铁3号线一期（东四十条-东风）等轨道交通建成通车，加快建设霍营等轨道微中心。基本建成丰台站交通枢纽、环球影城北综合交通枢纽。建成京密快速路，加快推进安立路快速化改造。落实智慧交通三年行动计划，完成600处老旧信号灯升级改造，实现公交码和地铁码"多码合一"。扩大通学车试点范围，投入运营600辆。持之以恒地抓好两个"关键小事"。

提升城市运行安全水平。加快韧性城市建设和安全发展示范城市创建，完善城乡基层应急管理组织体系。加强防汛设施提标升级，完成存量病险水库除险加固工作，滚动推进积水点治理。打造一批具有"平急两用"功能的设施，提升平急转换效率。完善气象监测预警体系，构建空天地一体的通信保障体系。系统开展基础设施消隐改造，完成燃气、供热等老旧管线改造1100公里。推动12万亩高标准农田建设，确保粮食总产量只增不减。做好重要民生商品保供稳价工作。深入开展安全生产和消防隐患治本攻坚三年行动，坚决防范遏制重特大和有社会影响的事故发生。

参考文献

《政府工作报告——2024 年 1 月 21 日在北京市第十六届人民代表大会第二次会议上》,《北京日报》2024 年 1 月 29 日。

《关于北京市 2023 年国民经济和社会发展计划执行情况与 2024 年国民经济和社会发展计划的报告——2024 年 1 月 21 日在北京市第十六届人民代表大会第二次会议上》,《北京日报》2024 年 2 月 1 日。

B.3

北京市经济形势2023年回顾与2024年展望

北京市经济信息中心*

摘　要：　2023年是疫情防控平稳转段后经济恢复发展的一年，内外部不确定性因素仍然较多，北京积极应对冲击、化解风险，经济运行在波动中回升向好，全年GDP增长5.2%。2024年，一些困难挑战依然凸显，外部风险加大、市场信心不足、收入就业增长缓慢；但也要看到一些有利条件和发展机遇，国家财政货币双宽松政策、制造业大项目集中兑现、新业态开始见量，同时摆脱疫情和基数影响，经济增长将逐步回归平稳，预计全年增速为4.5%左右。

关键词：　经济增长　消费　固定资产投资　工业　服务业

2023年北京市经济总体有序恢复，虽然遭遇了美元加息冲击、全国房地产市场供需关系转变等挑战，但经济结构调整继续走向深入、新旧动能加速转换，全年经济增长5.2%，略好于预期。2024年，国家进一步加大稳增长政策力度，财政货币双宽松政策的实施将有效缓解经济风险、提振市场信心，制造业大项目集中兑现、一些大型商业体开业、AI+等新业态开始见量，同时基数效应逐步消退，季度间经济大幅波动被熨平，经济稳定性大幅提升，预计全年经济增长4.5%左右，基本回归潜在增长水平。

---

* 执笔人：张艺秋，北京市经济信息中心经济研究部助理经济师，主要研究方向为宏观经济、产业经济等。

一　2023年北京市经济在波动中恢复

2023年，除了美元加息、地缘政治等外部环境冲击外，国内房地产市场供需关系转变、内债外债风险进一步显露，疫情的"疤痕效应"、基数效应对经济增速影响依然较大，北京市经济在波动中恢复，第一季度至第四季度GDP增速分别为3.1%、7.9%、4.5%、5.3%，呈现"前低、中高、后稳"走势。在总量波动的同时，行业分化更为明显，随着疫情防控平稳转段，与居民消费关联紧密的需求快速释放，住宿餐饮、文体娱乐、交通客运等行业大幅反弹，金融、信息等优势产业总体稳定，但生产端恢复相对缓慢，工业、货运、商务、公共服务业等领域的增速不及预期，批发零售业仍呈负增长。

消费在经济增长中发挥主引擎的作用，拉动GDP增长约4个百分点。消费在疫情期间低基数因素影响下有所反弹，2023年市场消费总额增长10.2%，高于上年15.1个百分点。其中，服务消费潜力快速释放，在交通、文体娱乐等领域的带动下服务性消费额全年增长14.6%；商品消费稳步恢复，社零额同比增长4.8%，餐饮、汽车类消费为主要支撑力量。投资继续发挥逆周期调节作用。固定资产投资比上年增长4.9%，反映企业扩大生产能力的设备购置投资比上年增长24.4%，拉动全市投资增长3.4个百分点；高技术产业投资比上年增长16.2%，对投资的支撑作用增强。

产业端全面恢复，各行业恢复幅度差异较大。工业对经济的拖累明显减弱。内外部需求逐步改善、新动能加快形成，工业经济止跌回升，规模以上工业增加值增长0.4%。重点行业形成多点支撑，装备制造业，电力、热力生产和供应业，汽车制造业三个行业实现平稳较快增长，分别增长10.6%、7.9%、5.2%；计算机、通信和其他电子设备制造业，医药制造业两个行业降幅逐步收窄，分别下降0.9%、21.7%；高端或新兴领域产品生产快速增长，风力发电机组、液晶显示模组、新能源汽车产量增速均在30%以上。服务业继续发挥经济稳定器作用，全年增长6.1%，拉动GDP增长约5.1个百分点。

信息传输、软件和信息技术服务业，金融业两个行业总体稳定，分别增长13.5%、6.7%；接触性行业明显恢复，交通运输、仓储和邮政业，住宿和餐饮业分别实现20.3%、21.1%的增长速度；租赁和商务服务业、房地产业小幅回升，分别增长4%、2.3%；批发和零售业降幅有所收窄，同比下降0.9%。

二 外部风险和内部压力仍需持续关注

（一）外部风险进一步加大

一是对外贸易与对外投资风险。近年来拜登政府着力引导高端制造业回流美国、中低端产业转向越南等地区，对手机、PC、医药等北京市有出口优势的产业形成打压和替代。二是资金外流风险。美国通过急速加息、冲击汇率市场、下调中国企业信用评级等手段升级金融战，欧元区紧跟美国步伐，加速外资流向欧美，新兴经济体出于拉动经济增长的考虑，大多实施宽松货币政策，并抛售美债规避风险，热钱更加频繁在国际间流动，我国第三季度直接投资负债减少118亿美元，是加入WTO后的首次下降，北京风险投资以及证券债券等金融产业出现下滑。三是产业链供应链海外风险。美西方国家更加频繁、更大范围地对我国科技领域实施"小院高墙"政策，先进芯片和设备进口被阻断，集成电路、人工智能等高技术制造业受到较大冲击。

（二）发展信心不足问题凸显

一是居民消费信心还未充分恢复，2023年居民人均可支配收入增长5.17%，与GDP增速基本持平，消费者信心指数、预期指数在第一季度反弹后，连续两个季度分别下滑至108.4、109.8，与2019年同期水平（118.1、118.9）相比差距进一步拉大。[①] 二是企业对于新业务扩张普遍偏谨慎，全年高技术制造业企业利润下降40.5%，清科数据显示，2023年前

---

① 数据来自北京市统计局官网。

三季度北京市新募基金 78 只、同比下降 17%，募集金额 845.75 亿元、同比下降 7.5%。三是外资加速萎缩，全年实际利用外资 137.1 亿美元，同比大幅下滑 21.3%。①

（三）房地产市场面临"量价齐跌"风险

实施"认房不认贷"政策后，房地产市场成交量短期冲高后逐步下降，2023 年 10 月新建住宅、二手住宅网签环比分别下降 13%、24.8%，二手房价格出现回调，在新购房群体需求被满足后，主要靠"卖旧买新"的需求支撑，如果二手房市场持续低迷，新房去化也将受到较大影响。供给方面，3/4 左右的库存集中在郊区，与购房者区位诉求匹配度较低，特别是怀柔、平谷去化周期超过 40 个月，明显高于中心城区和平原新城 20 个月以下的平均水平。优质供给相对较少，新房上市规模明显缩减，为近五年同期最低。

（四）企业经营仍面临诸多困难

一是效益普遍下滑。在订单减少、应收账款增加、财务费用上升等因素影响下，规模以上工业企业利润同比下降 12.9%，32 个工业大类中，11 个行业利润出现下滑，重点行业中电子、医药制造业下滑严重，降幅分别为 75.5%、25%。重点服务业企业利润也出现两位数下滑，金融、商务服务业降幅分别为 22.2%、14.9%。二是从业人员规模收缩。服务业从业人员同比下降 3.2%，13 个服务业门类中，11 个行业人员规模出现下滑，广告业、互联网等优势行业延续上一年收缩态势，降幅扩大至 10% 以上。

三　2024年北京市经济形势展望

2024 年，经济稳定发展的政策环境更加有利，国家将实施万亿级规模特别国债等积极财政政策，以及更加宽松的货币政策。北京市制造业大项目

---

①　数据来自北京市商务局官网。

集中兑现、一些大型商业体开业、AI+等新业态开始见量。将外部环境不发生重大变化、国家政策逐步加码作为基准情景，根据各产业增加值预判增速及其GDP占比，初步匡算北京市经济增速为4.6%左右，基本回归常态化潜在增长水平，资本要素、劳动力要素、全要素生产率回到均值水平，需求侧恢复速度依然慢于产业端，综合考虑国家货币、本市财政、企业营收利润、居民收入与消费支出、物价等多方面因素，利用动态随机一般均衡模型预测，仅能够支撑GDP增长4.2%。综合产业、需求两方面因素考虑，预计2024年能够实现4.5%左右的经济增长。

（一）需求支撑略有改善

1. 消费需求回归常态化增长水平

从消费趋势看，疫情防控平稳转段后，居民消费将逐步回归常态化水平，与疫情前相比，居民收入和就业预期仍然偏弱，同时随着社会步入第四消费时代，居民更加追求实用性高、性价比高的商品和服务，精明消费、理性消费趋势愈发凸显，整体消费能力和意愿仍显不足。从消费方式看，数字化零售改变了传统的购物方式和商业模式，短视频平台、即时零售平台可通过直播带货等多种方式为本地品牌商业引流，助力百货、便利店、超市等实体业态加快恢复，网零额增速受头部企业行业竞争力下滑、流量红利见顶、线下消费恢复等因素影响，预计短期内难以扭转增长乏力态势。从商业布局看，一批大型商业项目、更新改造项目落地，商业设施供给将进一步扩大，品牌首店陆续落地促进线下商业主体品质提升。从消费内容看，通信器材类、民生保障类、家居家装类等商品消费增速有望回升，汽车消费受政策性利好较少和高基数影响增长压力加大，信息、医疗等服务消费近年来已形成较大规模，预计难以保持高速增长。初步判断，服务性消费在疫情低基数因素影响消退后将回归个位数增长，社零额增长4%左右，全年总消费增长6.5%左右。

2. 固定资产投资稳中趋缓

灾后重建带来投资新增量，国家增发特别国债用于灾后恢复重建和防洪治理工程，对未来几年投资形成新的支撑。占比超过五成的房地产投资将保持平稳增长，一方面，城市更新、城中村改造、新型保障性住房体系建设持续推进，有望成为"接棒"房地产开发投资的新增长点；另一方面，随着房地产市场回暖，2024年开发企业拿地建设意愿将有所恢复。占比三成左右的基础设施投资新建大体量项目少，处于建设高峰的续建项目也较少；高速改扩建、市郊铁路等补短板项目，以及学校分校、医院分院等民生改善项目支撑力度相对有限，预计2024年基础设施投资持续低位增长。制造业投资预计持续负增长，汽车、电子等制造业大项目已经渡过建设高峰期，2024年项目以产业链配套为主，形成的投资量支撑有限。要素保障投资更加趋紧，减量发展背景下全市经营性土地供应延续下降态势。基础设施、公共服务领域民营企业获得的银行贷款有限，资本市场投资回报预期不足。综合重点领域以及灾后重建带来的新增投资等因素考虑，初步预计2024年固定资产投资增长4%左右。

（二）产业运行更加趋稳

在外部环境不确定性加大的影响下，产业发展面临更大挑战，但与此同时，稳经济政策力度进一步加大，对制造业新增长点形成有力支撑，与生产关联的接触性聚集性服务业仍有恢复空间，信息、金融等优势服务业持续稳定增长，预计2024年产业端能够实现稳定增长。

1.工业回归常态化增长

2023年北京市工业所受疫苗基数影响消退，在较大波动中逐步趋稳向好，预计2024年将回归常态化增长。从重点行业看，汽车制造业将较快增长，理想、小米两个汽车项目将集中在2024年落地形成实物量支撑，有望带动汽车制造业实现10%左右的快速增长。电子产业有望在终端需求复苏、AIPC等新消费趋势带动下止跌回升，预计增长3%左右。医药产业所受疫苗因素影响消退，预计将回到5%左右的正常增速区间。装备制造业延续上行态势，预计能够增长8%左右。2024年国家电网的跨省通道建设要形成产值仍需要一段时间，预计电力、热力生产和供应业增速由往年的两位数回落至6%左右。根据重点领域初步预计，2024年北京市工业恢复至4%左右的常态化增长水平。

2.服务业保持平稳增长

2024年服务业有望摆脱近年来的"跷跷板"效应，延续疫情前稳中趋缓发展态势。分行业看，金融业预计增长7%左右，定向降息、全面降准等一系列政策显效，货币供应更加充裕，银行业中长期贷款也逐步恢复，贷款需求持续增加，国家频繁出台的稳股市、稳汇市政策，能够带来同业存款增量。信息服务业将延续两位数增长态势，预计增速在12%左右，平台企业总体稳定运行；信息传输业主要靠流量费支撑，提速降费和应用场景拓展速度放缓，导致利润持续下滑，预计增长保持在5%以内；软件业缓慢恢复，预计增速与2023年大致持平。房地产业在政策托底下有望增长4%左右，调控政策转向后，换房需求集中入市、房企推盘节奏加快，2023年9~10月新盘草签数据将在2024年转化为网签数据。科技服务业发展稳中向好，2021年以来受工程技术服务业上游需求减少、企业外地布局等因素影响，科技服务业有所下滑，预计在上游需求恢复、项目落地带动下将保持5%左右的稳定增长。住宿餐饮、文体娱乐等生活性服务业所受低基数因素影响消退，预计将回归正常增长区间，对经济增长的支撑作用将明显减弱。随着市场主体信心修复、需求回暖，商务、批零、货运等生产性服务业仍有较大发展空间。根据重点领域初步预计，2024年北京市服务业增速在5%左右。

（三）CPI涨幅预计小幅提升

输入性通胀压力预期加大，2024年大宗商品总体处于新一轮补库存周期，预计价格偏强运行，EIA预测布伦特原油现货价格约为95美元/桶，高于2023年82.2美元/桶的平均水平。但主要经济体通胀水平将有所下降，IMF预测2024年全球通胀有望由2023年的5.9%回落至4.8%左右。总需求和货币因素对物价的推升作用不强。分类别看，食品价格小幅上行，生猪养殖行业产能向头部企业集中、去化速度缓慢，预计2024年生猪出栏量较2023年小幅提升至26%，加之冻肉库存充足、其他品类替代等因素影响，供大于求的格局仍将延续，预计猪肉价格低位运行、价格涨幅受低基数影响将有小幅抬升；蔬菜价格主要受气候、季节、运输等因素影响，价格"大小年"特征明显，预计涨幅大于2023年。服务项目价格涨幅略有提升，旅游价格受交通、住宿等成本上升以及需求持续恢复影响涨幅较大，居住、生活、医疗、通信等服务价格总体温和上涨。粗略估算，2024年北京市CPI翘尾因素约为-0.2%，新涨因素约为1%，CPI全年涨幅约为0.8%。

四　对策建议

（一）推动先进制造业提质增效

一是在集成电路国产替代导向下，支持骨干企业聚焦特色工艺、创新技术路线加大研发力度、提升产品质量，做强成熟工艺市场以及上下游的材料、装备环节。二是依托新能源汽车"链主"企业，布局上下游的动力电池、智能网联、关键零部件等延伸产业，推动产业集群式发展。三是整合企业、医院、高校各方创新资源，鼓励生物医药前沿技术创新，为创新药、创新医疗器械进医院创造更加便利的环境，推动创新成果推广应用。四是围绕人工智能技术迭代、应用场景等卡点堵点加大产业政策支持力度，加速新产品新业态商业化落地。

（二）支持优势服务业发展迈上新台阶

一是发挥头部企业的创新引领作用，锚定做强数字经济产业链，加速培育开源产业生态，积极参与数字新基建前瞻布局，以数字技术融合应用、全产业链创新激发产业生态活力。二是推动科技服务业取得新突破，发展壮大龙头企业，引导产业链向高附加值环节延伸，建立研发资源开放共享机制，支持工程技术服务企业组团式"出海"，推动孵化载体向多元增值服务升级。三是推动交通、医疗、城市管理、政务服务等领域智慧应用场景开放，鼓励拓展产品应用场景，促进新技术迭代更新和规模化应用。四是保障平台企业持续健康发展，不断完善平台企业合规评估体系，强化事前风险提示和合规指导，注重对新业态、新模式的包容审慎管理。

（三）培育未来产业成为后备力量

根据技术成熟度、产业落地周期，分类施策培育未来产业。对于技术产品相对成熟、5~10年有望见量的，重点推动成果的技术迭代与应用，发挥"链主"企业带动作用，前瞻性引导产业链供应链就近布局，有效衔接战略性新兴产业。对于尚在技术研发起步阶段、形成产业规模还要10年以上的，加大长期资本支持力度，坚持包容审慎，为创新主体创造更加宽松的科研环境，充分发挥骨干企业、高校院所、各类创新平台的引领作用，集中力量加强技术攻关，推动成果转化。

（四）以更多优质消费供给激发消费需求

一是推动科技消费提质升级，加速成熟大模型产品的规模化商用，对标电子消费前沿，促进AIPC等AI+新一代电子产品消费。二是增加面向年轻消费群体的供给，结合城市更新推动打造一批商圈与景区融合的消费新地标，针对"Z世代""00后"等年轻消费群体，增加话剧、密室逃脱、剧本杀等新形态演艺娱乐项目。三是以需求为导向，大力发展陪诊师、养老规划师、营养师等适老需求的新业态，优化社区康养、托幼、家政等服务，满足"一老一小"消费需求。四是优化消费环境，借鉴上海等城市发展经验，适当调整大型活动安保配比、演唱会人均场地面积等审批标准，建立重大活动审批"绿色通道"。

（五）持续扩大对外开放

一是鼓励企业"出海"。支持新能源汽车、电子制造等行业"链主"企业拓展"一带一路"沿线市场。近年来跨境电商、跨境支付等新兴市场迅速发展，平台企业协同生态链中小企业出海的潜力巨大，推动平台企业加快海外布局，持续提升全球竞争力。二是提升城市影响力。北京是国际主场外交和重大国事活动主要承载地，具备承办重大活动的经验，集聚国际组织100余家，继续发挥好"三平台"等重大国际活动引资引智的纽带作用，进一步强化与"一带一路"国家的联系。

参考文献

《政府工作报告——2024年1月21日在北京市第十六届人民代表大会第二次会议上》，《北京日报》2024年1月29日。

北京市统计局、国家统计局北京调查总队：《2023年北京经济持续回升向好 发展质量稳步提升》，https：//tjj. beijing. gov. cn，2024年1月19日。

北京市统计局、国家统计局北京调查总队：《北京国际消费中心城市培育建设稳步推进》，https：//tjj. beijing. gov. cn，2024年1月24日。

B.4

经济恢复视角下的
北京宏观经济形势分析与展望

王术华　刘作丽　刘紫星　张英男*

摘　要：　2023 年，北京市经济增长呈现"前低、中高、后稳"态势，全年地区生产总值增长 5.2%，与全国同步。但依然面临优势行业支撑减弱、需求不振等问题，部分优势行业增速放缓，利润尚未恢复至 2019 年的水平；投资增速高于全国平均水平，消费恢复不及全国平均水平。2024 年是新中国成立 75 周年，是京津冀协同发展重大国家战略实施 10 周年，是实现"十四五"规划目标任务的关键一年，北京经济社会发展将处于空间优化、经济恢复、提升对外开放能级的关键时期，要坚持稳中求进总基调，以新时代首都发展为统领，以解决突出问题为重点，锚定产业、金融、区域、对外开放靶向发力，促进首都经济实现量的合理增长和质的有效提升。

关键词：　经济形势　京津冀协同发展　对外开放　北京

　　面对外部压力和内部困难，北京市经济 2023 年走出了"波浪式"前进路线，总体呈"前低、中高、后稳"态势。2024 年是承上启下的关键一年，关乎"十四五"规划目标实现、关乎协同发展纵深推进背景下空间格局优

---

* 王术华，北京市发展改革政策研究中心、北京市经济社会发展研究院战略规划所副所长，副研究员，主要研究方向：宏观经济、财税经济；刘作丽，北京市发展改革政策研究中心、北京市经济社会发展研究院战略规划所所长，研究员，主要研究方向：城市与区域经济、战略规划；刘紫星，北京市发展改革政策研究中心、北京市经济社会发展研究院战略规划所实习研究员，主要研究方向：城市与区域经济；张英男，北京市发展改革政策研究中心、北京市经济社会发展研究院战略规划所实习研究员，主要研究方向：宏观经济、对外开放。

化、关乎经济社会全面修复、关乎对外开放能级不断提升，首都发展的外部环境和内生动力发生着前所未有的复杂变化，推动首都高质量发展面临新的挑战，要精准把握"四个关键时期"，锚定"四大突破"靶向发力、精准施策，强基固本、引导预期、优化结构、释放活力，促进首都经济实现量的合理增长和质的有效提升。

一　2023年经济运行总体平稳、恢复好于预期

2023年，疫情防控平稳转段助推经济加快恢复，北京克服复杂严峻外部环境带来的冲击，克服特大洪水灾害、需求不足等不利因素影响，经济在固本培元中持续回升向好。GDP增速第一季度3.1%，比全国低1.4个百分点；上半年跃升至5.5%，与全国持平；前三季度回落到5.1%，比全国低0.1个百分点；全年增长5.2%，与全国持平，总体呈"前低、中高、后稳"态势。经济持续回升向好的同时也面临隐忧，主要体现在以下几个方面。

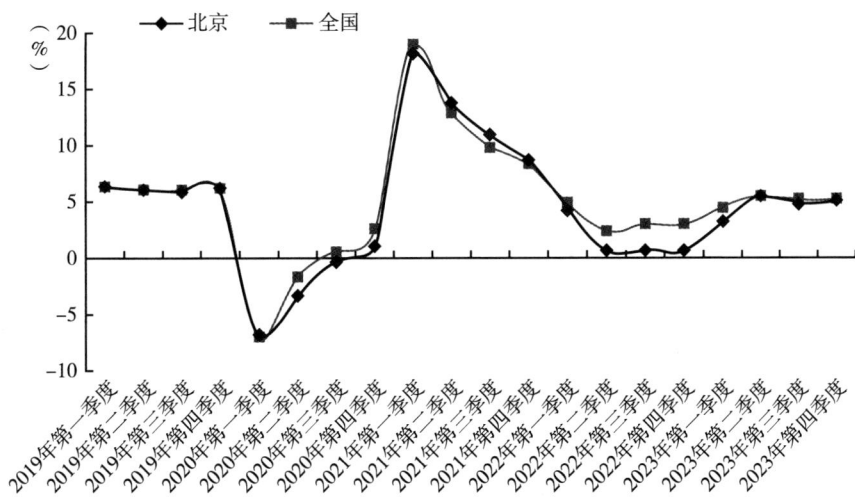

图1　2019~2023年北京与全国GDP季度累计增速

资料来源：国家统计局网站、北京市统计局网站。

一是国际环境仍然复杂严峻，全球经济在新冠疫情、俄乌冲突、巴以冲突和生活成本危机等冲击下持续复苏，但增长仍然缓慢且不均衡。国际货币基金组织 2024 年 1 月最新预测表示，全球经济具有韧性但增长缓慢，预计 2024 年全球经济增速为 3.1%，2025 年为 3.2%。尽管如此，全球经济增速 2024 和 2025 年的预测值仍低于 3.8% 的历史平均水平（2000~2019 年），反映出紧缩性货币政策、财政支持政策的退出以及潜在生产率增长缓慢等因素都对经济活动形成拖累。

二是优势行业支撑作用减弱，企业生产经营困难，优势行业增速放缓，部分行业利润尚未恢复至 2019 年的水平。2023 年规模以上工业中电子信息制造、汽车制造、医药制造三大行业营业收入占比近 4 成，但利润仅恢复至 2019 年的 76.2%，其中电子信息制造利润恢复至 2019 年的 50.6%、汽车制造利润恢复至 2019 年的 78.8%、医药制造利润恢复至 2019 年的 94.6%。2023 年规模以上第三产业中金融业利润恢复至 2019 年的 76.2%，房地产业利润恢复至 2019 年的 90.2%，文化、体育和娱乐业利润仅恢复至 2019 年的 55.8%。

三是需求不振问题尚未缓解。2023 年北京市固定资产投资每月累计增速呈倒"U"形走势，1~5 月达到 14.5%，此后波动下滑，全年固定资产投资同比增长 4.9%，比上半年下降 8.7 个百分点；主要投资板块拉动作用下降，全年房地产开发投资仅增长 0.4%，比上半年下降 9.4 个百分点。消费恢复程度不及全国，2023 年全市社零额同比增长 4.8%，比全国低 2.4 个百分点；其中网上零售额同比下降 2.7%，而全国网上零售额同比增长 11.0%，北京网上零售额占社零额比重从 2022 年的 39.8% 降至 2023 年的 37.7%。

二 科学研判发展大势抢抓发展机遇，精准把握"四个关键时期"

首都经济发展的基本面没有改变，持续向好态势没有改变，但历经过去几年内外部环境的深刻变化，需要把发展的眼光放得更远，深刻洞察经济运行规律、科学研判发展大势，以精准有效的施策和聚焦靶心的发力找偏差、校方向、提质效。2024 年北京经济社会发展面临"四个关键时期"，只有精准把握才能抓牢机遇，铺实经济复苏的跑道、积蓄高质量发展的底气。

（一）"十四五"规划目标实现关键期

2024 年是"十四五"规划承上启下的关键一年，其走势将决定整个"十四五"规划目标任务的完成程度和质量，也将影响"十五五"规划的目标和方向。北京市"十四五"规划确定的发展目标和重点任务进展顺利，但也需要及早关注、综合应对一些隐忧。

一是部分规划指标完成困难，部分进度领先指标与现实感受存在一定偏差。GDP 增速、城市副中心和平原新城增加值占比等指标完成压力较大。2021~2023 年 GDP 年均增长 4.8%，按"十四五"规划目标 5% 来估算，2024~2025 年需年均增长 5.3% 左右。创新发展类指标进展虽优于规划目标，但现实中北京市科技服务业领跑优势减弱，面临"高峰变高原"隐忧，增加值增速不断下滑，从 2012 年的 7.8% 降至 2022 年的 1.8%，反映出科技和产业依然存在"两张皮"现象，需要重点关注。

二是产业结构隐忧显现。综观过去十年的数据，北京市经济发展与全国、上海基本保持同步，2013~2023 年北京市 GDP 年均现价增长 8.4%，全国为 8.7%、上海为 8.9%，但北京市国民经济内部出现的部分失衡现象需要引起高度关注。与自身比，10 个主要行业"3 升 7 降"，10 年来除信息服务、金融、科技服务等行业增加值占 GDP 比重有所上升外，工业、批发零售、房地产、商务服务等行业增加值占 GDP 比重有所下降。与全国比，10 个主要行业增加值占全国比重"2 升 8 降"，10 年来信息服务、金融等行业增加值占全国比重有所提升，工业、房地产、批发零售、商务服务等行业增加值占全国比重均有所下降。与上海比，10 个主要行业相对于上海比重"1 升 9 降"，10 年来除建筑业与上海相比优势有所增强外，信息服务、金融、科技服务等行业优势减弱，工业、批发零售等行业差距扩大，房地产、商务服务等行业由相对优势转相对劣势。

□ 2023年占本市GDP比重
■ 2013年占本市GDP比重

行业	2013年	2023年
科学研究和技术服务业	6.8	7.9
租赁和商务服务业	8.3	6.2
房地产业	8.2	6.0
金融业	15.4	19.8
信息传输、软件和信息技术服务业	9.5	19.5
住宿和餐饮业	2.0	1.0
交通运输、仓储和邮政业	3.2	2.4
批发和零售业	11.7	7.0
建筑业	4.1	3.7
工业	15.8	11.4

30 20 10 0 10 20 30（%）

□ 2023年占全国比重
■ 2013年占全国比重

行业	2013年	2023年
科学研究和技术服务业	14.8	12.3
租赁和商务服务业	13.1	6.1
房地产业	4.8	3.5
金融业	7.9	8.6
信息传输、软件和信息技术服务业	14.7	15.4
住宿和餐饮业	4.0	2.2
交通运输、仓储和邮政业	2.6	1.8
批发和零售业	4.4	2.5
建筑业	2.1	1.9
工业	1.5	1.3
GDP	3.6	3.5

30 20 10 0 10 20 30（%）

□ 2023年相对于上海比重
■ 2013年相对于上海比重

行业	2013年	2023年
科学研究和技术服务业	239.7	166.6
租赁和商务服务业	144.1	84.2
房地产业	121.3	73.5
金融业	115.0	100.2
信息传输、软件和信息技术服务业	185.6	179.9
住宿和餐饮业	132.5	110.9
交通运输、仓储和邮政业	71.7	45.7
批发和零售业	70.3	60.3
建筑业	110.2	181.7
工业	46.7	46.2
GDP	96.9	92.7

400 300 200 100 0 100 200 300 400（%）

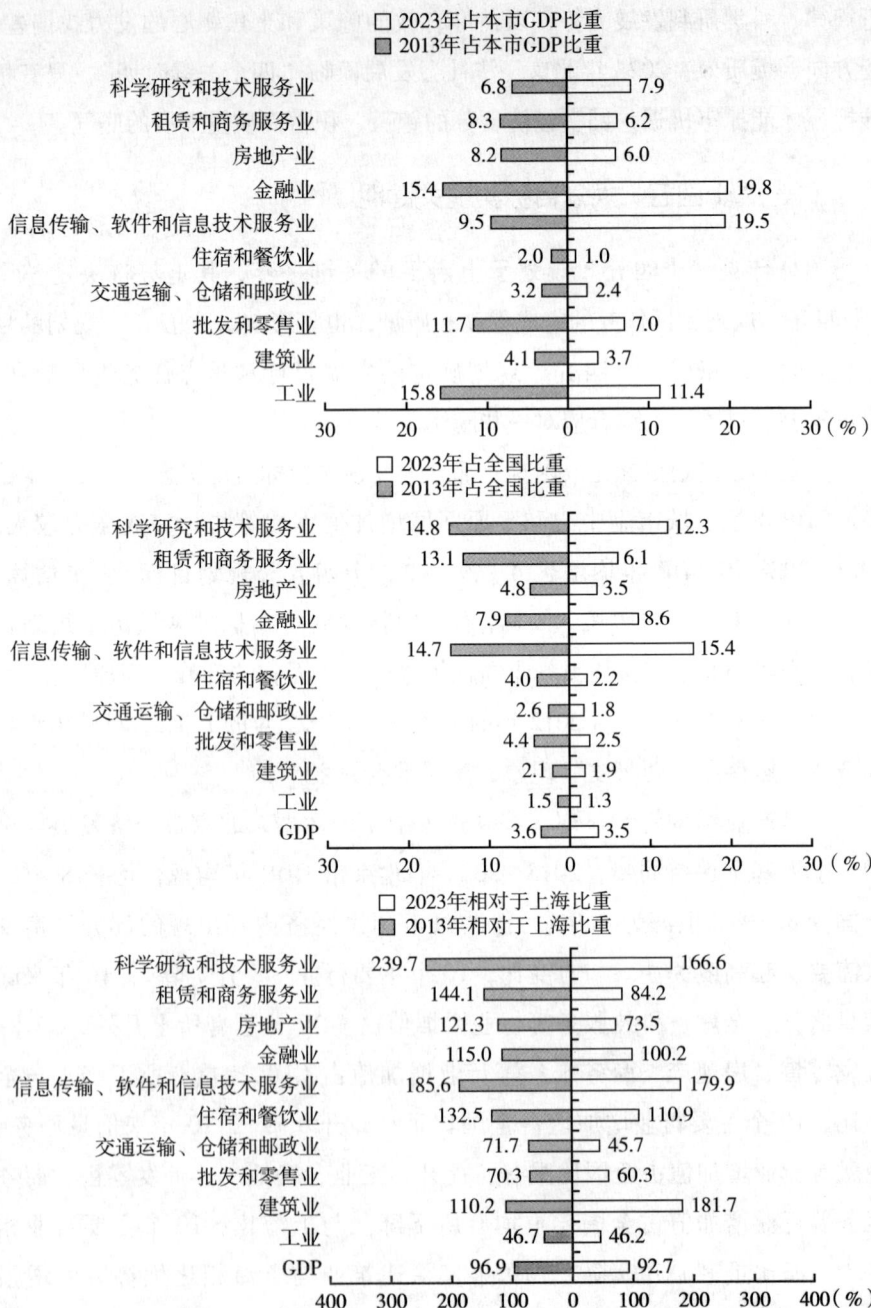

图2　2013年和2023年北京主要行业增加值占比对比

资料来源：国家统计局网站、北京市统计局网站、上海市统计局网站。

此外，也需要关注北京体现大城市特征的相关行业表现弱势问题。纵观全球城市产业发展历史，全球城市在房地产、批发零售、休闲娱乐等维持城市运行、保持城市品质、满足美好生活需要的领域都保持着较强的实力。2020年纽约、洛杉矶两个大都市统计区房地产业增加值占 GDP 比重分别为 13.9%、14.9%，都高于美国 13.3%的平均水平。① 而 2013~2023 年北京市批发零售、住宿餐饮、房地产等城市特征指标出现明显走弱趋势，三个行业增加值占 GDP 比重分别下降 4.7 个、1.0 个、2.2 个百分点。同期，房地产业增加值占全国比重由 4.8%下降至 3.5%，批发零售由 4.4%下降至 2.5%，住宿餐饮由 4.0%下降至 2.2%，房地产增加值、社会商品零售总额等指标均已被上海超越。

（二）京津冀协同发展纵深推进背景下空间结构优化关键期

2024 年是推进京津冀协同发展十周年，伴随"两翼"加速成形，北京将迎来京津冀协同发展纵深推进背景下空间结构优化的重要机遇，但也面临许多难啃的"硬骨头"，区域发展不均衡问题依然突出。

一是区域产业配套能力亟待提升。京津冀周边缺少完善的产业链和产业集群，北京创新资源选择越过天津和河北，到长三角和珠三角产业链、产业集群相对比较完善的区域转化现象依然是主流，2022 年北京流向外省市的技术合同 6.1 万项、成交额 4555.7 亿元，而流向津冀两地的分别仅占 9.6%和 7.8%。

二是区域梯度发展格局仍需优化。区域整体经济实力呈下降趋势，京津冀地区 GDP 占全国比重从 2014 年的 10.3%下降至 2023 年的 8.3%。城市副中心和平原新城内联中心城区、外携津冀的节点作用尚未充分发挥，对全市经济增长支撑不足，2023 年 6 个区 GDP 占全市比重 21.4%，低于 23%以上的规划目标；城乡差距依然很大，2023 年全市城乡居民收入比为 2.37，高于浙江（1.86）、江苏（2.07）和上海（2.08）等省市，在全国居第 24 位；对京津冀区域的引领带动不够，京津、京保石、京唐秦三个发展轴带空间格局尚未形成。

---

① 根据美国经济分析局公布的数据测算。

（三）经济社会全面恢复关键期

2023 年以来，经济社会各领域在"波浪""曲折"中逐步企稳，主要指标总体运行平稳，但对于内生动力、社会预期等的持续改善仍需给予更多的耐心。

一是经济增长尚未全面恢复。2019~2023 年北京市 GDP 年均现价增长 5.4%，比全国低 1 个百分点、比上海低 0.2 个百分点，且不同行业效益有所分化。与自身相比，北京市三大制造业利润"0 升 3 降"，医药制造业利润恢复至 2019 年的 94.6%、汽车制造业利润恢复至 2019 年的 78.8%、电子信息制造业利润仅恢复至 2019 年的 50.6%；八大服务业利润"6 升 2 降"，金融业、房地产业利润分别恢复至 2019 年的 76.2% 和 90.1%。与上海相比，北京市三大制造业利润相当于上海比重"1 升 2 降"，汽车制造升，医药制造、电子信息制造降；四大服务业①利润相当于上海比重"3 升 1 降"，信息服务、商务服务、科技服务升，交通运输降。服务业中交通运输利润从 2019 年相当于上海的 1.2 倍降低到 2023 年的 88.6%。2023 年北京市汽车制造、电子信息制造利润分别相当于上海的 74.2% 和 82.1%。

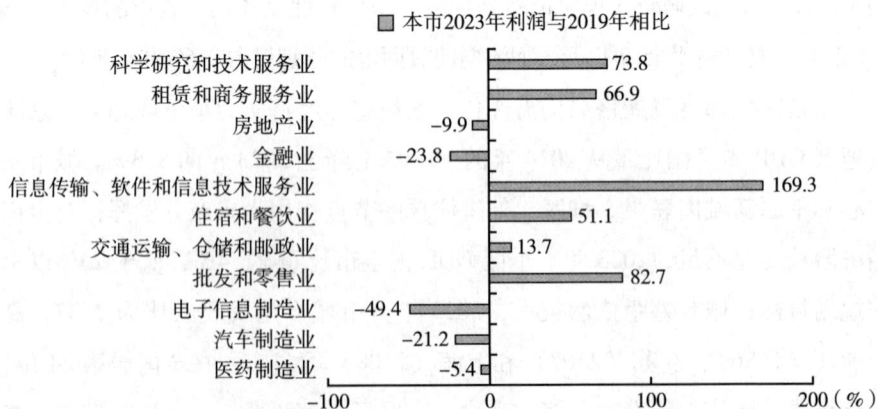

本市2023年利润与2019年相比

行业	数值
科学研究和技术服务业	73.8
租赁和商务服务业	66.9
房地产业	-9.9
金融业	-23.8
信息传输、软件和信息技术服务业	169.3
住宿和餐饮业	51.1
交通运输、仓储和邮政业	13.7
批发和零售业	82.7
电子信息制造业	-49.4
汽车制造业	-21.2
医药制造业	-5.4

---

① 上海市统计局未公布批发零售、住宿餐饮、金融、房地产行业相关效益情况，故此处只比较了交通运输、信息服务、商务服务和科技服务。

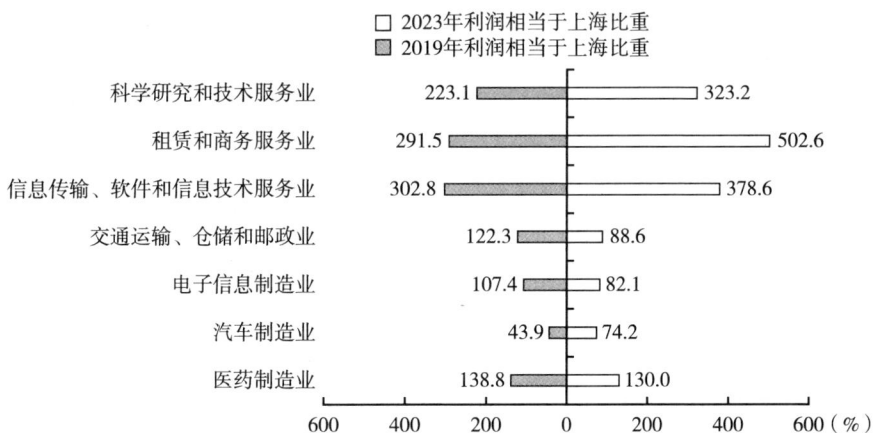

□ 2023年利润相当于上海比重
■ 2019年利润相当于上海比重

图3　2019~2023年北京主要行业利润与自身比、与上海比变化情况

资料来源：北京市统计局网站、上海市统计局网站。

二是市场信心恢复尚需时日。多项调查显示，市场主体信心仍处低位，企业信心、居民信心仍未完全恢复至2019年水平。中国人民银行调查的2023年第四季度企业家宏观经济热度指数仅为32.3%，比2019年同期低4.8个百分点；城镇储户收入感受指数42.9%，比2019年同期低2.7个百分点。北京市消费者信心指数从2023年第1季度到第4季度持续下降且未完全恢复至2019年水平，2023年第4季度为108.4，比2019年同期低10.9个点；就业状况预期指数2023年第4季度为109，比2019年同期低16.8个点。

（四）积极作为提升对外开放能级的关键期

近年来北京积极深入探索以服务业为主导的开放新模式，对外开放总体保持稳健提升态势，但在当前地缘政治风险下，北京对外开放也面临一系列挑战，需高度警惕不确定、难预料的因素。

一是与上海相比北京对外开放仍有不小差距。上海已经成为全方位高水平对外开放高地，从梳理的对外开放部分指标来看，2023年北京利用外资额仅相当于上海的56.9%，外资企业存量仅相当于上海的41.1%，进出口总额相当于上海的 86.7%，跨国公司总部、外资研发中心数量与上海差距明显，均不到上海的 1/4，外籍人员出入境人数仅相当于上海的 60.4%。

表 1　2023 年北京与上海对外开放部分指标比较

指标	北京	上海	北京相当于上海比重(%)
利用外资额(亿美元)	137.1	240.9	56.9
外资企业存量(万户)	4.6	11.2	41.1
进出口总额(万亿元)	3.65	4.21	86.7
跨国公司总部数量(家)	230	956	24.1
外资研发中心数量(家)	107	561	19.1
外籍人员出入境人数(万人次)	215.1	356	60.4

资料来源：北京市统计局网站、上海市统计局网站、互联网相关资料。

二是全球跨国投资和贸易总体增长乏力恐带来不利影响。根据联合国贸易和发展会议发布的数据，2023 年全球外国直接投资同比增长 3%，但主要受欧洲个别投资中转国的影响，剔除上述因素，全球 FDI 实际下降 18%；2023 年全球贸易额预计同比下降 5%，其中商品贸易下降 8%。预计 2024 年地缘冲突、食品与能源价格高涨、多国面临的衰退和债务压力等仍将对全球跨国投资产生冲击；虽然全球的进口产品需求具有弹性，但持续紧张的地缘政治局势、高额债务和经济脆弱性等因素也将对全球贸易产生负面影响。但同时也要看到，我国与美欧国家的经贸合作可能会企稳回升，也给北京扩大对外开放带来新机遇。

总体来看，2024 年将迎来信心恢复、增速回升、结构优化的关键时期。既要用好中央财政增发万亿国债等政府扩表举措，带动企业投资信心恢复；也要用好 2023 年以来国家推出的降低购买首套住房首付比例和贷款利率、个人住房贷款"认房不认贷"、个税专项附加扣除上调等一系列政策，促进消费恢复；还要用好人民币汇率企稳回升、国际航班有序恢复等给北京对外开放创造的良好环境，促进国际贸易、国际交往、入境旅游等不断恢复。但同时也要看到，世界政治经济形势错综复杂，国内经济回升向好基础仍需巩固，北京市经济下行压力依然较大，稳中求进加快复苏仍是经济运行的主基调，要立足自身禀赋条件，把握规律、积极作为、寻求突破，不断夯实首都高质量发展的"底座"和"根基"。

三 锚定"四大突破"靶向发力、精准施策，推动经济社会全面恢复

面对外部环境不稳定性不确定性明显上升、内部行业结构失衡亟须恢复，必须坚持稳中求进总基调，以新时代首都发展为统领，以解决"四个关键时期"面临的主要问题为重点，锚定"四大突破"靶向发力、精准施策，为塑造经济发展新动能奠定基础。

（一）修复结构、提振信心，围绕构建具有首都特点的现代化产业体系努力实现"产业新突破"

一是构建符合首都特点的现代化产业体系。按照"智能化、绿色化、融合化"方向和"完整性、先进性、安全性"要求，考虑首都资源禀赋、现实基础和未来发展方向，加快构建现代化产业结构体系，系统梳理研究发布全市产业地图，塑造首都现代化产业体系整体品牌概念。锚定金融、科技、商务服务等承压优势领域精准实施重振修复工程，尽快强基固本恢复活力。

二是围绕重点领域企业需求释放一批应用场景。发挥数字要素优势，以数字赋能各行业为重点，支持智能制造、金融、会计、法律、广告、咨询、医疗、教育、流通等领域深化改革，试点开放公共资源和应用场景，赋能深耕本地企业发展，助力制造业、金融、商务服务等承压行业有序恢复。深化金融科技应用场景发布和对接机制，聚焦普惠金融、养老金融、农村金融需求，在公共服务、生活消费、社会民生等领域建设一批具有示范意义的金融科技应用场景，提升金融科技服务成效。

三是抓牢系列政策机遇促进大城市特征行业适度恢复。顺应全球城市产业发展规律、抓牢政策机遇，促进下滑显著的房地产、批发零售、住宿餐饮

等行业有序适度恢复。抓住国家推出的一系列房地产政策契机，适时优化北京相关政策，减轻交易环节税费负担，释放改善性住房及家居家电需求潜力。抓住个税专项附加扣除上调等政策契机，增加高端消费商品和服务供给，鼓励企业围绕高端自行车、高端运动装备、健康家居等产品加快研发创新更迭，推动在线问诊、远程医疗等新业态发展，扩大优质产品和服务供给，释放中等收入群体消费潜力。

四是以政府扩表带动市场信心恢复。用好增发国债资金，围绕承压优势产业、灾后恢复重建和防灾减灾救灾能力提升等领域，积极谋划"牵一发而动全身"的大项目，推动项目尽快形成实物工作量。围绕轨道微中心、物流保供、综合管廊、智能停车等领域推动新一轮基础设施布局，聚焦城市更新打造千亿级投资增长极。利用好国家化债一揽子工具，通过财政置换、优化重组地方平台公司债务、金融机构助力债务延期等多种方式，形成一揽子化债解决方案，促进企业平稳去杠杆，增强企业投资能力。

（二）金融撬动、多元融合，围绕培育多元金融生态努力实现"融合新突破"

一是丰富各类金融机构主体。着力发展资产管理和财富管理业务，支持头部机构或总部机构在京发展。重点吸引理财、保险资管、公募基金、私募基金、养老金管理等各类资管机构落地。利用"两区"政策优势，加强与阿拉伯国家、新加坡等的交流对接，吸引国家主权基金投资落地北京。支持国内头部创投基金、政府引导基金与全球高端市场化基金开展三方合作，发起成立支持科技创新的创投基金。

二是完善多层次金融生态。持续推进北交所做大做强，研究支持2~3家海外上市或尚未上市的大龙头企业在北交所上市。推进国内商业银行、保险机构、证券公司等优质金融机构在京依法设立基金管理公司，积极参与北交所市场交易。支持四板市场基于各业务板块与商业银行、股权投资、债权投资、产业园区、证券服务、咨询等各类金融机构积极对接合作，共同推进提升和扩大四板市场服务能力和业务规模。

三是加快推进第三方金融专业服务做精做优。支持会计师事务所、律师事务所、信用评级、资产评估等中介机构深度参与北京市资本市场，将CFA、国际注册会计师、涉外律师等具有国际认可资质的高端紧缺人才纳入现有人才支持政策体系。充分发挥央属五大资产管理公司优势，利用债务重组、资产重组、债权转股权、诉讼追偿、资产转让、结构化交易等多种手段加大对问题企业、问题资产的重组和救助力度，盘活金融资产、化解金融风险。

四是支持金融服务深度嵌入产业链发展。立足北京、辐射津冀，做好科技、绿色、普惠、养老和数字金融五篇大文章。支持供应链金融规范化创新化发展。发挥北交所等的作用，搭建"一站式服务广场"，构建与企业全生命周期相适应的一体化服务网络和服务体系。做优"园区+平台公司+基金+产业"模式，形成"苗圃+孵化器+加速器+PE"完整复合链条。

（三）聚焦新城、系统谋划，围绕打造京津冀世界级城市群中的综合性独立节点城市努力实现"区域新突破"

一是明确区域综合性独立节点定位，高位统筹系统谋划未来发展。立足服务全市大局和新城特色，系统谋划平原新城产业发展和空间布局，将特色园区建设作为推动优势特色产业发展的核心载体，在产业发展、空间优化、重大平台布局等方面给予支持。结合新城定位和产业发展方向，系统研究功能导入清单，做好相关功能承接落地准备。

二是发挥内联外引作用，"三链"联动培育新增长极。引导各新城、园区加强与各高校院所的紧密合作，建立常态化对接机制。探索海淀、昌平等创新策源地与平原新城产业转化地之间的有效协作机制，通过搭平台、强交流、建机制，更好地将科研成果在平原新城合适区域转化落地，形成互补联动发展格局。发挥平原新城节点和"链主"企业带动作用，围绕智能网联汽车、生物医药等重点产业链，与津冀共同完善产业链图谱，促进联动融合发展。

三是强化政策集成创新，汇聚高质量发展合力。实施平原新城人口差异化区域政策，用好增量指标，结合产业发展需要，聚焦不同群体出台专项支持政策，加快吸引适用人才集聚。探索更为精细灵活的用地管理政策，以特色园区为试点，细化产业用地分类管理，满足企业差异化弹性需求；鼓励存量产业用地提容增效，支持平原新城范围内的低效楼宇、老旧厂房等低效产业空间腾退并加以改造利用后用于发展主导产业。

（四）深挖潜力、精准施策，围绕提升能级努力实现"对外开放新突破"

一是立足首都战略定位和产业发展方向，吸引一批高能级外资总部、机构及组织落地。鼓励重点园区根据胡润全球独角兽、未来独角兽等榜单，围绕生物医药、新能源、新材料等重点领域，吸引一批成长快、潜力大的外资企业在京设立总部或研发中心。探索打造若干差异化、特色化国际组织总部集聚区，支持 CBD、城市副中心等区域结合自身定位重点引进国际商会、行业协会、产业联盟等国际组织。

二是持续加大外资吸引力度。以"一带一路"共建和 RCEP 实施为契机壮大引资"朋友圈"，基于欧洲国家与中国的良好经贸和投资合作关系以及参与"一带一路"合作的浓厚兴趣，挖掘北京市在数字经济、绿色低碳、创新技术等领域的投资机会。紧抓 RCEP 机遇，吸引日本、韩国等国家医疗、养老企业在京投资。放大服贸会溢出带动效应，高标准举办北京及"两区"系列推介大会，向全球展示北京开放活力，促进更多外资企业了解北京、投资北京。

三是打造更具吸引力的营商环境，积极吸引全球人才、技术等高端要素集聚。紧抓国际人才流动窗口期，进一步优化外国人工作许可和居留许可，探索对专业服务等高端人才给予签证便利，并在子女教育、人才公寓等方面给予一定的政策倾斜。探索在自贸区科技创新片区对集成电路、人工智能、生物医药等领域的外资总部给予一定的税收优惠政策。支持外资总部开展新型离岸国际贸易，将符合条件的企业纳入"白名单"，在国际结算、贸易融资等方面享受跨境金融服务便利措施。

参考文献

《北京市"十四五"规划〈纲要〉实施情况中期评估报告——2023 年 9 月 20 日在北京市第十六届人民代表大会常务委员会第五次会议上》，http：//www.bjrd.gov.cn，2023 年 9 月 20 日。

国际货币基金组织：《世界经济展望》（更新），2024 年 1 月 30 日。

联合国贸易和发展会议：《全球投资趋势观察》，2024 年 1 月 17 日。

北京市统计局、国家统计局北京调查总队：《2023 年北京经济持续回升向好　发展质量稳步提升》，https：//tjj.beijing.gov.cn，2024 年 1 月 19 日。

B.5
2023年北京市房地产形势分析
及2024年展望

滕秋洁*

摘 要： 2023年，在全国房地产市场整体偏冷的情况下，北京市房地产市场开发投资主要指标较上年稳中有升。预计2024年呈现稳中调整态势。随着经济发展和居民收入水平提升，北京住房总体上已告别短缺时代，居民从基本的"有房住"需求，逐渐扩展到安全、舒适、便利的生活空间需求。现阶段北京住房总量和居住品质仍有一定的提升空间。建议立足于居民住房需求和城市发展需求，推动商品房进一步回归市场，推动房地产业向新发展模式转型升级；强化政府保障责任，不断增强居民的获得感、幸福感、安全感。

关键词： 房地产开发投资 土地出让 住房问题

一 2023年北京市房地产市场的主要特点

2023年，北京市房地产市场整体表现较为稳定，土地市场成交率、溢价率回升，房地产开发投资、商品房销售额等主要指标均实现正增长，新建商品住房库存下降，风险得到有效防控，二手住房交易量增价降。

（一）房地产开发投资实现稳中微增

2023年北京市房地产开发投资高开稳走，全年完成投资4195.7亿元，

---

* 滕秋洁，北京市经济社会发展研究院投资消费研究所高级经济师，主要研究方向：房地产、投资、消费。

比上年增长 0.4%（见图 1）。在全国房地产开发投资比上年下降 9.6% 的情况下，北京的房地产开发投资实现正增长主要得益于以下三方面因素。一是土地供给到位，2020 年以来全市建设用地供给规模基本稳定，住宅用地规模从 2019 年的 1004 万平方米稳步增加到 2022 年的 1169 万平方米。① 二是需求支撑相对较强，被企业视为投资的"避风港"，2023 年全市新建商品房销售面积 1122.6 万平方米，比上年增长 7.9%；销售额 4233.2 亿元，比上年增长 6.4%，同期全国商品房销售面积和销售额分别下降 8.5% 和 6.5%。② 三是严格执行预售资金监管等政策，有关部门积极调度，保障项目施工进度，全年全市房屋竣工面积 2042.2 万平方米，比上年增长 5.4%。③

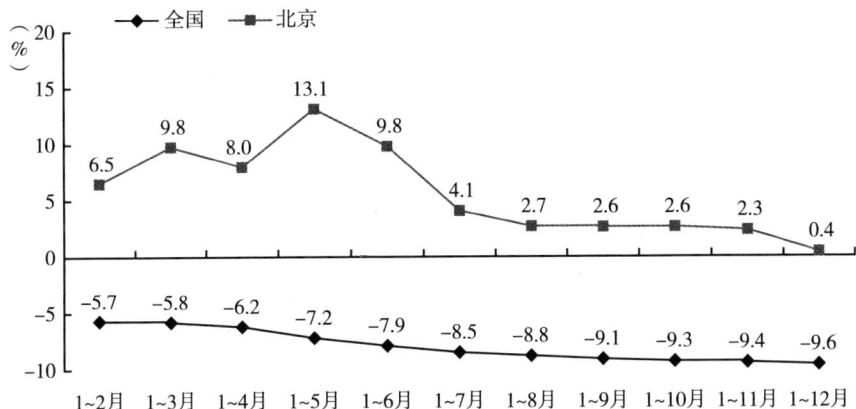

图 1　2023 年全国及北京市房地产开发投资同比增速

资料来源：国家统计局。

（二）土地市场整体回暖，但冷热不均

2023 年成交经营性用地 343.7 万平方米，其中住宅用地 296.1 万平方米，分别比上年增长 26.0% 和 21.4%。住宅用地平均溢价率从 2022 年的 5.7% 提高到 2023 年的 7.8%，比 2023 年 300 城的平均溢价率高 3.1 个百分

---

① 资料来源：中指数据库。
② 资料来源：北京市统计局。
③ 资料来源：北京市统计局。

点，底价成交地块占全部成交地块的比重从2022年的47%下降到2023年的44%，民营房企拿地的比重从2022年的4%升至2023年的12%。① 支撑土地市场回暖的因素主要来自三方面：一是整个房地产行业融资环境有所改善；二是在全国房地产市场整体低迷的情况下，有实力的企业更倾向于投资风险较低的一线城市优质地块；三是推出的地块整体性价比较高，并对部分地块出让的一些限定性条件进行了优化，包括基本取消户型面积限制、放宽销售价格浮动范围、分用途明确土地出让价款等。

各区域土地市场冷热不均的情况依然明显。中心城区住宅用地平均溢价率达到8.1%，其中最高的海淀区达到15%，副中心和平原新城平均溢价率为7.4%，其中最低的房山区只有2.2%，生态区住宅地块全部底价成交。

（三）新建商品住房市场需求支撑较强，库存显著下降

2023年全市商品住宅成交量有所下降（见图2）。供给量是影响成交量的重要因素，全年批准上市商品住宅504.8万平方米（不含保障性住房，下同），比上年下降24.5%，成交638.6万平方米，比上年下降16.7%。自2021年起商品住宅成交面积连续3年高于上市面积，显示了市场较强的需求支撑。年内市场库存呈持续下降趋势，截至2023年底全市狭义存量986.8万平方米，同比下降21.9%，比2019年底下降9.5%；广义存量4658.9万平方米，同比下降11%。②

（四）二手住房以价换量，市场活跃度有所提升

全年二手住房成交15.3万套（1373.3万平方米），比上年增长14.9%，略高于近5年14.7万套的平均水平（见图3）。成交量回升，一方面，得益于政策调整后市场观望心理弱化，需求回升，成交周期缩短。在2023年9

---

① 资料来源：中指数据库。成交数据按网签口径计算，可售面积包含现房和期房。
② 资料来源：中指数据库。狭义存量即已领取预售证但未销售的部分。广义存量即数据包含该城市已成交但未成项目的住宅用地、综合用地及商办用地、在售项目未领取预售证部分和狭义存量部分。

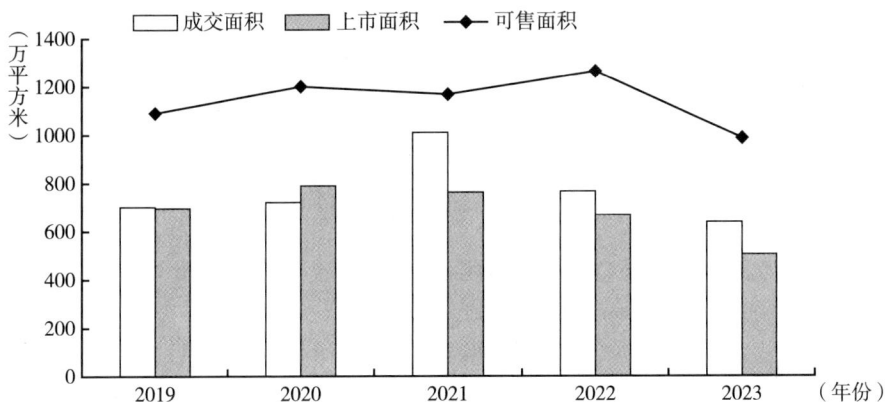

图2　2019~2023年北京市商品房上市、成交和可售面积

资料来源：中指数据库。

月和12月两轮政策的影响下，^① 第四季度二手房成交量环比有所回升，成交套数较第三季度增长2.4%；另一方面，得益于市场"以价换量"，全年12个月中有6个月环比价格下跌，12月成交价格同比下降2.2%。

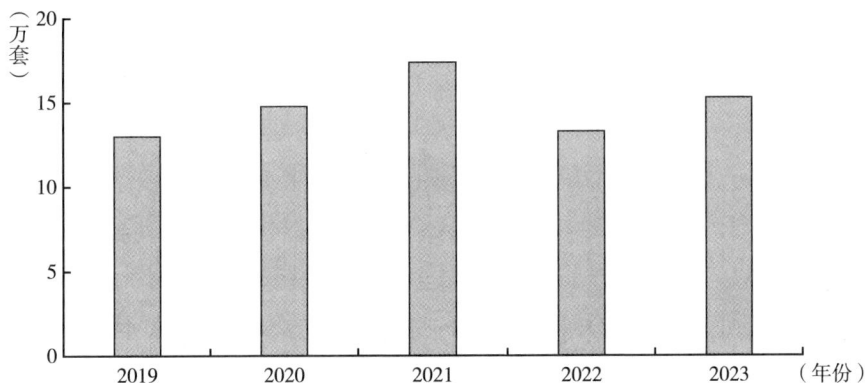

图3　2019~2023年北京市二手住房成交套数

资料来源：北京市住房城乡建设委。

---

① 2023年9月北京市落实"认房不认贷"政策。12月对需求端调控政策进行了优化调整，依区位不同，首套住房首付比例从35%~40%降至30%，房贷利率下限从4.75%降至4.2%~4.3%，二套住房首付比例从60%~80%降至40%~50%，首套房贷利率下限从LPR+55个基点降至LPR+0~10个基点。

二 2024年预计市场仍将延续稳中调整态势

2023 年一系列政策调整促进了需求回升，部分缓解了房企资金压力，但市场信心尚未得到扭转。综合宏观经济、政策环境、货币信贷等因素，2024 年预计房地产市场整体仍延续调整态势，成交量、投资规模在土地和融资支撑下有望保持稳定，但难实现高速增长。

（一）需求端政策优化调整短期可促进需求释放，长期效果有待观察

2023 年下半年，全国各地纷纷优化调整房地产政策。从北京市 9 月和 12 月两次政策优化调整后的市场反应看，政策效果表现为短期内需求集中释放，随后成交量有所回落（见图 4）。2024 年，在"稳中求进、以进促稳、先立后破"的发展定调下，房地产政策预计主要立足于守住风险底线和供给端优化。在没有大力度需求端刺激政策的情况下，受城市发展阶段、

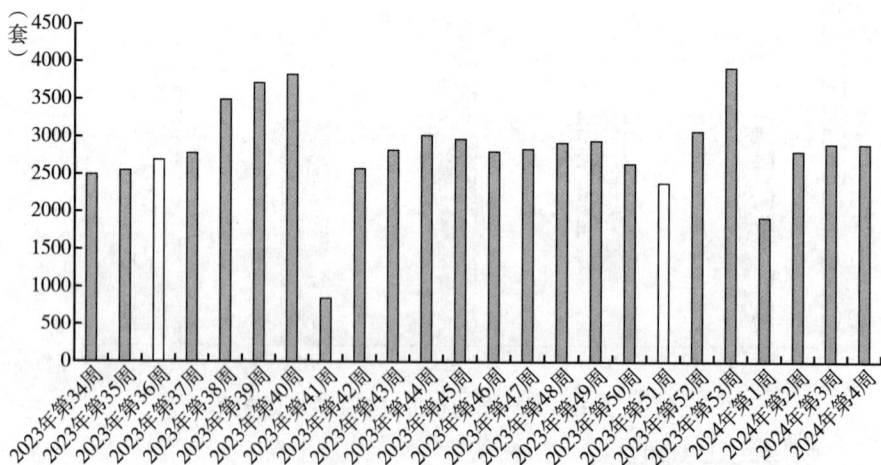

图 4　2023 年北京市购房政策调整前后二手房成交量对比

注：第 34 周为 8 月 14~20 日，以此类推。第 36 周、第 51 周为新政策出台的 9 月 1 日、12 月 14 日所在周。

资料来源：北京市住房城乡建设委。

宏观经济形势、居民就业和收入情况、供给端政策等因素影响，市场需求有望稳中有升，但很难大幅反弹。

（二）融资端环境改善，但资金链偏紧的局面仍将持续

2024 年在"促进金融与房地产良性循环"要求下，对房地产行业的资金支持政策有望继续细化落实，但房企债务问题对市场信心的负面影响仍未消散，预计房企资金链偏紧的情况仍将持续。2023 年全国房地产行业共实现非银类融资 7222.7 亿元，同比下降 15.1%。[①] 2023 年北京市房地产开发企业到位资金为 5822.8 亿元，比上年增长 3.4%，其中定金和预收款比上年增长 2.9%，自筹资金在发行债券、股权融资等政策支持下比上年增长 10%，国内贷款比上年下降 29.3%。资金来源依然以定金和预收款为主，占比达到 49%，这意味着企业资金情况与市场销售形势高度关联，在销量难以大幅回升的情况下，资金仍持续偏紧。

（三）供给端有支撑，可实现开发投资基本稳定

2023 年，北京市房屋施工面积 12531.3 万平方米，比上年下降 6%，略高于 2019 年水平（12523 万平方米）。经营性用地成交 343.7 万平方米，比上年增长 26%，预计 2024 年土地供应规模继续保持稳定，为房地产开发投资稳定提供支撑。同时，城中村改造、保障房建设、平急两用基础设施建设"三大工程"在融资等方面可获得更多政策支持，均为稳投资提供支撑。

三　关注住房供需结构性错配问题

北京城镇居民人均住房建筑面积从 1998 年的 15 平方米提高到 2022 年的 33.63 平方米。但人口结构变化不断带来新需求，住房的面积结构、居住环境、配套设施等有待进一步优化。

---

① 资料来源：中指研究院。非银类融资包括信用债、海外债、信托、ABS 融资。

（一）租赁性需求难以有效匹配

调查显示，七成大学毕业生可承受租金在 2000 元/月以内。[①] 2023 年 12 月北京住房平均租金为 97 元/（米² · 月）［8349 元/（套 · 月）］[②]。性价比较高的保障性租赁住房供不应求。住房租赁市场发展面临前期投资大、回收周期长、租金回报率低等制约。国际上认为租金回报率 3%~5% 为合理水平，北京不足 2%。[③] 美国 2000~2022 年住宅 REITs 年化收益率达到 10.94%，华夏北京保障房 REITs 自成立至 2023 年 6 月年化收益率仅为 0.89%。

（二）改善性需求未能充分释放

调查显示，北京住房市场上改善性需求占比已达到 54%。[④] 2023 年出台的认房不认贷、调整普通住房认定标准等政策降低了居民换房成本，但购房成本高、优质房源难寻、信息不对称、信用体系不健全等问题依然制约着改善性需求释放。2019~2023 年北京二手住房年均成交量为 14.7 万套，上海为 20.8 万套。存量住房平均流通率约为 2%，与发达国家相比偏低。[⑤] 老旧小区改造主要依靠政府资金投入，实施规模有限。核心区平房、四合院腾退推进难度大、成本高。户型存在结构性供需错位。受实施十余年住宅"90/70 政策"影响，[⑥] 北京大户型新增供给较少，受多孩家庭等改善性需求带动，价

[①] 贝壳研究院：《2022 毕业季租住痛点调查报告》，https：//research. ke. com/121/ArticleDetail？id＝513，2022 年 6 月 22 日。
[②] 资料来源：中指数据库。
[③] 资料来源：诸葛找房研究中心。
[④] 《北京改善性住宅研究报告 2023》，https：//finance. sina. com. cn/roll/2023－02－23/doc－imyhruta8502360. shtml，2023 年 2 月 23 日。
[⑤] 链家研究院数据显示，美国存量住房流通率为 4.6%，澳大利亚为 5%，英国为 3.4%，法国为 3.9%。参见巴曙松、杨现领《新中介的崛起与房地产价值链的重构》，厦门大学出版社，2017。
[⑥] 根据相关政策规定，自 2006 年 6 月 1 日起，凡新审批、新开工的商品住房建设，套型建筑面积 90 平方米以下住房（含经济适用住房）面积所占比重必须达到开发建设总面积的 70% 以上。

格涨幅较大。近年全市成交的新建住房中，90平方米以上户型成交占比明显上升（见图5），2023年60平方米以下和60~90平方米户型均价分别下降3%和3.2%，90~120平方米和120~160平方米户型均价分别上涨4.6%和9%。[①]

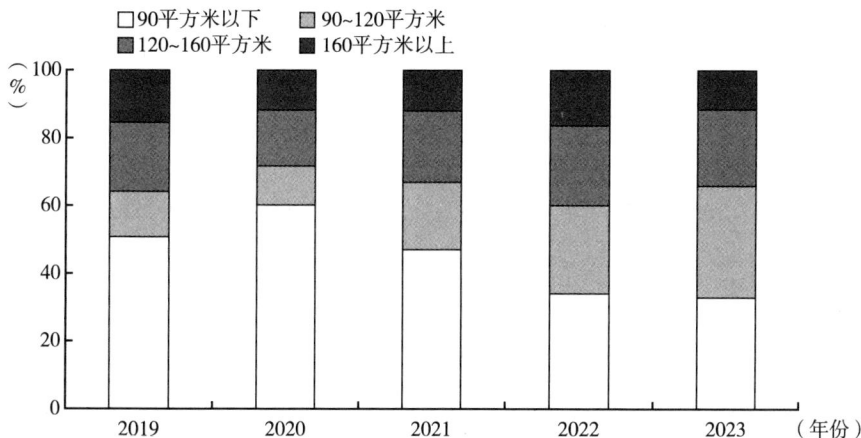

图5　2019~2023年北京市新建商品住房成交户型结构变化

资料来源：中指数据库。

（三）高端需求缺乏有效供给

高净值人群出于提升居住品质、资产避险及保值等考虑，对北京高端住宅产品始终青睐有加。2023年在房地产市场整体降温的情况下，北京单价8万元/米²以上商品住房全年成交8605套，比上年增长33%。年度销售额排名前3的项目单价都在12万元/米²以上。其中一项目均价16.5万元/米²，2023年3月开盘，5月去化率即超过95%。[②]

（四）住房布局与基础设施、公共资源的布局存在错位

社区配套水平参差不齐。部分小区配套商业空置比较严重与社区消费便

---

①　资料来源：中指数据库。按成交套数计算，含保障性住房。

②　资料来源：中指数据库。

利性不足并存。2022 年全市平均每 9277 人拥有一家便利店，上海、广州、深圳分别为 3886 人、3662 人和 3817 人。"一老一小"配套服务设施仍面临很大缺口。符合居民需求的文体活动空间不足与基层文化设施利用率不高并存。居住空间与生态空间的融合度不高，缺少家门口的绿地、口袋公园。部分保障性住房、人才住房配套基础设施建设滞后，居民出行、购物、就医等不便。

四 立足满足居住需求，更好发挥市场作用，强化政府保障责任

建议以分类多层次满足不同群体的多元化居住需求为牵引，推动商品住房与保障性住房分类运行，加快推动商品房回归商品属性，以市场化运作满足改善性需求；完善住房保障体系，使工薪收入群体消除住房焦虑、放开手脚为美好生活奋斗。

（一）明晰市场和政府边界，促进市场供需对接

优化土地供给。进一步发挥土地储备制度对市场的调控作用，根据市场供求关系变化调整土地供给规模和节奏。从高端商品住房项目入手，逐步取消地块价格上限、取消商品房销售指导价、户型比例、售价浮动范围等行政性限制。

适时优化限购政策。优化房山、平谷等去库存压力较大区域非户籍居民限购政策。取消通州区层面限购政策。探索全款购买高端商品住房不受家庭现有住房套数限制政策。

完善基础设施配套。推动实现新建商品住房和保障性住房项目红线外水电气暖路等配套基础设施同步规划、同步建设、同步交付。落实中央在超大特大城市积极稳步推进城中村改造要求，完善城中村、城乡接合部地区配套基础设施，提升居住环境品质。

（二）培育专业企业，发展住房租赁市场

试点推出"租赁住房用地"。在"三城一区"等产业园区周边以市场化方式开发建设高端租赁公寓。政府让渡一部分土地收入，根据市场承受能力确定土地出让价格，以市场化方式建设租赁住房。根据北京和上海等城市类似项目经验，建议楼面地价控制在 1 万元/米^2 左右。

加大"非改租"支持力度。梳理闲置低效楼宇资源，组织相关产权人与专业化租赁企业对接，完善审批流程，发布项目申报指南，推动闲置非居住用房以市场化方式改造为租赁住房。对具有改造潜力项目在设计费用、水电改造费用等方面给予支持，对运营后入住率、满意率高的项目给予奖励。[1]

调动集体经济组织的积极性。支持集体土地租赁住房和农村地区闲置住房盘活利用，引入专业化运营企业，为青年人、新市民提供高性价比的租赁住房。推广中关村创客小镇模式，为青年创业群体提供"一站式"居住和工作空间，逐步培育特色小城镇产业生态。

（三）降低交易成本，活跃二手住房市场

引导中介机构降低收费标准。引导中介机构下调住房买卖和租赁经纪服务费标准，鼓励按照成交价格越高、服务费率越低的原则实行分档定价，并从单边支付改为买卖双方分摊。规范经纪服务，严惩不明码标价、混合标价、捆绑收费等行为。

推动交易数据公开透明，降低信息获取成本。进一步加强政府部门的网签等数据公开。引导中介机构、平台向全社会公开实际成交量、成交价格等数据。引导交易平台积极展示个人真实房源信息，减少中介信息垄断现象。

---

[1] 上海市松江区《人才公寓认定和管理实施办法》提出，经认定的非公租房型人才公寓设置规范标识、建设共享空间，对标识设置费、用房改造费、服务设施购置费等可给予50%、最高不超过25万元的人才公寓建设补贴；运营两年后，人才租住率、租住人才满意率均超过80%的，可再给予另50%、最高不超过25万元的补贴。

（四）积极探索市场化方式推动老旧小区改造新模式

总结"劲松模式"等老旧小区改造项目经验，探索吸引更多社会资本参与改造老旧小区。借鉴西城真武庙"租赁置换模式"，探索将自住率较低的老旧小区改造为高品质公寓，以"优质优价"推动实现资金平衡和区域职住平衡。借鉴新加坡、成都等城市经验，探索试点老旧小区以"自拆自建"方式实施自主更新。①

（五）立足风险防范，加强金融支持

落实金融支持地产融资相关政策。举办金融机构、交易所平台与房地产企业的融资对接会，支持相关企业依据房地产业融资支持政策，通过银行贷款、股权融资、债券融资等多渠道融资。落实中央金融工作会关于化解房地产风险的要求，加强"保交楼"和预售资金监管工作。支持国有银行北京分行和市属商业银行满足不同所有制房地产企业的合理融资需求，避免出现资金链断裂问题，进而引发新的风险。

参考文献

巴曙松、杨现领：《新中介的崛起与房地产价值链的重构》，厦门大学出版社，2017。

北京市住房和城乡建设委员会：《关于调整优化本市普通住房标准和个人住房贷款政策的通知》，https：//www.beijing.gov.cn/zhengce/zhengcefagui/202312/t20231214_3500672.html，2023年12月14日。

北京市住房和城乡建设委员会、中国人民银行北京市分行、国家金融监督管理总局北京监管局：《关于优化我市个人住房贷款中住房套数认定标准的通知》，https：//www.beijing.gov.cn/zhengce/zhengcefagui/202309/t20230901_3242578.html，2023年9月

---

① 新加坡"集体出售"模式始于20世纪90年代，1995~2019年共有578个地块成功以此方式实现更新。成都武侯区中央花园二期小区72栋楼、3295户业主历经5年达到99%的同意率，实现原址自拆自建。重建后总建筑面积将增加20%，开发商垫资建房，多出的面积由开发商自行出售来覆盖成本。

1 日。

贝壳研究院：《2022 毕业季租住痛点调查报告》，https：//research. ke. com/121/Arti cleDetail？id＝513，2022 年 6 月 22 日。

《北京改善性住宅研究报告 2023》，https：//finance. sina. com. cn/roll/2023－02－23/ doc－imyhruta8502360. shtml，2023 年 2 月 23 日。

中指研究院：《2024 中国不动产市场预期：宏观篇》，https：//mp. weixin. qq. com/s/ pFYQSH3QZPKYa1G0wROYUQ，2024 年 1 月 4 日。

战略发展篇

B.6
加强数字科技自主创新、引领数字
经济高质量发展战略研究

邓丽姝*

摘　要：　科技自立自强是引领数字经济高质量发展的关键引擎。北京深入推进数字科技自主创新，在完善自主创新推进机制、突破关键核心技术、提升企业科技创新主体地位、前瞻布局未来科技等方面探索出系列经验。但同时，数字科技创新仍然存在短板，科技创新体系效能有待提升。为进一步提升北京数字科技自主创新能力，要坚持自主创新突破，实施非对称竞争战略；坚持融通创新，加强企业创新主体地位；坚持应用创新和场景驱动，加强创新生态培育。从稳步推进国产替代战略、以颠覆性技术创新促进关键核心技术自主可控、完善新型举国体制实现机制与模式、加强创新链与产业链的创新耦合与协同攻关、优化创新应用生态、构筑新兴领域差异化竞争优势

＊　邓丽姝，博士，北京市社会科学院经济研究所研究员、副所长，主要研究方向为产业经济、创新经济等。

等方面完善政策举措。

关键词： 数字科技 自主创新 科技自立自强 高质量发展

随着全球数字经济标杆城市建设的深入推进，到 2025 年，北京要基本建成数据驱动的高质量发展模式。数字科技自立自强，是引领数字经济高质量发展的关键引擎。要顺应数字科技进步与发展趋势，推动国际科技创新中心建设和全球数字经济标杆城市建设相结合，总结经验，挖掘问题，明确战略思路与政策方向，进一步提升数字科技自主创新能力，为数字经济高质量发展夯实内生动力。

一 深入推进数字科技自主创新，探索"北京经验"

（一）坚持科技自立自强，持续深化完善原始创新和基础研究、应用研究的推进机制

加强基础研究顶层设计和系统布局，全面实施基础研究领先行动。完善政策体系，围绕以基础研究、应用基础研究、技术创新、成果转化、应用场景等为主线组成的数字经济创新链，建设政策链，打造数字科技创新政策矩阵。出台《北京市加快建设具有全球影响力的人工智能创新策源地实施方案（2023—2025 年）》等一系列政策措施，夯实支撑数字科技创新的"四梁八柱"。在人工智能等战略重点领域，坚持以基础研究带动原始创新、夯实关键核心技术根基。2023 年，北京涌现出超大规模智能模型"悟道 3.0"、新一代 256 核区块链专用加速芯片等重大原始创新成果，构建全球首个实现 3D 任务的具身通才智能体"狮子座"。

推动体制机制创新，新型研发机构成为原始创新、自主创新体系建设的新生力量。成立智源人工智能研究院、量子院、脑科学研究所、通研

院、科学智能研究院等新型研发机构，聚焦大模型关键技术、通用智能体、科学计算等方向，开展前瞻性、战略性、系统性攻关。出台《北京市支持世界一流新型研发机构高质量发展实施办法》，支持新型研发机构适应科研范式变革，强化开展有组织科研，优化科研组织模式，加强与国家战略科技力量合作，引领示范数字科技原始创新的体制机制改革。智源人工智能研究院推动"悟道3.0"在语言、视觉、多模态等基础大模型上取得研究突破。

（二）加强关键核心技术研发，提升数字经济基础能力和产业链现代化水平

聚焦集成电路、人工智能等重点领域，加强关键核心技术攻关模式创新，加强产学研深度融合，突破产业链供应链"卡脖子"制约。实施关键核心技术攻坚战行动计划，探索新型举国体制机制实施路径。依托中芯国际、北方华创等晶圆制造、关键装备龙头企业，围绕产业链布局创新链，建立"大线出题，小线答题""研发迭代+规模量产"的"1+1"创新模式，探索了面向量产需求推动技术快速研发迭代的产研深度融合模式。

深入推进实施中关村高精尖产业强链工程，优化以领军企业为引领的创新模式。开展人工智能、集成电路等重点产业知识产权战略布局研究，通过专利分析与技术路线选择，形成"卡脖子"技术清单，定向对接识别领军企业技术需求，通过"揭榜挂帅""赛马"等方式开展技术研发；创新成果直接进入领军企业产业链供应链，加强成果应用推广。

加强研发制造融合，推进自主可控产品技术国产化进程。面向高精尖产业发展，实施"白菜心工程"，实现96项关键技术突破，完成16项关键工艺研发，填补国内技术空白。构建全国规模最大、制造能力最强、工艺平台最全、自主可控水平最高的集成电路产业生态。小米加强智能手机"研发+量产"的产创融合，在智能工厂中将智能制造系统解决方案进行产业化认证，攻关自主可控解决方案。

（三）强化企业科技创新主体地位，提升创新内生动力

增强企业在实现数字科技自立自强和自主创新中的地位。支持人工智能领军企业牵头组建国产化人工智能创新联合体，通过"揭榜挂帅"凝聚优势创新资源，推动重点企业开展下一代国产 AI 芯片研发和国产深度学习框架优化适配。[①]

头部平台企业以科技创新为原动力，依托平台整合创新资源，带动产业链上下游和大中小企业实现融通创新，构建全链条数字科技创新生态。[②] 头部平台企业是产业创新技术的主要推动者和前沿技术的引领者，在研发投入、创新决策、科研组织、成果转化等方面发挥主导作用。字节跳动居胡润研究院发布的 2023 年全球独角兽榜首；京东、小米、美团入选 2023 年《财富》的"世界 500 强"；京东方居全球 PCT 专利申请量前十位。支持小米牵头组建 3C 智能制造创新联合体，组织上游供应链企业、高校、科研院所，开展先进工艺、高端装备、数智系统等方面的联合攻关，突破智能制造领域20 多项核心技术。[③]

（四）前瞻布局未来科技，打造先发创新优势

完善政策体系，支持数字经济领域未来科技产业发展。发布《北京市加快建设具有全球影响力的人工智能创新策源地实施方案（2023—2025年）》《北京市促进通用人工智能创新发展的若干措施》《北京市促进未来产业创新发展实施方案》等，前瞻性布局数字经济领域未来科技产业。着力突破人工智能等前沿基础理论创新，加强人工智能关键核心技术创新，重点突破分布式高效深度学习框架、大模型新型基础架构等平台技术，支持大模型创新算法与关键技术研究。统筹推进高水平建设北京国家新一代人工智

---

① 市科委、中关村管委会：《构筑全球人工智能创新策源地》，《北京工作》2023 年第 12 期。
② 王素梅、万劲波：《强化头部平台企业科技创新主体地位的路径》，《科技智囊》2023 年第 9 期。
③ 小米集团：《做"智造"的制造》，《北京工作》2023 年第 12 期。

能创新发展试验区和国家人工智能创新应用先导区。智源研究院推动"悟道3.0"在语言、视觉、多模态等基础大模型上取得突破。量子院发布的新一代量子计算云平台"夸父"处于国内领先地位。重点围绕国产人工智能计算芯片及新架构技术、大模型技术及应用、可信人工智能等重点领域开展研发攻关，推动成果转化及落地应用。

加速推进以新一代人工智能等为代表的前沿技术和颠覆性技术研发与产业化。一方面，推进人工智能算力供给自主可控，智能芯片、开源框架等关键核心技术取得突破，夯实底层基础。在清华大学成立北京市未来芯片技术高精尖创新中心，聚焦关键器件、芯片及微系统技术，开展颠覆式技术创新，取得首款异构融合类脑芯片、忆阻器存算一体系统等标志性成果；在北京大学、中国科学院大学等高校布局人工智能研究院，建立国家重点实验室，神经网络芯片、计算机视觉等关键技术国际领先。依托原创技术，孵化了一批具有自主创新成果的芯片初创公司，涌现出地平线、寒武纪、比特大陆等人工智能芯片独角兽企业。[①] 另一方面，代表人工智能前沿方向的生成式人工智能大模型加快落地应用，赋能效应初步显现。截至2023年10月，我国参数规模10亿以上的大模型厂商与高校院所共计254家，其中北京有122家，居全国首位。截至2023年12月28日，33个通过备案的大模型，北京有24个，研发主体包括百度、京东、抖音等头部企业，商汤、智谱AI等创新型企业，清华大学、中国科学院等国家级高校院所。大模型在内容创造、智能写作、智能问答、聊天互动、供应链、政务、教育培训、广告营销等领域应用落地。商汤商量在金融、医疗、汽车、能源、传媒等垂直行业，加强落地应用，与500多家客户开展深度合作，提供大模型的AI技术和服务。北京已形成新一代人工智能研发创新、应用赋能的先行先导区。

---

① 杜春玲、王铁铮等：《数字经济下中国人工智能芯片技术发展现状、面临挑战及对策建议》，《科技管理研究》2023年第12期。

（五）持续优化科技创新生态

完善产业科技创新体系，提升产业创新平台效能。[①] 一方面，加强顶层设计，提升产业创新体系化能力。发布《北京市高精尖产业科技创新体系建设实施方案》，通过企业技术中心培优、产业筑基、机制创新搭台、中试验证加速、应用场景建设等五大工程，构建形成以"千优企业、百项筑基、十大领域重点平台"为核心的产业科技自主创新体系。另一方面，完善重大产业创新平台管理体制机制，提升创新效能。建立"设立、管理、评估、退出"闭环，加强创新平台对新兴产业培育与产业链关键环节的支撑。加强北京集成电路供应链及先导技术创新中心、北京集成电路装备创新中心、开源芯片研究院、芯粒技术中心等承担国家任务平台，人形机器人、工业软件等部市共建重点领域平台，工业芯片、工业母机等领域中试平台建设，为重点领域产业关键共性技术创新夯实载体基础。

二 数字科技创新仍然存在短板，科技创新体系效能有待提升

（一）数字科技基础研究和原始创新能力有待进一步提升，自主创新成果供给不足

数字科技代表先进生产力发展方向，具有强大的内生创新动力，是数字经济发展的核心推动力量。没有基础理论突破和革命性的基础技术发明，就不会有重大原创成果的产生和关键核心技术突破。我国在数字领域的基础科学、基础研究力量仍然薄弱，数字科技原始创新知识体系和基础理论的有效支撑不足。北京作为全国科技创新中心，集聚数字科技领域国家战略科技力量和人才，理应成为数字科技创新理论创新、基础研究的重要源

---

① 《完善科技创新体系 积极营造良好创新生态》，《北京工作》2023 年第 12 期。

头、原始创新的重要策源地。但与发达国家相比，北京在数字科技基础研究和原始创新方面没有形成领先优势、先发优势，在数字科技创新基础研究领域实现了点的突破，尚未形成支撑细分领域的全链条系统研发创新，亟须加强系统能力建设，持续提升系统前瞻的引领性前沿技术创新和颠覆性原始创新能力。

（二）重点领域底层技术和关键核心技术存在短板，科技自主可控根基不牢

在数字经济重点领域，底层技术对国外依赖度高，技术突破面临先行者的生态壁垒、技术标准和专利高墙，自主创新能力提升受到制约。例如，集成电路领域，美国等发达国家在创新链产业链关键环节保持绝对领先优势。芯片设计底层技术 IP 核、EDA 软件等基础软件和操作系统大多由国外授权，依赖于跨国公司产品；主要设备、关键材料等方面，发达国家先发优势突出，已建立起了很高的技术壁垒。互联网 3.0 领域，在内容制作工具、渲染引擎、高性能芯片、传感器等核心软硬件方面，不能支撑自主创新产品发展。同时，数字经济产业基础自主发展存在短板。射频芯片、光通信芯片、中高频射频器件等基础元器件主要依赖进口；基础软件操作系统领域，PC操作系统和数据库操作系统均被微软、甲骨文、IBM、SAP 等跨国公司垄断；算法方面，与国际顶尖城市相比差距明显，北京计算、推算、计数（G06）高价值专利占比仅为 2%，明显低于纽约的 27.4%、东京的 8.5%。[①]

（三）新兴领域面临"卡脖子"风险

人工智能算力、算法、数据三者一旦形成闭环，便可互相推动、形成良性循环，进而促进产品和技术持续迭代升级。美国正在靠算法、算力、数据的"飞轮效应"巩固先发优势。[②] 人工智能成为美国进行精准技术"卡脖

---

① 葛红玲、方盈嬴等：《北京数字经济发展特点及提升方向》，《科技智囊》2023 年第 2 期。

② 苏中、芦垚等：《警惕美国人工智能固化先发优势　中国需抢抓窗口期》，《科技智囊》2023 年第 6 期。

子"的关键领域。北京人工智能大模型发展中，在高端芯片、核心算法、开发平台等关键核心技术方面存在瓶颈，不利于尽快在新赛道培育新优势。算力方面，高端芯片"卡脖子"问题随着美国《科学与芯片法案》的实施日趋严重，尽管百度等头部企业和一批创新型企业都致力于智能芯片开发并取得了原创成果，但受制于先进制程开发和生产能力，领先的芯片设计能力无法有效转化为商业优势。算法方面，国产大模型大多基于国外开源深度学习框架 Pytorth 或 Tensorflow，预训练算法框架本身则多以 Transformer 为基座，尽管已经涌现出以百度的 PaddlePaddle、商汤的 SenseParrots、清华大学的 Jittor、一流科技的 Oneflow 为代表的优秀国产开源框架，但国产框架整体上以跟随国际主流框架的范式为主。数据方面，数据处理软件和数据库软件基本被美国企业垄断，同时我国的数据质量不占优势。综合来看，国产大模型仍然处于跟跑状态，存在差距进一步被拉大的风险。

（四）国产替代缺乏有效战略统筹，创新体系效能有待提升

一方面，面向国产替代的协同创新治理体系有待完善。对于面临"卡脖子"断供风险的技术和产品，组织产业链上下游企业、供需双方开展协同攻关的体制机制、有效组织模式仍然需要深入探索，在工业软件、基础软件、操作系统等国产化生态培育方面仍然存在堵点难点，缺乏战略安排和系统推进机制。另一方面，头部平台企业的自主创新能力有待进一步提升。头部平台企业基于强大的自主创新能力，带动大中小企业实现融通创新和应用，是实现国产替代的必由之路。目前虽然北京聚集了联想、京东、小米、字节跳动等高创新力企业，但在基础研究方面仍然有待提升。随着美国技术封锁日益加剧，如果头部企业不能加强基础研发和应用研究并快速实现成果转化赋能，就不能快速提升创新能力，与国际先进水平的差距会越来越大。

（五）创新生态不完善，产业链创新链融合发展程度不足

创新主体尚未形成有效组织和系统合力，创新生态不完全适应数字经济高质量发展要求，创新链与产业链不能有效匹配。以人工智能领域为例，根

据中国新一代人工智能发展战略研究院对 2075 家样本企业的分析，应用层专利数占比最高，达到 57%；技术层占比为 25%，基础层占比为 18%。这表明技术积累以技术层和应用层为主，底层基础技术支持不足。集成电路设计、制造、封测环节不能有效配合，缺失能够有效整合产业链上下游企业的协同创新平台。针对设计企业的技术服务平台尤其是仿真、测试工具和试流片平台欠缺。

三　完善具有首都特色的数字科技创新体系发展战略

（一）坚持自主创新突破，实施非对称竞争战略

将国际科技创新中心建设和全球数字经济标杆城市建设相结合，以重点领域技术自主创新为着力点，加强创新融合、产业融合、要素融合、制度融合，实现关键核心技术、前沿引领技术、颠覆性技术群体性突破，带动提升数字科技创新系统能力。

面向日益严峻的国际科技竞争和战略博弈，统筹数字经济领域发展和安全，厘清创新链短板弱项和产业链供应链薄弱环节，加强实施国产替代战略，以科技安全维护产业安全，构筑数字经济竞争新优势。结合创新比较优势，构建非对称竞争优势，加强科技创新分类分层差异化攻关。对于目前处于领跑状态的技术，如 5G、千兆光网，一方面，推动与工业互联网等数字科技形成融合创新与应用，带动新技术交叉突破和群体迭代升级；另一方面，持续加大研发投入，实现产业化规模化发展，建设新赛道新领域，巩固先发优势。对于目前处于并跑状态的技术，如人工智能、量子信息、自动驾驶等技术，一方面，依托规模市场和数据支撑、应用场景优势，加强由场景驱动的创新生态系统构建；另一方面，持续推进产业赋能，加强创新链与产业链的深度融合，以产业创新支撑科技创新，以科技创新引领产业创新。对于目前处于跟跑状态的"卡脖子"技术，如基础软件、工业软件、操作系统、集成电路领域技术，一方面，深入推进实施新型举国体制，探索有效的市场实现机制，集

中优势力量进行攻关，实现技术突破；另一方面，加快国产替代进程，推进自主创新技术在本土应用中迭代升级，形成"技术—产业—市场"良性互动。

（二）坚持融通创新，加强企业创新主体地位

数字科技作为引领新一轮科技革命与产业变革的主导技术，是目前创新速度最快、通用性最广、渗透性和引领性最强的领域之一。数字科技自立自强，必须面向数字世界和物理世界的互动融合，坚持各环节各主体的融合融通创新，联通数字经济领域高度集聚的领军企业、创新型企业、国家实验室等战略科技力量和创新资源，实现网络式生态化创新和协同创新，提高创新体系效能，释放创新活力。

贯通基础研究、应用研究、产业创新，加强创新主体与政产学研用深层次融合创新。提升企业作为科技创新主体的地位与主导作用，加强各主体间的融通、互动渠道的畅通、要素的流通，增强融通创新效果。建设以数字经济标杆企业为主导的大中小企业融通和产学研用融通创新体系，聚焦数字科技战略性、前沿性领域，构筑关键核心技术攻关长效机制。贯通创新链与产业链资金链人才链，加强创新要素融通创新，围绕创新链布局产业链，围绕产业链部署创新链，促进数字科技创新链与产业链深度融合。聚焦人工智能、区块链等重点领域，通过创新链条融合和要素集聚，建设数字化平台，围绕数字科技产业融合、数字实体融合、制造服务融合，形成新技术、新业态、新模式、新产业，培育数字科技产业创新生态。贯通中央和地方的责权，加强央地协同创新。充分发挥首都优势，强化央地两层级融通创新主体的嵌套与互动，通过中央企业和科研单位、新型研发机构、地方创新型企业联合创新，面向重点技术攻关领域，贯彻实施新型举国体制，加强国家层面的"卡脖子"技术重大科技攻关，与本土高精尖产业集群与产业发展融合，推进自主创新技术转化为产业创新成果。

（三）坚持应用创新和场景驱动，加强创新生态培育

将海量数据优势、丰富应用场景优势转化为自主创新内在驱动力，加强

数字科技应用创新，推动数字科技自主创新和场景创新形成良性互动。以场景建设和创新应用，支撑重点领域关键核心技术、前沿引领技术、颠覆性技术自主创新和迭代升级；以底层技术、关键核心技术、共性技术的垂直行业创新应用和商业模式创新，赋能实体经济发展。不断提升技术供给和场景需求互动演进的持续创新力。

面向科技创新中心建设、高精尖产业升级、企业创新转型，加强数字化场景创新和技术应用，带动国产科技创新成果应用验证与迭代升级。以高水平建设北京国家新一代人工智能创新发展试验区和国家人工智能创新应用先导区等为重要抓手，建设典型应用场景和标杆应用工程，推动数字技术深度融合应用，加强数字科技赋能城市、产业、生活。聚焦5G、人工智能大模型、互联网3.0、区块链、量子信息、云计算等重点领域，推动场景创新与新产业、新业态、新模式发展相互促进，构建场景驱动的创新生态系统。充分发挥领军企业作为场景重要组织者的作用，以场景创新带动大中小企业融通创新，打造以底层技术、创新平台、领军企业为主线的场景驱动的产业创新。加强应用场景建设，深入引领重点数字科技领域开源开放式创新，以典型场景为核心，聚焦产业发展难点堵点，凝聚创新资源，建设全球创新合作机制，加强全球数字科技领域创新者和创新企业的开放合作。

四 加强数字科技自主创新的政策措施

（一）稳步推进国产替代战略

对于关键产品和技术"卡脖子"，如高端芯片、工业软件、操作系统等，加强统筹谋划，协同布局，以产业链创新链强链补链为主线，有序开展国产替代，增强数字科技产业发展的内生动力。一是完善国产替代的产业生态。聚焦重点突破领域，强化产业链协同创新和国产替代生态培育。加强芯片与算法、整机、应用、系统架构的协同优化，加强国产软硬件协同创新，通过软硬件适配迭代，提升国产芯片创新性能。在集成电路领域，依托产业链上下游企业和各类创新主体，统筹推进操作系统、开源生态、指令级架构等整体软硬件系统和用户生态。二是优化国产替代的政策工具。从供给、需求两侧完善国产化应用的激励政策、风险补偿机制，加强对国产替代生态体系构建的配套政策支持，推动国产替代产品和技术的本地化应用推广。加强对国产替代产品关键企业的政策支持，通过研发投入加计扣除等方式，降低研发风险。对于国产替代产品，加强政府采购等市场需求支持，完善"首台套""首版次"支持政策。

（二）以颠覆性技术创新促进关键核心技术自主可控

数字科技领域前沿技术、颠覆性技术的创新广度、速度、深度、精度日益拓展，前沿技术、颠覆性技术与关键核心技术的融合创新，能够通过开辟新的创新路径，加快推进关键核心技术自主创新。一是以数字科技颠覆性创新来促进关键核心技术换道布局、弯道超车。在集成电路等"卡脖子"技术集中领域，发挥前沿技术的先发优势，深化数字前沿科技在集成电路全产业链中的创新应用，通过传统技术路线的颠覆性创新升级，开辟能够自主可控的技术融合创新路线。建议由政府部门牵头，推动人工智能等前沿科技领域领军企业与集成电路设计、制造等环节关键企业协同开展技术融合创新，探索技术封锁之外的竞争性技术路线并加快落地应用与推广。二是加强通用技术创新对数字科技关键核心技术创新的深度赋能，融合数字前沿技术与颠覆性技术，实现新兴领域关键核心技术创新范式转换和模式升级。在工业软件等技术创新路线上，促进新一代信息技术深度赋能进而实现转型升级，加强国产工业软件的研发服务模式向以云计算、人工智能为基础的开发平台架构转变，形成研发体系闭环。

（三）完善新型举国体制实现机制与模式，推进"卡脖子"技术攻关

发挥国际科技创新中心创新资源集聚、创新主体协同、创新制度先发优势、央地协同、政企协同、科技创新与产业创新协同，加强关键核心技术攻关的新型举国体制实现路径创新。一是统筹发挥数字经济领域国家战略科技

力量的作用，增强数字科技创新体系效能。聚焦关键领域"卡脖子"技术，推动科技领军企业、国家实验室、国家科研机构、研究型大学、新型研发机构等构建以问题为导向的科研组织，建设创新共同体。组织开展科研，优化治理机制，通过共同承担国家重大科技专项等方式，加强联合攻关和协同创新，形成数字科技基础研究、应用研究、产业技术创新相互促进、迭代升级，增强数字科技领域的体系化创新能力。二是加强数字科技领域重大科技创新工程组织实施，形成对"卡脖子"技术攻关的系统支撑。改革创新组织实施机制与模式，高效组织开展研发，最大限度地调动各类创新资源，创新研发管理体系与运行机制，加强系统性技术研发与技术集成，实现整合式创新。同时，明确技术应用与产业化目标任务，加强重大工程科技研发创新与产业化市场化发展的深度融合，与中关村强链工程等区域性产业创新重大发展战略进行精准对接，推动创新成果与产业链关键核心技术的创新迭代，实现技术原创与产业创新应用的相互支撑。

（四）加强创新链与产业链的创新耦合与协同攻关

数字科技创新只有与产业创新相融合，才能实现创新体系效能优化。要推动数字科技创新链与数字产业链形成深度融合互动、创新链各环节协同发展，实现重点领域基于创新链的整合创新。一是推动人工智能等重点领域产业链创新链协同均衡发展。加强科技创新链协同布局，以应用层技术优势为基础，加强对技术层关键核心技术、基础层底层技术的研发布局，推动应用层创新企业与技术层、基础层创新企业基于创新链产业链关联，共同开展创新攻关，以产业应用技术带动底层核心技术创新，形成产业技术、关键核心技术、底层技术的有效迭代升级。[1] 面向应用需求，加强前沿基础理论突破、专用芯片研发、开源算法平台构建，实现芯片、算法、平台、应用、生态协同创新。二是加强创新协同组织建设，以开放创新平台完善协同创新生态。

---

[1] 杜春玲、王铁铮等：《数字经济下中国人工智能芯片技术发展现状、面临挑战及对策建议》，《科技管理研究》2023 年第 12 期。

依托人工智能、量子信息、区块链等重点产业集群，建设机制灵活、支撑力强的开放创新平台，培育基础软硬件协同创新和垂直业务软硬件协同创新生态。支持以科技领军企业为龙头，探索创新链与产业链相融合的新型机制，带动形成创新链上下游的协同创新。

（五）优化创新应用生态

应用场景和创新生态是数字科技自主创新的重要支撑和引领，要充分发挥创新企业优势和政府引导作用，推动应用场景建设和创新生态培育形成良性互动。一是加速技术创新与场景应用。以新一代人工智能、互联网3.0等新兴产业发展试验区和创新应用先导区建设为重要着力点，围绕高精尖产业升级、智慧城市建设中的重点难点问题和数智化转型需求，顶层设计与布局重大应用场景。构建多维度应用场景体系，促进产业跨界融合，打造未来技术示范应用，以重大应用场景带动自主创新技术迭代升级。加强开放场景驱动创新，建设场景驱动创新机制，实施相关行动计划，以场景为纽带推动开源创新合作。二是以龙头企业引领创新生态培育。支持领军企业开展场景创新，面向关键核心技术设计开发科技成果典型应用场景，以科技创新和场景创新为纽带带动产业链上下游企业开展融通创新、资源共享，在实现创新突破的同时，通过场景应用快速实现产业化发展。以头部企业为引领，加强开源社区建设，鼓励各类创新主体基于底层技术进行垂直领域应用场景创新。

（六）构筑新兴领域差异化竞争优势

在以生成式人工智能为代表的前沿数字科技领域，发挥创新主体、创新资源、创新成果集聚优势，以大模型应用落地带动大模型研发，以算法自主创新生态培育为突破口，加快推动形成"算法、算力、算据"的创新迭代循环。一是针对目前大模型发展中遇到的难点问题，加强人工智能大模型的开放协同创新。[①] 组建高能级创新联合体，建设大模型关键核心技术深度合

---

① 钟新龙、渠延增等：《国内外人工智能大模型发展研究》，《软件和集成电路》2024年第1期。

作研发平台。建设公共大模型数据集平台；建设大模型训练验证基础设施平台，通过云计算实现算力资源的动态扩容和弹性分配，缓解高端芯片被"封锁"带来的算力紧张。二是加强创新生态服务，推动国产算法与产业链上下游融合创新。以人工智能产业发展集聚区为重要依托，建设底层技术协同创新平台，加强人工智能创新链基础层、操作层、应用层的创新主体对接，形成自主创新成果的协同创新支撑。推动在知识图谱等通用技术、算法模型等关键技术、预训练大模型领域拥有自主知识产权的创新企业，与上游自主创新的数据集成与算力平台设施、下游应用，形成创新耦合与适配。三是在大模型与实体经济的深度融合中，构筑自主可控的产业创新生态。紧抓智能制造发展等转型升级战略机遇，推动基础大模型在制造业领域的深度融合应用，通过算法模型在基础任务和行业任务上的匹配落实，实现大模型在制造业场景中的创新匹配。强化算法模型与产业智能化转型的闭环耦合，建立国产模型核心技术持续升级的产业场景、高质量产业数据的本土支撑，形成国产模型自主可控发展的生态循环。

参考文献

中国科学院科技战略咨询研究院课题组：《数字科技：第四次工业革命的创新引擎》，机械工业出版社，2022。

曲永义、李先军：《创新链赶超：中国集成电路产业的创新与发展》，《经济管理》2022 年第 9 期。

陈劲、李振东等：《融通创新视角下央地联动共破"卡脖子"技术问题的理论框架与长效机制》，《陕西师范大学学报》（哲学社会科学版）2023 年第 1 期。

刘建丽、李先军：《基于非对称竞争的"卡脖子"产品技术突围与国产替代——以集成电路产业为例》，《中国人民大学学报》2023 年第 3 期。

B.7
建立健全北京生态产品价值
实现机制研究

赵莉 孟帆*

摘　要： 　建立健全生态产品价值实现机制，是贯彻习近平生态文明思想的重要体现。为深化"绿水青山就是金山银山"的首都实践，北京市聚焦生态涵养区面临的保护与发展问题，构建了基础制度体系，探索了生态产品价值实现路径，完善了政府支持路径。但在实施过程中还存在明显的困难：一是调节服务类产品价值核算不规范、生态补偿不到位，二是物质供给类产品价值升值少、优势发挥不明显，三是文化服务类产品转化不充分、实现渠道不顺畅。借鉴先行地区做大生态特色产业、"两山银行"转化平台和完善GEP核算等做法，提出健全生态补偿机制，做到调节服务类产品"可收益"；加强农业品牌建设，做到物质供给类产品"可增值"；创新产业融合发展，做到文化服务类产品"可变现"等对策建议。

关键词： 　生态产品价值实现　生态产品总值核算　生态涵养区　北京

　　建立健全生态产品价值实现机制，是贯彻习近平生态文明思想的重要体现，是落实"绿水青山就是金山银山"的实践抓手，是激发市场活力保护生态环境的重要途径。习近平总书记强调，要积极探索推广绿水青山转化为金山银山的路径，选择具备条件的地区开展生态产品价值实现机制试点，探

---

* 赵莉，北京市委党校经济学部主任、二级教授，研究方向为生态产品价值等；孟帆，博士，北京市委党校经济学部讲师，研究方向为生态产品价值等。

索政府主导、企业和社会各界参与、市场化运作、可持续的生态产品价值实现路径。

北京市作为首善之区，积极探索生态产品价值实现机制，在生态系统生产总值（GEP）核算与应用、特定区域单元生态产品价值实现（VEP）、生态产品认证体系等方面的探索取得了明显成效，但与达成人与自然和谐共生的目标相比，与国家提出的六大机制相比，还有较大差距，需加快推进北京生态产品价值实现机制的建立健全。

一 生态产品价值实现的探索历程

我国政府文件中首次提出"生态产品"是在 2010 年出台的《全国主体功能区规划》中。"生态产品"狭义上是指维系生态安全、保障生态调节功能、提供良好人居环境的自然要素，包括清新空气、清洁水源和宜人气候等；广义上还包括人类在绿色发展理念指导下，采用生态产业化和产业生态化方式生产的生态农产品、生态旅游服务等。总的来说，生态产品的内涵可以概括为自然生态系统提供的产品和服务，包括物质供给、调节服务和文化服务三大类，18 个二级分类。20 世纪 90 年代，政府主导的生态补偿，延长了生态产品的价值链；近年来生态产品价值实现的提出和具体的实施行动，使之形成了完整的价值链。在这个过程中，我国对生态产品的认识理解不断深入，由一个概念转化为可落地的具体实施行动，逐渐变成生态文明的核心理论基石。

进入 21 世纪，我国出台多项重要政策推动生态产品价值实现机制的建立。2005 年习近平同志提出"绿水青山就是金山银山"的科学论断，为我国在新时代营造绿水青山、建设美丽中国提供了有力的思想指引。《中华人民共和国国民经济和社会发展第十四个五年规划和 2035 年远景目标纲要》提出"健全生态保护补偿机制"，将"建立生态产品价值实现机制"作为其中一项重要任务。2021 年，中共中央办公厅、国务院办公厅印发《关于建立健全生态产品价值实现机制的意见》，提出建立保护者受益、使用者付费、破坏者赔偿的利益导向机制，实现生态环境保护与经济发展协同推进，力求从全国层面推动生态产品价值实现工作。后续出台的一系列政策不仅注重高位统筹，还有试点推动等重点举措（见表1）。总的来说，围绕生态产品价值实现机制的建立健全，我国不断强化顶层制度设计，各级试点工作有序推进，地方的配套政策与保障体系逐步完善，机制创新取得了重要进展。

表1 生态产品价值实现的相关政策

年份	主要文件及内容
2005	时任浙江省省委书记习近平同志在安吉首次提出"绿水青山就是金山银山"的科学论断
2010	《全国主体功能区规划》首次提出生态产品的概念
2012	党的十八大提出"增强生态产品生产能力"
2015	《中共中央 国务院关于加快推进生态文明建设的意见》把"坚持绿水青山就是金山银山"这一重要理念正式写入了中央文件；《中共中央 国务院生态文明体制改革总体方案》指出自然生态是有价值的，保护自然就是增值自然价值和自然资本的过程，就是保护和发展生产力，就应得到合理回报和经济补偿
2016	《关于健全生态保护补偿机制的意见》提出"以生态产品产出能力为基础,加快建立生态保护补偿标准体系";《国家生态文明试验区（福建）实施方案》明确福建为生态产品价值实现的先行区
2017	将"增强绿水青山就是金山银山的意识"写入党章;《关于完善主体功能区战略和制度的若干意见》将江西、贵州、浙江、青海四省作为生态产品市场化先行试点
2018	习近平总书记在深入推动长江经济带发展座谈会上明确指出,积极探索推广绿水青山转化为金山银山的路径,选择具备条件的地区开展生态产品价值实现机制试点;《建立市场化、多元化生态保护补偿机制行动计划》提出以生态产品产出能力为基础健全生态保护补偿及其相关制度
2019	《国家生态文明试验区（海南）实施方案》明确生态价值实现机制试验区;推动长江经济带发展领导小组办公室印发《关于支持浙江丽水开展生态产品价值实现机制试点的意见》
2020	党的十九届五中全会明确提出要建立生态产品价值实现机制,完善市场化、多元化生态补偿机制
2021	《关于建立健全生态产品价值实现机制的意见》将生态产品价值实现从地方试点上升为国家战略,全面系统部署生态产品价值实现相关工作
2022	党的二十大提出建立生态产品价值实现机制,完善生态保护补偿制度;《关于加快建设全国统一大市场的意见》提出培育发展全国统一的生态环境市场
2023	习近平总书记在全国生态环境保护大会上强调,要着力提升生态系统的多样性、稳定性、持续性,加大生态系统保护力度,切实加强生态保护修复监管,拓宽绿水青山转化为金山银山的路径,为子孙后代留下山清水秀的生态空间

实践层面，各地对生态产品价值实现机制的探索已呈现多种模式，包括生态保护补偿、生态权益交易、资源产权流转、资源配额交易、生态载体溢价、生态产业开发、区域协同发展和生态资本收益等。[①] 生态保护补偿模式有以上级政府财政转移支付为主要方式的纵向生态补偿、流域上下游跨区域的横向生态补偿、中央财政资金支持的各类生态建设工程、对农牧民生态保护进行的个人补贴补助四种类型；生态权益交易有生态服务付费、污染排放权益和资源开发权益三种类型；资源产权流转有耕地产权流转、林地产权流转、生态修复产权流转和保护地役权四种类型；资源配额交易模式有总量配额交易和开发配额交易两种类型；生态载体溢价模式有直接载体溢价和间接载体溢价两种类型；区域协同发展有异地协同开发和本地协同开发两种类型；生态资本收益模式有绿色金融扶持、资源产权融资和补偿收益融资三种类型；生态产业开发可以看作经营性生态产品市场实现和经营性生态产品载体溢价的复合模式。

二 北京生态产品价值实现机制的推进情况

为深化"绿水青山就是金山银山"的首都实践，北京市聚焦生态涵养区面临的保护与发展问题，从制度构建、实现路径探索和生态补偿优化等方面，推进建立健全生态产品价值实现机制工作。

（一）构建基础制度体系，夯实生态产品价值实现制度基础

对标2021年中共中央办公厅、国务院办公厅印发的《关于建立健全生态产品价值实现机制的意见》，结合自身生态涵养区发展实际，北京市出台了一系列文件，如《关于健全生态保护补偿机制的实施意见》《关于推动生态涵养区生态保护和绿色发展的实施意见》《北京市生态涵养区生态保护和绿色发展条例》《北京市建立健全生态产品价值实现机制的实施方案》《关

---

① 张林波等：《国内外生态产品价值实现的实践模式与路径》，《环境科学研究》2021年第6期。

于新时代高质量推动生态涵养区生态保护和绿色发展的实施方案》《生态产品总值核算技术规范》等，从生态保护、规划建设、绿色发展等方面完善生态涵养区配套政策体系，尤其是生态安全格局专项规划、国土空间生态修复规划、零散配套设施用地指导意见等一批政策的出台，为生态产品价值实现机制的落地探索提供了支撑（见表2）。

表2　北京市生态产品价值实现相关政策

年份	发文机构	政策
2018	市政府办公厅	《关于健全生态保护补偿机制的实施意见》
2022	市委办公厅、市政府办公厅	《北京市建立健全生态产品价值实现机制的实施方案》
2022	市生态环境局	《生态产品总值核算技术规范》
2023	市发改委	《北京市特定地域单元生态产品价值（VEP）核算及应用指南（试行）》
2023	市规自委	《北京市关于鼓励和支持社会资本参与生态保护修复的实施意见》
2022	市委、市政府	《关于新时代高质量推动生态涵养区生态保护和绿色发展的实施方案》
2022	市政府	《北京市水生态区域补偿暂行办法》

（二）立足各区资源禀赋，探索生态产品价值实现路径

门头沟区率先建立生态涵养发展指数评价体系和生态环境损害赔偿机制，率先开展生态产品价值实现机制研究，提出了门头沟生态产品价值实现"一二三"路径，即"保护修复+调查核算"的一体化生态资产经营管理、产业造血和生态补偿"两条腿"价值实现模式以及"信用金融+空间规划+制度创新"三方面支撑体系。以王平镇西王平村京西古道沉浸式生态小镇项目为试点，开展特定地域单元生态产品价值（VEP）核算及应用案例探索，重点从转变项目谋划理念、搭建生态资源管理平台、创新生态资源参与项目方式和建立收益反哺生态机制等四个方面进行突破，初步完成了全国首个"特定地域单元生态产品价值评价及应用指南"。密云区以健全生态产品

价值实现机制为着力点，推进生态产业化和产业生态化，提高生态产品附加值，赋能绿色高质量发展，从被动执行保水任务到主动创造环境优势，努力写好保水护山的"后半篇"文章，在北京市率先发布《关于密云区建立健全生态产品价值实现机制的实施意见》；与清华团队合作探索生态产品认证的标准体系，通过对影响生态产品产出的各类环境因子指标进行梳理，初步搭建了常规类（植被、空气、土壤、水、微生物群落等）、重点类（产品质量安全等）以及其他类指标，初步建立生态产品认证指标体系框架。平谷区针对大桃产业和养殖业快速发展带来的生态环境问题，实施了"生态桥"治理工程，搭建起生态农业中各类要素链接的桥梁，运用生物等技术对养殖业废弃物、大桃种植的附属品等进行无害化处理，有效解决了由大桃种植业和养殖业割裂引致的生态环境问题，实现了种养业生态化循环。延庆区在北京市率先开展"两山"基地生态产品总值核算评估工作，试点生态产品总值（GEP）核算结果"进考核、进项目、进补偿"的应用，聚焦生态产品总值从核算到应用的全流程常态化运行，在全国率先构建了"3+1+1"制度体系。"3"是指《延庆区生态产品总值核算技术规范（试行）》《北京市延庆区生态产品总值核算数据采集方案》《北京市延庆区生态产品总值自动化核算与管理平台》；第一个"1"是指《延庆区生态产品总值（GEP）生态保护补偿办法（试行）》；第二个"1"是指《延庆区生态产品总值核算与结果应用实施方案》。

（三）优化生态保护补偿机制，完善政府支持路径

秉承"谁受益、谁补偿，谁保护、谁受偿"的原则，科学界定生态环境保护者、良好生态环境受益者的权利和责任，发挥政府对生态环境保护的主导作用，将健全生态保护补偿机制与完善财政补贴、转移支付等公共财政政策有效衔接，开展跨地区横向生态保护补偿试点。实施空气、森林、湿地、水流和耕地分领域重点任务，分区域、跨地区重点任务，同时从优化稳定投入机制、健全配套制度体系、建立政策协同保障机制、促进低收入农户就业增收和开展多元化综合化补偿等方面完善体制机制。北京通过依托结对

协作机制，创新建立跨区横向转移支付制度，促进各结对区协作共赢发展，逐渐探索出一条以生态补偿机制促进区域在生态环境、公共服务资源、绿色产业等方面协调发展的新路子。① 平原区通过直接给予财政资金，或通过支持引导绿色产业项目落地、提升公共服务能力等多种形式，为生态涵养区经济社会发展提供有力支撑。比如，延庆区与海淀区签订《延海结对协作资金与生态产品价值联动合作协议》，探索生态资源权益交易机制；门头沟区与西城区共同签署了《西城区门头沟区新时代高质量推动生态涵养区生态保护和绿色发展结对协作框架协议（2023—2027 年）》。北京市还针对水生态领域发布了有针对性的补偿办法，聚焦影响水生态健康的关键因素和突出问题，根据新阶段水生态保护修复的工作要求，调整补偿资金核算标准，拓展丰富考核指标，提高政策驱动效能。

三 北京生态产品价值实现机制面临的困难与不足

各区积极开展了因地制宜地探索，但由于生态产品价值实现工作的复杂性、创新性，在实际中还存在明显的困难，生态产品"难度量、难抵押、难交易、难变现"等问题尚未得到有效解决。在物质供给类、调节服务类和文化服务类三大生态产品方面依然有诸多问题需要破解，两山转化通道尚未全面打通。

（一）调节服务类产品价值核算不规范、生态补偿不到位

调节服务类产品主要发挥水源涵养、空气净化、气候调节等功能，公益属性较弱，是生态产品的主要构成内容，也是生态产品价值实现中的核心环节，当前面临的主要问题有：一是生态价值核算仍然存在困难。尽管平谷、延庆等区分别开展了 GEP 核算工作，但全市统一的 GEP 核算体系和生态产

---

① 《北京市 14 区结对协作推绿色发展　数亿元横向转移资金跨区护生态》，《北京日报》2019年 7 月 28 日。

品价值实现机制框架尚未建立，对于涵养水源、保持水土的森林、河道、湿地等自然资源的数量、质量、权属等信息还没有精准掌握，针对生态产品价值还不能进行科学可量化评价。二是生态补偿政策体系还没有建立。目前北京市的生态补偿体系零散地存在于各个条块和部门，没有市级层面的统筹，同时，生态补偿也缺乏相应的依据和法律保障，特别是生态服务价值在生态补偿的机制设计中体现得不明显。三是生态补偿不准确不全面不到位。对生态要素生态服务价值的系统研究不够深入，生态保护补偿转移资金分配还不能完全覆盖生态要素的补偿范围，比如山区经济生态兼用林仍未享受生态补偿政策。目前，市级政策支持主要以与生态保护密切相关的山林、水源、土地等因素作为分配依据，将财政支持资金与造林绿化、水环境治理、土地资源保护等工作挂钩，着重引导提升生态环境质量。尚未建立与生态产品价值相关的转移支付奖补支持机制，对生态涵养区突出生态保护的引导和激励不足。

（二）物质供给类产品价值升值少、优势发挥不明显

物质供给类产品主要是指农产品、林产品、畜牧产品等，商品属性明显，其价值主要依靠市场机制实现，北京生态涵养区优质农产品等普遍存在溢价低的问题。一是生态产品价值未得到充分有效的挖掘。针对特色产品的单独品牌较多，区域公共品牌尚未形成，未充分有效挖掘生态产品价值，发展还处于低附加值的"初级"产品阶段，亟须开展生态产品价值实现机制的研究及具体路径探索，促进富民惠民和绿色高质量发展。初级生态产品的加工、储存、销售都存在制约因素，很难实现其对应的价值。比如，山区果品加工产业难以发展，产品附加值低。二是北京地理标志农产品发展不成熟。受产业用地、禁限目录等影响，地理标志农产品发展受到一定限制。产品溯源难，难以获得消费者对其品质和声誉的认可，无法形成高溢价。在实际经营过程中，由于供应链条上各方投入的数字化设施并未打通和串联，尽管生产者和政府部门在产业链的前、中端购入大量技术、检测设施保证农产品质量，末端的消费者仍存有疑虑，担心一不留神误入"品牌乱象"，花了冤枉钱。三是农产品的品牌力不强。地标产品尚未体现出品牌的附加价值，

一定程度上出现了"大而不强，小而不精"的现象，不能适应市场需要。农产品行业协会、各类专业合作社等农业生产自治组织自治能力较弱，缺乏对地理标志、产品使用的有效监管，加之地理标志农产品的准公共属性，导致"搭便车"和"囚徒困境"。

（三）文化服务类产品转化不充分，实现渠道不顺畅

文化服务类产品主要体现为旅游康养、休闲度假、景观溢价等，商品属性强，其价值主要靠市场机制实现，但目前存在文旅融合不足、休闲价值挖掘不够等问题，市场化不充分。一是利用区域资源禀赋优势不充分，受区位影响和生态控制线的限制，绿色发展面临较大约束，只知道不能干什么，不知道能干什么。生态涵养区主体产业与其他区同质化发展且竞争力更弱，未能发挥其在生态上的资源禀赋优势，与市委提出的突出特色、聚焦优势、发展精品经济的要求还有较大差距，增收潜力和发展动能不足。二是生态文旅产业发展不足。生态涵养区旅游资源丰富，但文旅融合不够，景区环境、配套设施、服务水平有待提升；旅游业态仍以传统的观光和餐饮为主，缺少可供游客深度体验的新兴项目，如健康、养老、研学等，整体规模较小，品质不高。2020 年生态涵养区旅游业共实现区级收入 9.7 亿元，仅占区级总收入的 6%，占全市区级旅游业收入的 2.5%，旅游资源效益尚未充分释放。同时普遍反映绿色产业政策针对性不强、缺乏差异化，只有"大动脉"，没有"毛细血管"，很难落地。

四 先行地区建立健全生态产品价值实现机制的做法

部分先行地区探索生态产品价值实现工作取得了成效。2017 年，福建省南平市从自然资源产权交易制度改革入手，探索"森林生态银行"运行模式；2019 年，浙江省丽水市成为首个国家生态产品价值实现机制试点地区，形成政府生态产品采购和市场交易制度等创新成果，成为创新实践"绿水青山就是金山银山"理念的全国样板。从 2020 年开始，自然资源部

先后组织编写、印发了四批《生态产品价值实现典型案例》，涉及生态补偿、自然资源资产产权交易等多种实现模式，代表做法可以总结如下。

（一）做大生态特色产业

2018年以来，浙江通过深化推进"一亩山万元钱"科技富民模式，推动生态保护与产业兴旺并举，出台《全省"千村万元"林下经济增收帮扶工程实施方案（2021—2025年）》，提出以增强村集体经济组织内生动能为导向，在山区26县筛选1000个适合发展林下经济的山区村，通过打造高质量示范基地、深化结对帮扶机制、推进林业"两进两回"（科技进乡村、资金进乡村、青年回农村、乡贤回农村）、加快产业数字化赋能、促进三产融合发展等举措，发展亩均产值达到1万元的林下经济基地30万亩。浙江丽水在充分认知且尊重丽水农业文脉的基础上，整合文脉符号，创立"丽水山耕"这一品牌，将区域名称、区域地貌、农耕文化相结合，象征来自丽水原生态环境中的农耕方式、农耕文化和农耕产品。通过品牌创建与运营破解了丽水农产品品类多而散、主体多而小、市场竞争力弱的难题，并不断创新运营机制、构建运营生态，溯源管理倒逼与加速农业标准化进程，以品牌背书提升生态产品价值，将生态优势转化为商品优势，将资源优势转化为品牌溢价。

（二）搭建"两山银行"转化平台

"两山银行"是两山转化平台的形象表述，是促成绿水青山与金山银山之间相互转化的准公共服务平台。2019年11月，全国首家"两山银行"在浙江云和县成立。之后，浙江安吉县多地及江西资溪县纷纷成立"两山银行"，取得良好效果。"两山银行"是政府引导、企业和社会各界参与、市场化运作的生态资源运营服务体系。"两山银行"的具体做法是，首先，通过采用卫星遥感、区块链等数字化手段开展资源调查，全面摸清生态家底。这份"家底"清单既包括山、水、林、田、湖、草等自然资源，也包括与之相关的适合集中经营的农村宅基地、集体经营性用地、农房、古村、古镇、老街等，还包括需要集中开发的耕地、园地、林地、湿地等资源"家底"。其次，通过成立专业运营机构，对碎片化的特色生态资源、文化产品、旅游景点等进行整体谋划、整体包装、整体建设，促进生态资源"零存整取"，让生态资源走上品牌化、集约化发展之路。最后，通过混合所有制、股份合作、委托经营等方式，将生态产品的使用权、经营权、收益权等进行资产化、证券化、资本化，加大社会资本和专业运营机构招引力度，提升"两山银行"融资服务水平。如浙江常山县"两山银行"对胡柚贷的经营主体增信，通过担保、承诺收购、优先处置等形式，激活变现沉淀资源。

（三）完善 GEP 核算方法与标准

确定生态产品价值的内涵及其核算体系（GEP）是推动生态产品价值实现的重要初始环节。GEP 含义是生态系统生产总值，是指一个地区的生态系统为人类福祉和经济社会发展提供的所有最终生态产品价值的总和。建立 GEP 核算制度是为落实"绿水青山就是金山银山"理念，为生态产品价值实现提供制度保障，同时也是把生态效益纳入经济社会发展评价体系的具体措施。2021 年 3 月，联合国统计委员会正式将 GEP 纳入最新的环境经济核算系统——生态系统核算框架（SEEA-EA）中，将 GEP 作为生态系统服务和生态资产价值核算指标、联合国可持续发展 2050 年目标的评估指标。为便于全省范围内的统一核算、可比较，2020 年 11 月，浙江省在丽水试点两年的基础上发布全国首部省级《生态系统生产总值（GEP）核算技术规范 陆域生态系统》（以下简称"GEP 核算标准"）；2021 年 3 月，深圳市发布《深圳市生态系统生产总值（GEP）核算技术规范》。核算是基础，应用是关键。丽水市通过使 GEP 核算"进规划、进考核、进项目、进交易、进监测"，探索基于 GEP 核算的生态产品价值实现机制，促进丽水的高质量绿色发展；深圳市通过建立"1+3"GEP 核算制度体系将 GEP 全面应用于政府绩效考核中，提出 GDP 与 GEP"双核算、双考核、双提升"，促进深圳生态文明建设。

五 建立健全北京生态产品价值实现机制的对策建议

坚持首善标准，探索以机制创新为核心的生态产品价值实现机制，将生态资源有效转化成生态资产，创造绿色经济新动能，实现"好山好水好幸福"。

（一）健全生态补偿机制，做到调节服务类产品"可收益"

一是建立统一的生态补偿政策体系。逐步出台有关生态补偿机制的地方法规，为实施生态补偿奠定法律基础。针对生态涵养区特别是生态保护地的产业发展和农民致富，在生态补偿制度中予以倾斜，如在市级资金上给予100%支持（不要求地方配套资金），并逐步提高生态公益岗位就业人员的补助标准，使受益地区的农民能够在保护环境中发展产业，在保护生态中增收致富。二是完善生态服务价值评估体系。使北京市的生态服务价值指标体系更加完善，为科学合理地确定生态补偿标准奠定基础。特别是可以率先在生态涵养区试行统一的生态产品总值（GEP）核算制度，推动 GEP 核算结果与生态保护补偿、结对协作资金、绩效考核等联动挂钩。三是建立生态保护综合财力补偿机制。生态补偿标准在科学的基础上做到相对公平。加快推进生态保护领域市、区财政事权和支出责任划分改革，建立支出责任分担机制，合理界定市、区政府在生态保护中的权责关系，实现各司其职。考虑各生态涵养区的生态资源保有量及保护成本投入，参考 GEP 核算，通过自然资源调查监测和生态环境质量状况评价，将资金分配与造林绿化、水源涵养、土地资源保护、绿色低碳发展等生态环境的质量指标挂钩，体现生态环境服务价值。补偿资金分配应兼顾生态环境存量资源和生态环境质量提升情况，生态涵养区生态保护工作落实得越好，获得的资金就越多，确保"不让保护生态环境的吃亏"。

（二）加强农业品牌建设，做到物质供给类产品"可增值"

一是构建高端农产品产业体系。支持和引导农业绿色生产，让生态涵养区的优质农产品走出绿水青山、走上城市的高端餐桌。二是推进北京优农品牌认定工作。围绕区域特色产业创建一批"一村一品"示范村，培育一批农业产业强镇，开展一批一产农业生态农场试点。提升生态农产品价值，开展"三品一标"。三是抓好地理标志农产品认证等工作。突破制约地理标志农产品发展的体制、机制、政策障碍，将现有分散在农业农村局和园林绿化局的地理标志农产品的管理职能，统一集中到一个行政主管部门，负责行业管理。用好、用足、用活"三农"政策，土地、金融、园区（特色农产品优势区、现代农业产业园）政策向地理标志农产品品牌培育倾斜，为品牌产品和使用授权的企业创造更好的发展环境。

（三）创新产业融合发展，做到文化服务类产品"可变现"

一是推进文化旅游和新兴业态发展。制定生态涵养区适宜发展的绿色产业清单，将绿色产业发展相关指标作为市级转移支付资金分配的引导因素，市级只规定资金使用的绿色产业方向，将产业项目决策权和资金管理权交给生态涵养区。在严格保护生态环境的前提下，探索多样化的生态产品开发和经营模式，科学合理推动生态产品价值实现。加快培育有市场竞争力的企业，提升生态产业化项目运营管理水平。二是坚持全域旅游发展战略。按照全域旅游标准，推进统筹规划、合理布局、服务提升、系统营销，构建良好的自然生态环境、人文社会环境和放心旅游消费环境，实现全域宜居宜业宜游。三是做精生态乡村休闲旅游。立足首都市民"望得见山、看得见水、记得住乡愁"的回归田园需求，大力发展乡村旅游，以民俗文化为特色，结合美丽乡村建设，打造旅游景区村，不断提高乡村旅游品质。借助全国文化中心建设，加快推进长城文化带和西山永定河文化带建设。

深入实施生态涵养区生态产品价值实现机制是当前和未来一个时期生态涵养区开展高水平生态保护、高质量绿色发展、迈向共同富裕的有效路径。应立足北京实际，统筹生态保护和绿色发展，聚焦农业农村现代化，努力缩小城乡发展差距，促进农民富裕富足。

参考文献

欧阳志云、朱春全、杨广斌等:《生态系统生产总值核算:概念、核算方法与案例研究》,《生态学报》2013 年第 21 期。

石敏俊、陈岭楠:《GEP 核算:理论内涵与现实挑战》,《中国环境管理》2022 年第 2 期。

覃健栓、李春友:《生态产品价值核算的研究综述》,《中国农业会计》2023 年第 6 期。

魏士程:《"两山银行":生态资源产业化运行机制研究》,《合作经济与科技》2023 年第 17 期。

俞敏、李维明、高世楫等:《生态产品及其价值实现的理论探析》,《发展研究》2020 年第 2 期。

B.8
依托"五子"联动
实现北京绿色低碳循环发展

刘 薇*

摘 要： 新发展格局背景下，北京着力推动依托于"五子"联动的高质量发展。如何将建设全国科技创新中心、数字经济、以供给侧结构性改革引领和创造新需求、"两区"建设、深入推动京津冀协同发展与绿色低碳循环发展关联起来，是重要的研究命题。通过分析北京绿色低碳循环发展现状与问题，找出依托于"五子"联动实现北京绿色低碳循环发展的关键，进而提出积极制定绿色发展规划、大力发展绿色低碳产业、促进绿色经济与数字经济融合发展、强化循环经济产业创新发展、以碳中和为引领实现绿色现代化等对策建议。

关键词： 绿色发展 低碳发展 循环经济 北京

2022 年 10 月，北京正式发布了《北京市碳达峰实施方案》，提出要强化科技创新引领，构建绿色低碳经济体系。北京为融入新发展格局、率先实现高质量现代化发展、立足首都定位和优势提出的"五子"联动，即建设国际科创中心、"两区"建设、数字经济、以供给侧结构性改革引领和创造新需求、深入推动京津冀协调发展，"子子"与绿色低碳循环发展相关。

绿色低碳循环发展是将绿色发展、低碳发展、循环发展的理念、原则、规律及特征进行有机融合，有效突破资源环境约束，进而实现多领

---

* 刘薇，博士，北京市社会科学院经济研究所研究员，主要研究方向：生态经济、金融等。

域协同增效的经济发展体系,[①] 是以生态整体主义为指导,遵循有机联系的生态法则,以经济发展的内生力量解决资源紧缺、生态环境和人类健康等问题。当前北京提出的"五子"联动,是建设具有首都特点的现代化经济体系的重要途径,而绿色低碳循环发展则与"五子"中的每一子都密切相关,绿色科技创新为经济发展提供不竭的新动能,数字经济发展离不开与绿色低碳循环经济的融合发展,绿色供给侧结构性改革是供给侧结构性改革的重要组成部分,绿色低碳协同更是京津冀协同发展的重要内容,绿色低碳循环发展也是"两区"建设的关键突破口之一。

一 文献综述

将"绿色低碳循环"作为一个词语进行文献检索（2023 年 2 月），可以发现知网中相关文献不算丰富，学术期刊 213 篇、学位论文 5 篇，主要的研究主题集中在：一是绿色低碳循环发展的经济体系，吕指臣、胡鞍钢提出完善顶层设计、筑牢保障支撑，从经济体系的生产、分配、交换和消费环节着手，强化运行环节，以助推绿色低碳循环发展的现代化经济体系建设。[②] 我国建设现代化经济体系不是重新构造一个新的体系，而是经济体系的一种转换过程，并与绿色、低碳和循环发展等有着密切的联系和逻辑关联。[③] 二是绿色低碳循环的内涵和实践路径。三是水平测度和协同效应。梁刚以生态文明与绿色经济理念为切入点，构建了绿色低碳循环发展经济体系建设水平测度指标体系，并采用动态综合测度模型与区域差异法测算省际绿色低碳经济体系建设情况。胡剑波、王楷文利用 LSTM-BP 神经网络对不同模式下的发展路径

---

① 胡剑波、王楷文：《碳达峰目标下中国绿色低碳循环发展的协同效应研究》，《河海大学学报》（哲学社会科学版）2022 年第 5 期。
② 吕指臣、胡鞍钢：《中国建设绿色低碳循环发展的现代化经济体系：实现路径与现实意义》，《北京工业大学学报》（社会科学版）2021 年第 8 期。
③ 张开、陈琦、陈洋毅、雷鸣：《中国式现代化道路的政治经济学》，《政治经济学评论》2022 年第 3 期。

进行预测。① 此外，武汉大学国家发展战略研究院课题组提出要形成一个高效协同的治理体系，即能源供给侧、需求侧低碳发展与碳吸收三端发力，碳市场与绿色金融两大市场支撑的"132"碳中和行动方案。② 从文献研究领域来看，在数字经济领域，魏春城等提出了数字技术赋能绿色低碳发展的举措与建议；③ 在绿色低碳技术创新领域，卞晨等对"双碳"目标下政府支持企业绿色低碳技术研发政策模拟进行了研究。④ 有关北京绿色低碳循环发展的文献主要集中在相关重点领域，如王先进提出要加快推动北京绿色低碳交通发展。⑤ 李冰等开展北京既有建筑绿色低碳改造调研，提出进一步推动既有建筑绿色低碳改造的措施。⑥ 李颖等构建了基于低碳经济的北京生活垃圾处理多目标优化模型，并利用 MATLAB 求解，提出了未来北京生活垃圾处理模式的发展趋势。⑦ 付佳鑫、刘颖琦以北京为案例对能源低碳化发展模式进行了系统分析。⑧

总之，通过梳理文献可以发现，对绿色低碳循环发展的研究还处于初步阶段，对在"双碳"目标下，如何进行系统性绿色低碳循环发展的现代化经济体系构建还缺乏具有深度的理论支撑。特别是对于北京来说，缺乏对"五子"中的每一子与绿色低碳循环发展的相关性研究，以及对如何在"五子"联动过程中重点突出绿色低碳循环发展，这些都需要进一步研究。

---

① 胡剑波、王楷文：《碳达峰目标下中国绿色低碳循环发展的协同效应研究》，《河海大学学报》（哲学社会科学版）2022 年第 5 期。

② 武汉大学国家发展战略研究院课题组：《中国实施绿色低碳转型和实现碳中和目标的路径选择》，《中国软科学》2022 年第 10 期。

③ 魏春城、林治宇、赵晨等：《数字技术赋能绿色低碳发展的举措与建议》，《环境保护》2022 年第 20 期。

④ 卞晨、初钊鹏、孙正林等：《异质性环境规制政策合力与企业绿色技术创新的演化博弈分析》，《工业技术经济》2022 年第 5 期。

⑤ 王先进：《加快北京绿色低碳交通发展》，《北京观察》2022 年第 9 期。

⑥ 李冰、李迅、杜海龙：《既有建筑绿色低碳化改造调查研究——以北京市为例》，《城市发展研究》2022 年第 15 期。

⑦ 李颖、武学、孙成双等：《基于低碳发展的北京城市生活垃圾处理模式优化》，《资源科学》2021 年第 8 期。

⑧ 付佳鑫、刘颖琦：《我国天然气分布式能源发展现状及思考》，《节能》2020 年第 10 期。

二 北京绿色低碳循环发展现状

北京市在绿色低碳循环发展方面取得了显著成效，实现了经济发展和环境保护的良性互动。在绿色能源发展方面，北京市加快推进可再生能源发电项目建设，通过优惠政策和资金支持，大力推广分布式光伏、风电、地源热泵等清洁能源技术，建设新能源汽车充电设施和智慧能源基础设施，提高清洁能源的利用率。北京市已经建成的太阳能发电项目容量达到 800 兆瓦，风电项目容量达到 2.2 吉瓦。此外，北京市正在大力发展氢能源产业，推进氢燃料电池汽车和充氢站的建设。在节能减排方面，北京市加强了建筑节能和能源管理，推进了燃气取代燃煤供暖，通过控制机动车污染等方式，使得空气质量有了明显改善。强化了建筑节能标准和能源管理，大力推进高效节能建筑的建设，推广夜间停车场自动关闭灯光、绿色物流等节能技术，推行燃气供暖，淘汰高污染老旧车辆，严格控制机动车尾气排放，加强市区绿化和环卫设施建设等，有效降低了能源消耗和环境污染。目前已经淘汰了超过 40 万辆高污染老旧车辆，建成了近 100 个公共充电桩服务站。提倡低碳出行，加强公共交通建设，推广绿色出租车、共享单车和新能源汽车等低碳交通方式。公共自行车投放数量已经超过 100 万辆。此外，在工业、建筑、交通等领域推进能源管理和节能技术应用，全市能耗强度逐年降低。在循环经济方面，实施垃圾分类处理，建立了生活垃圾强制分类体系，鼓励垃圾分类处理设施建设和再生资源利用，建设城市生态垃圾处理中心和危废处置中心，加大生态农业、生物多样性保护和污水资源化利用力度。截至 2021 年底，北京市已经建成生活垃圾分类处理设施 54 个，建成危险废物处置中心 2 个，推广绿色包装，鼓励循环农业发展，实现了生态保护和经济发展的良性循环。在生态环保方面，北京市强化水资源保护和水环境治理，建设雨水花园、雨水湿地等水生态系统，加强水环境监测和防汛减灾工作。同时，北京市加大对大气、水、土壤和噪声等环境污染的治理力度，加强生态保护和修复工作。北京市 PM2.5 年均浓度从 2013 年的 89.5 微克/米^3 下降到 2022

年的 30.0 微克/米³，空气质量得到了显著改善。此外，建设了 1300 多个城市公园和绿地，全市森林覆盖率已经达到了 43.1%。

表 1　北京市可再生能源发电量占比

单位：%

年份	可再生能源发电量占比	年份	可再生能源发电量占比
2016	4.8	2020	9.6
2017	5.2	2021	12.0
2018	7.2	2022	13.5
2019	8.8		

资料来源：《北京市 2020 年度清洁能源发展情况》《北京市 2022 年能源发展统计公报》《北京市可再生能源替代行动方案（2023—2025 年）》。

表 2　北京市 PM2.5 浓度变化

单位：$\mu g/m^3$

年份	PM2.5 年均浓度	年份	PM2.5 年均浓度
2013	89.5	2018	51.8
2014	98.6	2019	42.2
2015	80.6	2020	38.3
2016	73.7	2021	33.1
2017	58.4	2022	30.0

资料来源：《2022 年北京市生态环境状况公报》。

三　存在的主要问题

（一）能源结构仍需优化

经过多年能源结构调整，北京的用能结构有了较大幅度的改善，但在以下三个方面仍有优化空间。一是煤炭消费量仍占一定比重。2022 年，北京市煤炭消费量占能源消费总量的比重为 1.4%，虽然较 2021 年下降了 3.1 个百分点，但仍占一定比重。煤炭燃烧产生大量污染物，是北京市大气污染的主要来源之一。二是天然气消费量仍有较大提升空间。2022 年，北京市天然气消费量占能源消费总量的比重为 38.7%，虽然较 2021 年上升了 2.5 个百分点，但仍有较大提升空间。天然气是清洁能源，可以有效替代煤炭，减少大气污染。三是可再生能源消费量占比仍较低。2022 年，北京市可再生能源发电量占比为 13.5%，虽然较 2021 年上升了 1.5 个百分点，但仍较低。可再生能源是清洁能源，可以有效减少温室气体排放，保障能源安全。

（二）减少温室气体排放仍面临挑战

尽管在减排领域，北京采取了多种有效措施并取得了国内领先的进展，但与世界主要城市相比，仍存在差距。根据国际能源署（IEA）发布的数据，北京 2022 年的温室气体排放总量为 4.1 亿吨二氧化碳当量，而东京 2022 年的温室气体排放总量为 1.4 亿吨二氧化碳当量。在单位 GDP 排放量方面，根据 IEA 发布的数据，2022 年，东京的单位 GDP 排放量为 0.32 吨二氧化碳当量/万元人民币，而北京市的单位 GDP 排放量为 0.55 吨二氧化碳当量/万元人民币。

（三）循环经济体系建设仍不完善

北京市在生活垃圾分类处理、再生资源回收利用、可再生能源和可再生材料使用等循环经济发展方面取得了一定的进展，但是循环经济体系建设中仍然存在一些问题，主要包括：一是生活垃圾分类收运体系仍需完善。目前，北京市生活垃圾分类收运体系已基本建立，但仍存在分类不彻底、混投等现象。二是固体废弃物资源化利用技术有待提升。目前，北京市固体废弃物资源化利用技术应用仍面临一些瓶颈。三是固体废弃物综合利用产业发展不足。目前，北京市固体废弃物综合利用产业仍处于发展初期，产业规模较小，市场竞争力不强。

（四）交通拥堵和环境压力仍较大

尽管北京市在绿色出行方面推广公共交通和新能源汽车等低碳出行方式，但是由于城市规模较大、交通出行需求量大，交通拥堵和环境压力仍然较大，需要进一步推动交通一体化发展，加强公共交通基础设施建设，促进城市交通的可持续发展。2020年北京市机动车保有量已经达到约600万辆，公共交通客运量约为4000万人次／日。此外，共享单车乱停放、无序发展等问题也存在一定的治理难度。大气污染、水污染、土壤污染、噪声污染和固废污染等治理问题仍任重道远。

四 依托"五子"联动
实现北京绿色低碳循环发展的关键

（一）绿色科技创新是北京建设国际科创中心的重要环节

绿色科技创新是国际科创中心的重要组成部分。第一，国际科创中心建设需要各个领域均取得突破性的科技创新，其中，涉及能源、环保、交通、建筑等诸多领域的研究与应用尤为重要。第二，国际科创中心为绿色科技创新提供支持，国际科创中心汇聚了全球优秀的科研机构、企业和人才，为绿色科技创新提供了良好的环境。政策支持、资金投入和市场需求等方面的优势有助于推动绿色科技创新成果产业化。第三，绿色科技创新助力国际科创中心的形象塑造。北京打造国际科创中心，需要在环保、节能等方面展现出良好的形象。绿色科技创新成果将有助于提高北京在全球的知名度和竞争力，吸引更多的国际合作伙伴。第四，国际科创中心的发展为绿色科技创新拓宽发展空间。随着国际科创中心的发展，涉及人工智能、大数据、物联网等多个领域的技术创新可以为解决环境问题提供新的思路和手段。第五，绿色科技创新与国际科创中心共同推动区域协同发展，通过绿色科技创新与国际科创中心的协同发展，北京可与周边城市共享创新资源、经验和技术，推动区域协同发展，形成绿色发展的强大合力。

（二）绿色科技创新与数字经济实现互补发展与转型升级

绿色科技创新能为数字经济提供新的技术和方法支持，如物联网、大数据、人工智能等在能源管理、环境监测等领域的应用，有助于实现优化资源配置和节能减排的目标。根据北京市统计局发布的数据，2022 年，北京市数字经济增加值为 1.3 万亿元，同比增长 20.5%，占全市 GDP 的比重为 60.6%，比 2021 年提高 5.1 个百分点。高技术产业和战略性新兴产业增加值在北京市工业增加值中的占比超过 50%，绿色科技创新与数字经济的发展在推动产业结构优化方面发挥了重要作用。同时，数字经济也为绿色科技创新提供了数据支撑和技术平台，促使绿色科技在各个领域的应用更快速、更广泛。随着绿色科技创新和数字经济的发展，北京的产业结构逐步优化。传统产业通过应用数字化、智能化技术，实现了生产方式和管理模式的变革，提高了资源利用效率，降低了环境污染。这有助于实现经济增长方式的转型，从过去的高能耗、高污染向绿色、低碳、可持续发展转变。顺义区环保产业园通过采取大数据、物联网、人工智能等技术手段，实现了环境监测数据的实时采集和分析，提高了污染治理效果。园区内企业还利用这些技术提高生产效率、减少资源消耗，实现绿色发展。北京在农业领域也实施了一系列绿色科技创新项目，如智慧农业大棚、精准农业等。这些项目利用物联网、大数据等技术手段，对农业生产进行精细化管理，提高了农业资源利用效率，减少了环境污染。

（三）绿色科技创新有助于实现供给侧结构性改革

供给侧结构性改革是一种经济改革策略，旨在优化和调整经济结构，提高供给质量，满足新的消费需求，以实现经济的可持续发展。绿色科技创新有助于推动高新技术产业和战略性新兴产业发展，促进传统产业转型升级。通过绿色科技创新，企业能够提高生产效率、降低能耗，从而实现可持续发展。这有助于优化北京的产业结构，减少过剩产能和低效产业，为供给侧结构性改革创造有利条件。绿色科技创新有助于提高产品和服务的质量，满足消费者对绿色、环保、健康的需求。例如，依托于绿色科技创新，企业可以开发节能、低碳的产品，以满足市场需求。这有助于提高供给质量，实现供给侧结构性改革目标。阿里云联合中科院计算所建立的绿色数据中心项目依托于绿色科技创新,采用节能、环保的技术和方法,降低数据中心的能耗。这个绿色数据中心的建设有助于优化北京市的数据基础设施,提高供给侧质量。

(四)绿色科技创新促进北京自贸区绿色发展

通过绿色科技创新,自贸区可以推动绿色产业发展,形成具有竞争力的绿色产业链。例如,发展清洁能源、绿色建筑、绿色交通等,为自贸区提供可持续的产业支撑。特斯拉在北京自贸区设立研发中心,专注于新能源汽车技术的研发与应用,提升中国新能源汽车产业的竞争力。绿色科技创新可以帮助自贸区提高资源利用效率,降低生产成本。例如,通过发展循环经济、开展废物资源化利用等,实现资源高效利用,减少生产过程中的环境污染。绿色科技创新可以为自贸区提供生态修复和环境保护的新技术和方法。例如,利用生态工程技术加强水土保持、治理水污染、改善空气质量等,提高自贸区的生态环境质量。绿色金融是支持绿色科技创新的重要手段。某跨国企业在自贸区设立了绿色物流中心,采用绿色包装、绿色运输等方式,降低企业运营过程中的环境风险和资源消耗。自贸区可以通过绿色金融政策和金融工具,引导和支持绿色产业和项目发展,为绿色科技创新提供资金支持。通过绿色科技创新,自贸区可以践行其对环保、可持续发展的承诺,提升国际形象。这将有助于吸引更多的国内外优质企业、投资者和高技术人才,促进自贸区的发展。

(五)绿色科技创新促进京津冀协同发展

京津冀在清洁能源领域开展了广泛的合作,建设了跨区域的能源供应网络,提高了能源利用效率,减少了碳排放。2022年京津冀地区绿色产业总规模达到1.42万亿元,比2019年增长25.4%,占全国绿色产业总规模的19.4%。京津冀地区投资建设了大型风力发电项目,利用先进的风能技术和设备,提高风力发电效率。还建设了大型跨区域输电工程,如三门峡—北京—天津—唐山—秦皇岛输电通道项目,旨在将三门峡地区的风能、太阳能等清洁能源输送至京津冀地区,为城市提供能源支持。京津冀地区启动水源地保护与治理项目，采用生态工程技术、植物净化技术等进行水体净化，保障水质安全。京津冀地区开展大规模的植树造林工程，如京津风沙源治理工程、河北省的绿化山区工程等。运用无人机种植、植被覆盖技术等，提高森林覆盖率，改善生态环境。京津冀地区共同推动循环经济发展，建立区域性废物处理和资源回收体系。例如，开展固废处理、污水处理等废物处理项目，实现废物资源化利用，降低资源消耗和环境污染。

五　对策建议

（一）积极制定绿色发展规划

制定长期的绿色发展规划和战略，明确绿色低碳发展的目标、路径和措施，确保政策的连续性和稳定性。在生态环境保护、绿色建筑、节能减排、清洁能源发展、循环经济发展、绿色交通发展、城市绿化、生态文明建设等方面，北京制定了一系列发展规划。发展规划为绿色科技创新提供了明确的目标和方向，有助于引导企业、科研机构和政府部门集中精力研究和开发绿色技术，助力可持续发展。要继续发挥绿色发展规划对绿色科技创新在资源配置、政策引导、技术推广和应用、市场信号、国际交流合作等方面的重要作用。

（二）大力发展绿色低碳产业

重点发展清洁能源、环保技术、循环经济等绿色产业。制定一系列激励政策，包括税收优惠、财政补贴、低息贷款等，为绿色产业发展提供有力的政策支持，降低企业发展成本。引导社会资本投向绿色产业，通过设立绿色产业基金、发行绿色债券等方式，为绿色产业提供资金保障。截至2021年底，北京市绿色信贷余额达到1259亿元，较2015年增长约8倍。加大对绿色技术研发的支持力度，建立产学研一体化创新体系，鼓励企业和科研机构开展绿色技术研发，提升绿色产业的技术水平。培育绿色市场，加强绿色产品的推广和宣传，提高消费者对绿色产品的接受度，培育绿色消费市场，形成绿色产业的良好发展环境。

（三）促进绿色经济与数字经济融合发展

加大对数字技术在绿色经济中的应用研究和开发投入力度，推广数字技术，提高生产效率，降低能耗，减少环境污染。建设绿色经济数字平台，集成各种数据资源和技术，加强信息共享，提升生产效率，优化资源配置，实现绿色经济数字化管理。鼓励新型绿色数字产业发展，推动绿色数字化服务模式创新，培育新业态、新模式，拓展绿色数字经济的市场空间。加强绿色数字经济领域的人才培养，建立人才培养机制，推动绿色经济与数字经济领域的人才交流。加强国际合作与交流，汲取先进经验和技术，开展绿色数字经济领域的国际交流和合作，提高北京市绿色数字经济发展的水平和影响力。

（四）强化循环经济产业创新发展

根据北京市统计局发布的数据，截至2022年，北京市循环经济产业涉及领域广泛，包括废弃物资源化、水资源循环利用、节能环保、清洁能源等。2022年，北京市循环经济产业总产值达到2.3万亿元，同比增长40.6%。北京要继续调整和优化产业结构，推动绿色产业和循环经济产业发展，实现从高耗能、高污染向低碳、环保、循环的转型升级。加大技术创新和研发力度，推动循环经济技术的创新和推广，提高资源利用效率和节能减排水平。建立循环经济产业联盟，推动企业间合作和资源共享，促进循环经济产业协同发展。

（五）以碳中和为引领实现绿色现代化

积极借鉴学习世界其他大城市减排的先进经验，系统梳理世界主要人口密集型大城市碳减排、碳中和的先进经验，为首都北京提供可参考的碳中和路线图，并形成重点行动方案。在碳交易试点基础上，不断总结经验，扩大碳排放交易市场规模。修改完善现行法律法规以及市场的准入规则，制定更加清晰明了的入场标准，做好审查工作，提升节能减排企业的参与度。同时，研究降低碳汇市场的准入门槛，使农林企业尽早融入碳汇市场这个大家庭。重点发展碳金融，提升碳交易市场的资金流通量，提高各个金融机构的业务参与度。相关低碳业务可考虑降低税收比例甚至免除税收，拓宽融资渠道。大力发展碳期货、碳证券等金融产品，提升碳交易市场的活力。在能源供给侧大力发展可再生能源。北京市应充分开发利用区域内的分布式可再生能源，可探索在5G基站、数据中心等电力负荷密集区因地制宜地建设分散式风电、分布式光伏、氢能等，通过使其与综合能源服务相结合，促成新基建与分布式清洁能源的深度融合，实现北京市能源新基建的绿色发展。

参考文献

胡剑波、王楷文：《碳达峰目标下中国绿色低碳循环发展的协同效应研究》，《河海大学学报》（哲学社会科学版）2022年第5期。

吕指臣、胡鞍钢：《中国建设绿色低碳循环发展的现代化经济体系：实现路径与现实意义》，《北京工业大学学报》（社会科学版）2021年第8期。

张开、陈琦、陈洋毅、雷鸣：《中国式现代化道路的政治经济学》，《政治经济学评论》2022年第3期。

武汉大学国家发展战略研究院课题组：《中国实施绿色低碳转型和实现碳中和目标的路径选择》，《中国软科学》2022年第10期。

王毅、苏利阳：《加快构建绿色低碳循环发展经济体系》，《中国经贸导刊》2021年第5期。

B.9
北京市数字经济与绿色低碳协同发展研究[*]

陈 楠[**]

摘 要： 本文分析了北京市数字经济与绿色低碳协同发展现状，并通过构建数字经济与绿色低碳协同发展指标体系，横向对比了主要省份数字经济与绿色低碳发展情况，得出北京在绿色低碳、数字创新和数字产业化等方面具有优势，而在产业数字化方面比较薄弱。根据评价结果，北京面临产业数字化发展不足影响绿色低碳转型速度、数字技术赋能绿色低碳不足、碳价值和生态价值核算处于初级阶段价值转换尚未实现等主要挑战。为此，要加快推进以科技创新为引领的数字化、绿色低碳化产业体系建设，强化政府与市场多维度协同，以数字技术为媒介，加快绿色低碳技术创新，拓展碳价值、生态产品价值实现途径。

关键词： 北京 数字经济 绿色低碳 协同发展

2023 年生态文明大会上，习近平总书记提出，深化人工智能等数字技术应用，构建美丽中国数字化治理体系，建设绿色智慧的数字生态文明。[①]《数字中国建设整体布局规划》提出，要推进数字技术与经济、政治、

---

* 基金项目：北京市社会科学院青年项目（项目编号：KY2023B0011）"北京降碳、减污、扩绿、增长协同效应分析及其路径研究"。

** 陈楠，博士，北京市社会科学院经济研究所副研究员，研究方向：环境经济、绿色低碳。

① 《习近平在全国生态环境保护大会上强调 全面推进美丽中国建设 加快推进人与自然和谐共生的现代化》，https://www.gov.cn/yaowen/liebiao/202307/content_ 6892793.htm？Type＝4，2023 年 7 月 18 日。

文化、社会、生态文明建设"五位一体"深度融合。北京正在推进全球数字经济标杆城市和"绿色北京"建设，两大战略的相互协同可以发挥"1+1>2"的放大效益，对首都率先实现中国式现代化而言意义重大。

一　北京市数字经济与绿色低碳发展的现状

2023年，北京数字经济增加值占地区生产总值的比重达到42.9%，位居全国前列，PM2.5年均浓度降低至32微克/米³，污水处理率提高到97.3%，森林覆盖率为44.9%，万元地区生产总值能耗、水耗等多项指标保持全国省级地区最优水平。全市取得这些成绩的关键之一是坚持创新驱动、科技引领，把数字技术运用到绿色低碳、产业转型升级、绿色金融、城市运行等方方面面。

"十四五"以来，全市积极发展先进低碳示范技术，实现了多项技术"从0到1"的关键突破，再进入"从1到10"的商业化探索，最后迈向"从10到100"的规模化发展。例如，氢能是全球新能源转型的重要内容，北京经过多年科技攻关，取得了从无到有的技术突破，并在冬奥和冬残奥会期间，实现了1000多辆氢燃料电池车的交通服务工作，开启了场景应用和产业培育。目前，全市正在建设一南一北的"双子星"能源布局，北部以昌平为核心，打造氢能科创技术中心，南部依托大兴、房山和经开区构建产业链，强化京津冀三地的强链补链工程，建设有利于产业链发展的生态系统。

全市以数字化与制造业深度融合为主线，发布多项智能制造转型方案，支持专精特新企业、低碳领跑者企业发展，鼓励企业低碳转型升级。截至2023年底，全市累计培育7180家专精特新企业，其中国家级"小巨人"企业795家；支持数据中心在能耗总量不变的前提下，由以"通算"为主向以"智算"为主转变。

在财政和绿色金融等领域，北京也奋力争先。2023年共发放政策性资金近 2000 亿元，近六成投向科创、绿色、文化等行业；[①] 将国开行北京分行、北京银行、北京农商银行、北京中关村银行等多家银行纳入碳减排支持工具范围，向减排企业提供非歧视性碳减排贷款。同时，全市利用大数据、云计算等数字技术积极发展碳普惠，个人数字碳账本已经实现了3000 多万人参与减排，达到了 11 亿人次的减排效果和 70 多万吨减排量。

二 北京市数字经济与绿色低碳协同发展评价

纵向看，北京自身的数字经济与绿色低碳协同发展取得了不俗的成绩，但仍需要与国内一流省份进行比较，对标对表发现不足，并向其他省份学习优秀的经验。

（一）数字经济与绿色低碳协同发展指标体系构建

《数字中国建设整体布局规划》提出，加快数字化绿色化协同转型，倡导绿色智慧生活方式。数字产业化和产业数字化是推动经济社会高质量发展的变革力量，正在重塑资源配置、能源消耗和环境治理的方式方法；数字创新则是数字经济和绿色低碳得以协同发展的动力源泉。因此，基于数字经济和绿色低碳协同的重要领域，以及数据可得性两方面，构建了数字产业化、产业数字化、数字创新和绿色低碳四个一级指标。其中，数字产业化包括集成电路产量年均增长率、软件和信息技术服务企业数、软件收入，反映了制造业、服务业两类典型的数字产业发展情况。产业数字化包括有电子商务企业数、网上零售总额增速、移动通信手机年增长率，反映了产业数字化转型程度。数字创新包括 R&D 经费支出占 GDP 比重、R&D 基础研究经费支出、规模以上电子及通信设备制造业有效发明专利

---

① 《2023 北京金融统计数据出炉，新增贷款首度突破 1 万亿元》，https：//www.bbtnews.com.cn/2024/0119/501771.shtml，2024 年 1 月 19 日。

数，反映了数字经济发展的经费投入总量和投入结构，以及成果转化的硬性指标。绿色低碳包括 SO_2 年均排放量、建成区绿化覆盖率、单位 GDP 碳排放、人均碳排放、节能环保一般公共预算支出占 GDP 比重，反映了减污、降碳、扩绿和政府治理效能。以上指标可以很好地反映出数字经济与绿色低碳协同发展效果。采用线性无量纲方法对数据进行标准化处理，数据来源于中经网。

表1 数字经济与绿色低碳协同发展指标体系

一级指标	二级指标	单位	正向或负向指标
数字产业化	集成电路产量年均增长率	%	正向
	软件和信息技术服务企业数	家	正向
	软件收入	万元	正向
产业数字化	有电子商务企业数	家	正向
	网上零售总额增速	%	正向
	移动通信手机年增长率	%	正向
数字创新	规模以上电子及通信设备制造业有效发明专利数	件	正向
	R&D 经费支出占 GDP 比重	%	正向
	R&D 基础研究经费支出	万元	正向
绿色低碳	SO_2 年均排放量	万吨	负向
	建成区绿化覆盖率	%	正向
	节能环保一般公共预算支出占 GDP 比重	%	正向
	单位 GDP 碳排放	吨/万元	负向
	人均碳排放	吨	负向

（二）北京与主要城市数字经济与绿色低碳协同评价

为了在可比较维度上进行评价，主要选取数字经济发展较为迅速的四个省份作为样本，分别是北京、上海、广东和浙江。2022 年北京数字经济与绿色低碳协同发展综合指数为 84.84，居首位，紧跟其后的广东为 84.77，浙江和上海分别为 71.20 和 69.12。北京在绿色低碳、数字创新和数字产业化方面具有优势，而在产业数字化方面比较薄弱（见表2）。

从具体指标来看，数字产业化方面，北京的软件和信息技术服务业一直是主导产业，因此在软件收入、软件和信息技术服务企业数上得分较高；集成电路产业也是北京的重点产业，集成电路年均生产率虽然在增加，但是体量较小，如2022年生产了217.91亿块，远低于广东的516.87亿块，甚至低于上海的287.70亿块。产业数字化方面，北京有电子商务企业数、网上零售额增速等指标得分低于广东和浙江，侧面反映出北京的线上服务还有较大的提升空间。数字创新方面，北京作为全球科技创新中心，科技投入非常大，不论是R&D经费支出或是直接用于R&D基础研究的资金都绝对领先于其他省份，但规模以上电子及通信设备制造业有效发明专利数低于广东，客观反映出北京在制造业高端化上的短板比较明显。绿色低碳方面，北京率先把数字技术应用于减量发展，在"绿色北京"建设中，减污降碳、留白增绿、环境治理等取得了明显成效，但人均碳排放仍稍高，在降碳的公平性方面还存在不足。

表2　2022年北京与主要省份数字经济与绿色低碳协同指数情况

省份	数字产业化	产业数字化	数字创新	绿色低碳	综合指数
北京	21.93	17.62	22.37	22.92	84.84
上海	15.75	16.24	18.17	18.97	69.12
广东	21.16	21.44	20.91	21.27	84.77
浙江	17.30	19.21	16.16	18.53	71.20

资料来源：笔者计算得出。

分析2015年、2020年、2022年四个省份分项指数动态变化的箱线图发现，北京数字产业化、数字创新和绿色低碳三个分项指数箱线图中的"箱子"长度最短，中位线较高，分数集聚性更好，说明虽然受到疫情影响，北京在数字产业化、数字创新和绿色低碳上的进步依然很稳定。

□ 数字产业化　■ 产业数字化　■ 数字创新　■ 绿色低碳

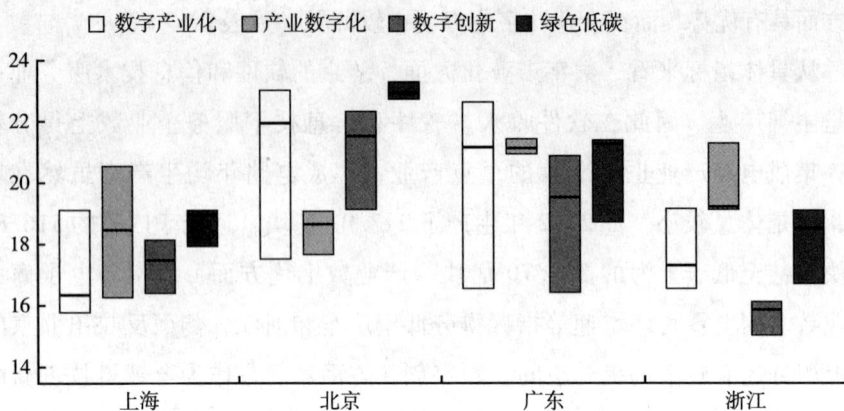

图1　四个省份分类指数对比

三　北京市数字经济与绿色低碳协同发展面临的主要挑战

经过对比，北京的产业数字化转型存在不足，背后的原因值得深究，一些问题是各省份面临的共性挑战，另一些是北京自己需要改进的，以下展开深入分析。

（一）产业数字化转型困难，间接对绿色低碳发展的带动作用不足

一是产业数字化转型投入资金有限。产业数字化转型需要强大的资金支持作为保障，且转型时长或者预期不明朗，企业转型信心不足。北京拥有京东方、北汽新能源、北京科锐、互联网巨头等数字化、绿色低碳化龙头企业，该类企业资金雄厚，可以采取"全面""豪赌"型数字化转型路径，但对于中小企业来说风险太大。工业和信息化部对北京4744家"专精特新"中小企业数字化转型测评结果显示，预计未来两年，数字化转型投资额低于100万元的企业占40.4%，100万~200万元的占20%，超过500万元的占比仅为15.9%。这仅属于"专精特新"企业的转型投资情况，对于一般中小

企业而言，则规模小、资产少、更偏好传统项目的改造，对于新型数字化转型投资十分审慎，面临的困难也更多。

二是场景应用难以规模化。数字经济赋能绿色低碳发展的成效与应用场景规模密切相关，规模越大，成效越能显现。如金凤科技、亿华通、北京环宇京城气体科技有限公司，这类新能源链主企业，能较好实现风能、氢能应用场景转化，但大部分中小企业的应用场景十分有限。据调研，普通企业的数字化转型方式为从购买通用型数字化软件或解决方案到自行开发平台再到购买细分领域的解决方案，转型方式比较简单，这对于传统服务业比较适用。而高碳、高污染行业一般属于制造业，制造业因工序复杂、产品生产底层逻辑不一，数字化转型难度和资金投入更大，转型需求已经从通用性阶段过渡到满足技术研发和产品开发等个性化阶段，且每一类制造业的运用场景又相对专业，转型速度较慢。

三是数字基础设施存在资源配置不合理现象。首先，数据基础设施涵盖数据中心、网络、运营服务等一整套复杂系统。数据中心和通信网络的能耗较大，如果未能配套绿色建筑标准、节能设备及可再生能源供电系统，将难以真正实现绿色低碳运行。全市空间有限且对能耗控制要求严格，部分数据中心过于集中在某些区域，加剧了电力紧张问题。部分大型数据中心采用了可再生能源或高效冷却技术，但全市仍然面临关闭、整合小型数据中心以防能源消耗过大问题。其次，北京数据基础制度先行区正式启动，鼓励在数字基础设施建设等方面重点发力，这有可能造成投资倾向于数据中心、通信基站等方面的建设，忽视软件开发、人才储备等方面的投入，从而因投资失衡而带来资源配置低效。最后，数据中心之间以及与用户终端之间的数据传输通道配置不合理，可能导致数据交换延迟、带宽瓶颈等问题，影响大数据、人工智能等相关业务的高效运行。

（二）数字技术赋能绿色低碳不足

一是绿色低碳环保等技术依然存在"卡脖子"问题。技术创新在绿色低碳转型中具有关键性作用，但我国在节能环保方面关键零部件、核心材料、工艺流程等的原创性、颠覆性创新相对较少，技术受制于人的局面没有改变。近年来，北京在低碳和生态环境保护方面取得了傲人的成绩，却依然面临雾霾、沙尘暴、能源消耗量大等一系列问题。能源方面，全市可以从周边地区大规模调入绿电以满足需求，但作为全球科技创新中心，应在核心技术上率先突破。例如氢能技术、二氧化碳捕集、封存和利用、新型电力系统等新技术体系构成，或是对现有煤电机组改造升级，或是环境监测、环境管理和环保督查等平台建设，无一不与数字技术紧密相连，需要协同攻坚。

二是谨防绿色数字鸿沟现象。绿色低碳是最普惠的民生福祉，但数字技术加快技术迭代的同时，也会带来新的技术壁垒，容易造成绿色数字鸿沟现象。区域层面，全市城乡在数字基础设施建设和使用上差异明显，截至 2020 年底，城镇地区的互联网普及率远高于农村地区。数字技术与生产生活的深入融合可能会加剧地区间的发展不平衡，例如政府运用数字技术积极推动农村电商、远程医疗等项目，但实际的覆盖面较为有限。产业层面，数字技术应用会加速催生新业态，也会加速部分产业数字化转型速度，而部分跟进速度慢的传统产业绿色转型的难度则更大。企业层面，不同企业接受新技术的能力不一，其通过数字渠道接受绿色、低碳理念和运用技术的能力有所差别，导致个体绿色公平的可得性方面存在差异。[①]

（三）碳价值核算、生态价值核算处于初级阶段，价值转换未能实现

一是碳价值核算不成熟，"碳数据"对标碳中和目标相距甚远。北京绿色交易所正全力打造成为统一的全国温室气体自愿减排交易市场，随着碳数据的迅速增多，现有的数据质量、交易标准、信息共享等与碳中和目标不匹配。事实上，碳数据的价值化是引导企业实施市场化减排行为的根

---

① 魏丽莉、侯宇琦：《数字经济赋能绿色发展：理论变革、内在逻辑与实现路径》，《陕西师范大学学报》（哲学社会科学版）2023 年第 3 期。

本，是高标准建设碳市场的关键，而让碳数据实现全链条、整个生命周期的价值转化，底层逻辑是需要数字化赋能。北京在推动碳数据高质量采集、构建确权体系、建立共享机制、推动碳数据要素深度应用等方面任重道远。

二是生态价值实现手段较为单一，应用场景不够丰富。浙江是践行"两山"理论最早、实践最为丰富的省份之一。全省建设了"天眼守望"综合智治平台，创新了"天眼（卫星遥感大数据）＋地眼（生态感知物联网）＋人眼（基层治理平台）""三位一体"生态数字治理模式，打通了生态产品价值核算（GEP）、考核和绿色补偿等场景，为"两山"转化奠定了基础。浙江安吉的"两山"银行更是生态资源可计价、可交易、能融资的典型案例，成功变现生态资源的同时重塑了人们的绿色认知。安吉采用卫星遥感、区块链等技术摸清了自然资源家底，以 GEP 核算为支撑，整合 15 个行业部门数据，形成了智慧管理一张网。同时，打通了生态资源的供给与需求端，供给端有完整的资源图谱，需求端在手机上就可完成资源交易，真正做到了绿色惠民。相对而言，北京的生态价值实现工作处于起步阶段，生态涵养区和平原区之间积极探索交换补偿机制等，但大部分仍然以财政补偿为主，而生态产品如平谷大桃、密云蜂蜜等 IP 产品虽然利用平台进行销售，但产业链不完善，规模较小，市场化机制仍处于起步阶段。

（四）产业数字化发展程度影响绿色低碳转型的速度

产业数字化以技术带动、产业升级、市场化机制等有效推动绿色低碳转型。从上述评估中也可以看出，广东、浙江等的产业数字化指数高于北京，很大原因也是资源禀赋差异造成的产业结构、市场化发展水平不同。

首先，产业结构调整存在困难。北京由于城市功能定位，疏解了大量低端和高能耗制造业，保留了服务业和高新技术产业，因此服务业的数字化转型相对较快，而制造业的数字化转型偏慢。而广东、浙江等的大量传统产业，特别是制造业数字化转型较快，且制造业的产业链条相对较长，这有助于通过发展数字经济快速实现产业链上下游绿色化改造。相比之下，北京在产业协同发展方面可能需要跨区域合作来补齐某些细分领域的产业链短板。

其次，绿色金融支撑企业绿色转型的作用不足。广东金融业发达，且背靠粤港澳大湾区，香港和澳门的资本市场更具优势，上海也是金融中心，这些地区的数字金融有相当大的发展潜力，也更为活跃，可以为绿色项目提供融资便利。相比而言，北京在绿色金融政策上的创新可能更多，但具体如何在实施中吸引社会资本投向绿色项目还需进一步摸索。

最后，市场成熟度没有南方省份高，技术转化应用场景不足，政策引导和落实力度有待提升。市场端，一方面，在数字经济背景下，生态产品环境外部性内生化的属性依然存在，由于市场化程度未达到要素充分流动的水平，绿色产品和服务定价机制不完善，很多绿色产品的市场价值很难充分体现，加之绿色技术和产品市场信息透明度不够，投资者担心投资回报率低、周期长，消费者购买意愿不强。另一方面，北京和沿海地区相比，同样具有众多高校和科研院所，北京可能在基础研发上的投入力度更大，而技术市场化应用的速度和转化效率低于沿海地区。政府端，一方面，数字经济与绿色产业融合发展的行业标准和技术规范欠完善，影响了很多绿色产品的市场准入，导致市场分割和资源浪费。另一方面，政策引导与激励不足，虽然制定了绿色补贴政策，但门槛较高，企业申请数量有限。北京绿交所已经正式启动了 CCER 项目，但企业需求的配额量与实际发放量的缺口巨大，对企业的激励不足。

四　主要政策建议

（一）加快推进以科技创新为引领的数字化、绿色低碳化产业体系建设

新质生产力本身就是绿色生产力，其核心要素是科技创新，要把科技创新成果应用于具体产业。[①] 北京的科技创新有先天优势，需要厚植新质生

---

① 《习近平在中共中央政治局第十一次集体学习时强调　加快发展新质生产力　扎实推进高质量发展》，https：//baijiahao.baidu.com/s? id = 1789665198906980661& wfr = spider&for = pc，2024 年 2 月 1 日。

产力的产业根基，促进数字经济和绿色实体经济深度融合，做强绿色制造业，发展绿色服务业，壮大绿色能源产业，发展绿色低碳产业，构建绿色低碳循环经济体系。一是充分开展央地合作，发挥在京央企、国企的链主作用，组建政、产、学、研创新联合体进行合作攻关，加快技术的转化应用。二是引导产业数字化转型，加速形成先进制造业集群。昌平、亦庄、大兴、房山等区均有先进制造业，也拥有一批"灯塔"企业。下一步，要帮助企业在数字化转型中降本增效，选择一批中小企业进行数智化、绿色化转型试点，探索一套可复制的中小企业转型方案。三是利用数字化助推产业类城市更新项目落地实施。根据各区特色，选择一批示范带动性强的产业类城市更新项目，如以数字化促进文化产业、金融业深度融合，增强产业的空间集聚效应，突出绿色导向，争取改造后的项目节能率达到15%以上。

（二）强化政府与市场多维度的协同

政府与市场要在多维度上进行深度协作，共建创新驱动、市场主导、法治保障的绿色低碳发展模式。一是制定数字经济与绿色发展双重导向的战略规划。全市数字经济和生态环境领域的政策规划均体现了"数绿"融合思想，但真正意义上的二者融合的市一级战略规划和政策鲜见，需要在顶层设计上搭好框架。实际中，城市副中心等的"数绿"融合都走在前列，各区需要深化政策落实，减小区域间差异。用好四只高精尖产业投资基金，特别是信息产业投资基金，持续推进技术研发与绿色创新生态建设。

二是强化市场机制与金融支持。抓住北京绿色交易所建设统一的全国温室气体自愿减排交易市场的契机，率先利用数字技术完善企业碳账户和绿色项目库体系，打造国家级绿色金融基础设施，创新绿色金融衍生品和服务。同时，在"一带一路"倡议提出十周年之际，积极促进"一带一路"绿色产业项目合作。

三是标准先行，强化监管。建立健全绿色数字产品的认证标准和技术规范，特别是细化智能电网运行规则、物联网设备能耗标准等，利用数字技术提升能耗、碳耗、水耗、污染物排放等监测精度，提高数据的透明度，提高对环境违法行为的发现和查处能力。

（三）以数字技术为媒介，加快绿色低碳技术创新

一方面，利用数字技术，解决企业信息不对称问题。通过构建产业链的创新技术平台，为上下游企业沟通提供方便，鼓励企业因地制宜开展创新，倡导技术共享，避免无效技术或重复技术研发。另一方面，以数字技术加快制造业的"双碳"工作。北京制造业的高端化、绿色化、智能化是未来发展的重要方向，要加快工业互联网建设，以便推动碳排放量监测和预测、企业碳资产管理；充分运用大数据和云计算，对产业碳足迹进行生命周期分析，精准制定低能耗与减排技术路线，弹性计算资源需求，降低工业数据中心能耗；加快人工智能技术应用场景探索，以数字孪生模拟能源结构转型，预测碳市场定价；积极推动区块链计算，方便工业碳数据上链存证，以便提高工业碳核查与监管协同效率。

（四）以数字经济为抓手，拓展碳价值、生态产品价值实现途径

一方面，建立"碳粒子沙盒"，将碳数据采集、存储、传输、处理等全套流程数智化，并针对碳数据生产加工服务主体、碳数据流通过程、碳数据流通应用规则开展碳足迹可信数字化审核及登记认证。确立碳数据的所有权、使用权、交易权，支撑"双碳"目标实现。

另一方面，在完善 GEP 核算和考评体系的基础上，构建基于数字化的生态优势转化路径，推动生态产品从有"价"到有"市"。运用区块链技术对产品进行溯源，提升生态产品的品牌影响力，推动产品认证标准体系建立健全。对于丰台花卉、平谷大桃、密云蜂蜜等地理标识农产品，可充分利用全市电商平台的优势，促进产品与消费市场的有效对接。对大运河文化旅游景区、南海子公园、延庆世葡园·冰雪大世界等文体融合类生态产品，可以利用数字技术盘活各种物质和非物质文化资源，提升观赏体验、服务体验，实现更大的经济和传播效益。

参考文献

《习近平在全国生态环境保护大会上强调 全面推进美丽中国建设 加快推进人与自然和谐共生的现代化》，https：//www. gov. cn/yaowen/liebiao/202307/content_ 6892793. htm? Type＝4，2023 年 7 月 18 日。

《2023 北京金融统计数据出炉,新增贷款首度突破 1 万亿元》,https：//www. bbtnews. com. cn/2024/0119/501771. shtml，2024 年 1 月 19 日。

魏丽莉、侯宇琦：《数字经济赋能绿色发展：理论变革、内在逻辑与实现路径》，《陕西师范大学学报》（哲学社会科学版）2023 年第 3 期。

《习近平在中共中央政治局第十一次集体学习时强调 加快发展新质生产力 扎实推进高质量发展》，https：//baijiahao. baidu. com/s? id ＝ 1789665198906980661& wfr ＝ spider&for＝pc，2024 年 2 月 1 日。

B.10

推动北京市数字基础设施提质升级
助力全球数字经济标杆城市建设[*]

李嘉美[**]

摘　要： 北京市正在加快建设全球数字经济标杆城市，数字基础设施作为数字经济高质量发展的重要基石，有利于推动传统产业转型升级，促进新旧动能转换，拓展数字经济发展的新空间。但北京市数字基础设施建设与经济社会发展需求还有差距，还存在核心技术仍受制于人、缺少统筹统一规划、区域分布不平衡等问题。要坚持科技创新掌握数字基础设施核心关键技术，推动统筹规划实现数字基础设施深度互通，科学统筹规划合理部署数字基础设施建设，促进产业升级实现数字经济高质量发展。

关键词： 数字基础设施　数字经济　北京

当前，北京市正在加快建设全球数字经济标杆城市，数字经济作为驱动社会经济高质量发展的重要引擎，离不开数字技术的不断创新与进步，离不开数字基础设施的建设和布局。数字基础设施作为数字经济发展和传统经济数字化转型的重要支撑，其支撑北京市数字经济发展的杠杆效益正在日益凸显。

---

[*] 本文系北京市社会科学院重点课题"数字经济引擎赋能北京'两区'建设中服务业扩大开放路径研究"（课题编号 KY2024B0215）的阶段性研究成果。

[**] 李嘉美，博士后，北京市社会科学院管理研究所研究员，研究方向：数字经济、公共管理。

一　数字基础设施对北京数字经济高质量发展的重要意义

数字基础设施是新时代区域经济发展的重要基石，作为区域经济高质量发展的重要内驱力，通过重构区域布局进而提升区域经济创新效能。

（一）数字基础设施是数字经济发展的重要基石

数字经济是以数字化的知识和信息为关键数据，通过数字技术实现数字生产要素流通，进而实现商品和服务的价值交换，成为推动发展模式变革和经济转型升级的重要引擎。2023 年北京市数字经济快速发展。2023 年全市数字经济增加值为 18766.7 亿元，同比增长 8.5%，占地区生产总值的比重为 42.9%，较上年提高 1.3 个百分点。

表 1　2019~2023 年北京市数字经济规模

单位：万亿元，%

指标	2019 年	2020 年	2021 年	2022 年	2023 年
增加值	1.28	1.44	1.6	1.73	1.88
同比增长	8.70	8.30	13.10	4.40	8.50
占 GDP 比重	38.00	40.30	40.40	41.60	42.90

资料来源：北京市统计局、国家统计局北京调查总队：《全市经济回升向好　高质量发展取得新进展——2023 年北京经济运行情况解读》，2024 年 1 月 19 日。

北京市的数字经济发展得益于数字基础设施建设。数字基础设施是指为支撑数字通信技术应用，建设或部署的数据处理、网络连接及云存储与云计算等，以及相关的数据输入、处理和输出能力。数字基础设施为数字经济发展提供底层的支撑，包括数字处理、网络连接、计算存储和安全保障等，对于数字经济发展而言至关重要。截至 2023 年 11 月底，北京市累计建设 5G

基站 10.6 万个，每万人拥有 5G 基站数 48 个，居全国第一。千兆用户数累计达到 221.7 万户，比上年末增加 87.3 万户。①

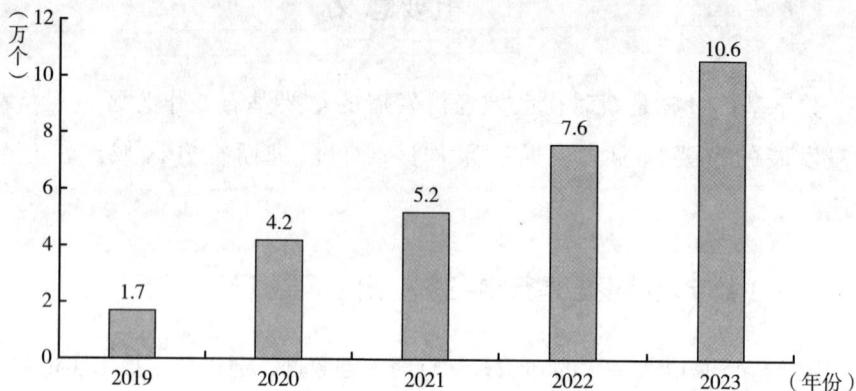

图 1 2019~2023 年北京市 5G 基站建设情况

数字基础设施不断完善，有力地推动了北京数字共享和交换，数字经济产业规模持续壮大，数字政务水平不断提升，数字经济生态日益完善。北京数字经济安全领域正在不断实现自主可控，数字基础设施建设为数字经济高质量发展奠定了坚实的硬件基础。

（二）数字基础设施赋能传统产业转型升级重要条件

北京的传统产业发展依靠人力、资金的投入，数据与信息在传统经济发展模式中往往被忽视，很难掌握企业的数字化发展关键信息，不能将数据作为资源要素融入生产、运输与销售等环节。这也造成在数字经济时代，传统企业发展面临着利润收缩、商业模式单一、市场意识不强、核心竞争力减弱等困境。而在数字经济背景下，数据是重要的生产要素，与资本、劳动力和土地等传统资源相比，甚至更为重要。传统产业的数字化转型升级离不开数字技术的支撑，数字基础设施建设为产业要素的交换和流

---

① 北京市统计局、国家统计局北京调查总队：《北京建设全球数字经济标杆城市取得积极成效》，2024 年 1 月 23 日。

通提供了便利，为企业优化生产环节、提高生产效率提供了有利的环境，促进了传统产业在生产理念、商业模式、研发模式等方面全方位的变革。北京的数字基础设施具有一定的兼容性和可塑性，为传统经济的转型升级提供了良好的载体支持，促进了传统产业管理模式和运行模式的重构。2023 年，北京市经开区大力推动网联云控式高级别自动驾驶示范区建设，构建无人零售、无人配送等八大类应用场景，通明湖信创园聚集了全国超9 成、近 270 家信息技术头部企业。

（三）数字基础设施促进新旧动能转化催生新经济增长点

北京数字基础设施建设推动新一代互联网技术、大数据、人工智能等技术的应用，对北京新兴产业的发展产生了重要的促进作用。推动经济发展模式由资本、劳动力要素驱动向由知识与信息驱动转变，为新兴经济发展和创新提供了广阔的空间。数字经济发展借助数字基础设施实现了对大数据的识别、筛选、存储与应用，实现了数据资源的优化组合和再利用，是信息经济、知识经济和智慧经济的核心要素，成为工业4.0 时代的工业经济本质特征。在数字技术应用层面，北京市通过建设布局新一代互联网、工业互联网、算力中心等新型技术设施，推动大数据、云计算、人工智能等新兴技术的试验、应用和推广，从而引发了商业模式的变革。2023 年 1～11 月，北京市海淀区规模以上数字经济核心产业收入约 2.4 万亿元。在人工智能、集成电路、基础软件与网络安全、未来产业等领域持续发力，50 家企业入选 "2023 年北京数字经济百强"榜单。[①] 数字基础设施建设推动了数字技术的应用和数字产品的发展，大数据等技术的发展催生了金融科技、智慧城市，5G、人工智能与汽车产业相结合，推动了车联网、智能驾驶等产业发展，成为推动区域经济高质量发展的新的增长极。

---

① 陈雪柠：《2023 年北京市数字经济比重升至 42.9%》，《北京日报》2024 年 1 月 25 日。

（四）数字基础设施建设乘数效应为数字经济发展创造更多空间

数字基础设施与传统基础设施的区别在于：传统基础设施建设的直接经济效益主要体现为投资规模的扩大；而数字基础设施建设主要依靠数字技术迭代与升级。北京市在数字基础设施领域的投资，不仅直接拉动了投资，而且投资回报还反哺数字技术创新。同时，通过数字基础设施升级，带动产业数字化转型，促进新型智能产业发展，催生新业态。这样，数字基础设施对比传统基础设施可以形成更大的投资溢出效应。"十四五"时期，北京市将大力建设 5G 网络、千兆固网、工业互联网、大数据平台等基础设施，信息通信基础设施的投资规模预计达到 175 亿元，比 2020 年增长 38.3%。① 数字基础设施建设作为科技创新的驱动力，可以有力提升经济发展的质量和韧性。北京数字基础设施建设能力的提升为区域经济发展和创新能力提升奠定了硬件基础。按照内生增长理论，数据是科技创新的重要源泉和要素，要素投入与知识溢出是推动科技创新的核心支撑。数字基础设施建设可实现数据在更广领域的传输与共享，有效打破信息交流的时空制约，促使新知识、新技术产生效益。数字基础设施建设通过改变信息与知识的传输时效，推动科技创新发展，进而开辟新的产业领域。

二　北京市数字基础设施建设中存在的问题

北京市近年来数字基础设施建设取得显著成效，有效推动了数字经济等新业态的发展，对促进经济从高速发展转向高质量发展发挥了重要的作用，但当前数字基础设施建设与经济社会发展需求还有差距，存在以下一些问题。

---

① 赵鹏：《北京"十四五"通信行业规划发布　大力建设新型数字基础设施　到 2025 年将开通 5G 基站 6.3 万个》，《北京日报》2021 年 8 月 2 日。

（一）北京数字基础设施领域的部分核心技术还受制于人

数字基础设施建设与数字科技创新息息相关，近年来我国在数字科技创新方面取得了一系列显著成效，5G、人工智能、量子计算等领域的科技创新成果不断涌现。但北京数字技术关键基础领域的自主创新能力比较薄弱，研发投入占比较低。核心元器件、高端芯片、基础软件、数据处理分析等领域的核心技术知识产权较少，相关产品还要依赖于进口。高端数字科技人才、领军人才、工程师等结构性失衡问题严重，制约了在科技创新领域的突破。

（二）北京数字基础设施建设缺乏统一规划

新一代数字基础设施不是孤立存在的，只有实现全市相关行业、相关领域的互联互通、互相渗透、融合发展，数字基础设施才能发挥出更大的作用，比如工业互联网平台在技术层面需要5G技术的支撑、人工智能的加持，并整合研发、生产、销售等全生命周期的数据。目前，北京市的数字基础设施建设缺乏统一规则，数字基础设施还没有实现互联互通，还没有充分挖掘和发挥我国超大规模市场产生的海量数据的价值。

（三）北京数字基础设施建设还存在区域分布不平衡的问题

北京市作为我国数字经济发达地区，数字基础设施建设布局较早，但放眼首都都市圈建设和京津冀协同发展来看，在数字基础设施建设上各地存在较大的差距，数字基础设施发展不均衡问题仍然比较突出，北京市作为科技创新中心，新一代宽带网络、大数据算力中心等核心数字基础设施布局多、配备优、普及覆盖面积广，能够有效支撑起区域数字经济发展，但离北京较远的相关城市，在高速网络带宽、大数据的应用处理等方面设施覆盖不足、应用不够，无法有效带动实体经济发展，推动数字经济与实体经济融合发展。

三　加快北京数字基础设施建设
推动数字经济高质量发展路径

数字基础设施建设对于推动我国产业结构升级和数字经济发展具有十分重要的作用，要针对北京数字基础设施建设中的短板，采取切实有力的措施推动数字基础设施建设，使其成为推动北京经济高质量发展的"倍增器"。

（一）坚持科技创新，掌握数字基础设施核心关键技术

数字技术作为数字科技的重要基石，是数字基础设施建设中的技术根基。近年来，北京市数字技术发展取得显著成效，包括5G、人工智能、大数据等一系列数字科技成果的广泛应用。但数字技术创新中的关键核心技术受制于人的问题还没有彻底解决。特别是数字基础设施建设中的核心关键技术更要解决"卡脖子"问题。要落实北京市国际科技创新中心建设条例，加大对基础科学研究的支持力度，持续加强数字基础设施底层核心技术攻关。统筹推进新型研发机构高质量发展，实施数字基础设施关键核心技术攻坚战行动，聚焦数字技术产业链上的卡点，创新重大项目攻坚研发模式，强化顶层设计与部门分工合作，强调政府参与和市场主导协同发力，服务和支持国家实验室以及新型研发机构建设，以更加市场化的机制，集聚人才，整合资源，培育更加多元的战略科技力量，特别是针对关键核心技术投入大、知识复杂、商业生态依赖性强的特点，协同不同学科背景的技术力量深入参与，推动政府、上下游企业、科研机构等不同主体共同发力，各个击破攻克一系列核心技术难题。加快底层技术突破步伐，坚持市场化，推动科技创新成果转化，结合我国数字基础设施建设，围绕产业链部署创新链，将关键技术突破与规模商用和产业生态构建有机结合。打通产学研创新链、产业链、价值链，实现科技攻关、技术突破和产业转化一体突破。聚焦国际源头技术供给，在力争技术突破的同时要实现国际前沿技术研发赶超。推动北京全球首款96核区块链专用加速芯片、长寿命超导量子比特芯片等科技创新成果

实用化，聚焦类脑芯片、物联网、生物计算等领域储备底层技术。善于引进、培养一批扎根北京的数字科技创新领军人才，通过多方发力，强化科技创新治理和体系化建设，培养高素质的创新人才队伍，为北京数字核心技术突破奠定人才基础。

（二）推动统筹规划，实现数字基础设施深度互通

任何数字基础设施不是孤立的，而是互相连接、互为支撑的，北京市要从推动"两区"建设、建设全球数字经济标杆城市等视角，立足长远谋划数字经济基础设施互联互通。要以北京建设智慧城市规划为引领，将一张图、一张网和感知城市等与数字基础设施建设统筹谋划、统筹部署、统筹推进。充分发挥北京市科技创新中心的作用，将数字基础设施建设与科技创新、前瞻性科研布局贯通起来。要打通数字基础设施大动脉，根据当前数字科技发展趋势，加快布局建设新一代网络基础设施和算力基础设施。比如在网络建设方面，推动千兆光网、IPv6 的规模化部署和应用，布局工业互联网、车联网、移动物联网，基于人工智能、区块链、云计算等新一代信息技术连接各类数字平台和关键节点。在算力基础设施建设方面，加强对数据中心、超算中心、边缘数据中心等布局，并与传统基础设施有机融合，推动传统基础设施的数字化、网络化转型，全面提升基础设施建设水平。要加快建立数据管理体制机制，健全各层级、各领域数据统筹管理机制。要提高数字治理能力，提升各部门、各行业的数字信息化管理水平，打破数据间行业壁垒，推动数据共享，实现公共数据资源互联互通，破解不同部门之间的"数据孤岛"问题，加快推动公共数据的共享开放和高效利用。依托北京国际大数据交易所平台，加快建立数据产权制度，开展数据资产评估计价等，进一步完善商业数据产权制度和信息保密制度，在保证个人隐私安全的前提下推动商业数据的合理使用，释放商业数据的潜在价值，以此推进京津冀数据互联互通和京港澳数据协同合作，研究数据要素资产安全交易的技术与监管规则，探索跨国数据安全交易，包括"数字海关"的核心技术与规则。

（三）科学统筹规划，合理部署数字基础设施建设

北京市数字基础设施建设关系未来经济发展的潜能和动力。在数字基础设施建设中，一方面要着眼于区域当前经济发展需求，另一方面也要着眼于未来数字经济发展需要，进行超前谋划部署，积极布局数字经济关键赛道，以数字化方式驱动产业发展。要大力发展千兆固网，实现用户网络接入达到百兆、家庭加入超过千兆、企业商用达到万兆的网络能力。加强北京5G基站、AI智能训练平台建设，推动大数据、大算力等技术发展。有效依托国家"东数西算"工程，改变现有行政条块分隔局面，强化跨地区统筹协调，推动算力指标统筹调度协同，有效满足北京市数字经济发展中的算力需求，实现推动不同地区之间数字基础设施协调发展、数据资源共享。同时，启动高级别自动驾驶示范区建设4.0，在机场、高铁站、城市道路清扫等重点场景有序推广自动驾驶应用。加快无人驾驶领域的基础设施建设，在道路规划建设阶段预留条件，建设能够支持自动驾驶的车路协同信息化系统，满足未来无人驾驶技术的落地需求。推动数字技术赋能传统基础设施。围绕北京建设智慧城市目标，全面推动基础设施数字化，提升感知运行、安全监管和决策等全周期的智慧服务能力。要充分整合各类专网资源，推动建设智慧城市专网，争取在机场等重要的枢纽实现一屏统管。要加强智慧交通执法，开展交通管理非现场执法。构建智慧水务基础系统，加快建设水务感知平台、大数据中心，实现水务业务流程数字化。推进公园智慧管理，实现游客量实时汇聚、分析研判、分流调度、智慧预警。鼓励社会资本参与首都都市圈大规模数字基础设施建设，优化新一代高速互联网等基础设施布局，增强北京数字经济发展对都市圈的辐射作用。

（四）促进产业升级，实现数字经济高质量发展

北京市要充分发挥数字基础设施建设为区域经济发展带来的红利，把握数字化、网络化、智能化方向，加快推进制造业数字化转型，着力打造数字驱动创新创业生态环境，不断推进数字技术与实体经济深度融合发展。结合

区域发展实际布局工业互联网平台、数据交易中心、数据银行等，助力传统产业转型升级。推动工业互联网平台建设，打造具有自主知识产权的行业级工业互联网服务平台，赋能供应链数字化升级。推动企业智能制造升级，打造智能制造标杆示范。支持智慧物流发展，实现智能仓 5G 全流程全连接改造。因地制宜发展数字普惠金融，强化金融对科技创新、数字经济的支持作用，通过数字体系建设完善金融监管体系，促进政策端与需求端便捷对接，以数字应用场景为驱动，提升数字金融发展的普惠性，为数字经济高质量发展赋能。要加强数字经济人才培养，通过政策激励鼓励专业院校、社会机构加强数字经济人才队伍建设，通过联合多层次多领域创新主体，形成联合建设数字人才的平台体系。依托于数字基础设施建设推动传统产业转型升级，实现数字基础设施与本地区产业对接，充分利用数字分析、云计算等技术赋能传统产业，使生产运营更高效，把工业流水线变为定制化生产线、个性化生产线，将传统工厂改造为数字化工厂、网络化工厂，实现降本增效，提升产品竞争力。加快培育数字经济新业态新模式，推动面向工业、农业、交通、物流等领域的平台产业生态建设，联动上下游产业链转型，发展"虚拟"产业园区和产业集群，发展基于新技术的无人经济，推动智慧工厂、智慧农业、智能驾驶、无人配送等的发展。加快布局前沿技术，积极引导企业谋划布局元宇宙、量子科技等前沿产业，推动数字经济迭代升级，并成为推动北京经济高质量发展的重要驱动力。

参考文献

黎赔肆、李益、彭芬：《数字基础设施、技术创新与城市创业质量》，《中国商论》2023 年第 24 期。

柳毅、赵轩、毛峰：《数字经济驱动共同富裕的发展动力与空间溢出效应研究——基于长三角面板数据和空间杜宾模型》，《中国软科学》2023 年第 4 期。

钞小静、薛志欣：《新型信息基础设施对中国企业升级的影响》，《当代财经》2022 年第 1 期。

陈雪柠：《2023 年北京市数字经济比重升至 42.9%》，《北京日报》2024 年 1 月 25 日。

李秀敏、陈铭茵、张艺：《新型数字基础设施、空间溢出与经济增长》，《技术经济》2023 年第 11 期。

赵鹏：《北京"十四五"通信行业规划发布 大力建设新型数字基础设施 到 2025 年将开通 5G 基站 6.3 万个》，《北京日报》2021 年 8 月 2 日。

喻楠、吕拉昌：《数字基础设施对城市技术创新的影响——基于我国 287 个地级及以上城市的实证分析》，《科技与经济》2023 年第 4 期。

尹西明、陈劲、林镇阳等：《数字基础设施赋能区域创新发展的过程机制研究——基于城市数据湖的案例研究》，《科学学与科学技术管理》2022 年第 9 期。

姚璐、王书华、王小腾：《数字赋能中国经济绿色转型研究——基于"宽带中国"试点政策的准自然实验》，《中南财经政法大学学报》2023 年第 2 期。

任保平、何厚聪：《数字经济赋能高质量发展：理论逻辑、路径选择与政策取向》，《财经科学》2022 年第 4 期。

产业发展篇

B.11
北京推进高精尖产业体系发展的
重点问题与对策建议

张　杰*

摘　要：　本文以促进高端制造业增加值占 GDP 比重提升为切入点，研究和分析当前北京推进高精尖产业发展中的突出问题与具体对策。要高度认识当前北京促进高端制造业增加值占 GDP 比重提升的重要性，深入分析存在的困难。为此，构建北京特色高精尖产业体系的重要突破口，包括：一是促进北京高端制造业增加值占 GDP 比重提升的举措；二是北京优先发展全球"硬科技"中心和加快布局相关产业链供应链创新链的对策。

关键词：　高精尖产业体系　高端制造业　北京

---

* 张杰，博士，中国人民大学首都发展与战略研究院教授，博士生导师，研究方向：中国创新经济学的理论与政策领域等。

一 正确认识提升高端制造业增加值比重的重要性

（一）高度认识当前北京促进高端制造业增加值占 GDP 比重提升的重要性

第一，是 2020~2035 年北京能否实现 GDP 翻一番目标的关键手段。从党的十九大到党的二十大，是中国"两个一百年"奋斗目标的历史交汇期。党的十九大明确指出，2021~2035 年，在全面建成小康社会的基础上，再奋斗 15 年，基本实现社会主义现代化。这个基本实现社会主义现代化的发展目标，落实到经济高质量发展层面，就是 2021~2035 年中国 GDP 必须再实现翻一番的目标，2035 年中国的人均 GDP 达到 2 万美元以上。将此目标任务落实到首都北京层面，就是在既有法定人口规模红线约束下，2035 年北京 GDP 要达到 8 万~9 万亿元，人均 GDP 和居民人均可支配收入分别要达到 33 万元和 14 万元左右，才能深刻体现伟大社会主义国家的首都的新时代发展要义。

然而，要实现这个发展目标，值得注意的是北京既有制造业占比较低的产业结构特征很有可能难以支撑其 GDP 翻番目标。2019 年北京 GDP 为 35371.3 亿元，产业结构为 0.3∶16.2∶83.5。仅金融业，信息传输、软件和信息技术服务业，科学研究和技术服务业这三大服务业增加值就占 GDP 的 42% 以上，而 2019 年北京制造业增加值占 GDP 比重仅为 11% 左右。对比来看，2019 年美国制造业占 GDP 比重约为 11.4%，而上海制造业占 GDP 比重约为 23.25%，其中，战略性新兴工业增加值占 GDP 比重达到 7.10%，上海基本实现了在"十三五"期末制造业增加值占 GDP 的 25% 的既定目标。2023 年北京 GDP 为 43760.7 亿元，产业结构为 0.24∶14.91∶84.85。与 2019 年的产业结构对比，可以发现 2019~2023 年北京的制造业增加值占 GDP 比重非但没有上升，相反出现了小幅下滑现象。与此同时，第三产业增加值占 GDP 比重持续上升。因此，无论是与发达国家或是国内城市相比，北京高端制造业增加值占 GDP 比重都相对偏低。

第二，是决定北京能否在中央部署的"双循环"新发展格局中发挥核心作用的必然途径。2023 年北京数字经济占 GDP 比重达到 42.9%，居全国首位，但是并不意味着以金融业，信息传输、软件和信息技术服务业，科学研究和技术服务业等为主导的数字经济，可以支撑北京在"双循环"新发展格局中的核心地位。一方面，当前制约产业基础能力和产业链现代化水平提升的仍然是"卡脖子"关键核心技术创新难以取得重大突破的问题，主要表现在"硬科技"自主能力培育和提升方面，而非仅仅体现在以数字经济为主的"软科技"自主能力方面。因此，北京要在"双循环"新发展格局下发挥核心作用，就必须在制约形成自主可控、自立自强的国内产业链循环体系方面的"卡脖子"关键核心技术创新上率先取得突破。另一方面，"卡脖子"关键核心技术创新中的"硬科技"的全面自主突破，可以释放出巨量的具有全球领先优势的高端制造业发展机会，可为北京发展高端制造业提供独一无二的战略机会。这些在关键生产装备、关键零配件、关键材料等领域衍生出来的高端制造业发展机会，有利于北京成为将维护当前和未来重点高科技产业和战略性新兴产业体系中产业链、产品链的发展安全权牢牢掌握在中国自己手中的捍卫者，成为主动利用创新链和产业链相互融合发展来推动国内产业链大循环体系形成的核心推动者，也可以使得北京在掌握了"卡脖子"关键核心技术创新中的"硬科技"领域的关键生产装备、关键零配件、关键材料等的创新研发和生产制造能力之后，推动形成国内国际双循环体系，使得北京成为全球关键生产装备、关键零配件、关键材料等高端产品的出口基地，成为推进 RECP 和"一带一路"产业链体系国际合作的策源地。

第三，是决定北京能否强化有全球影响力的科技创新中心战略定位的关键布局。当前，我国打造的三个有全球影响力的科技创新中心分别是北京、上海和粤港澳大湾区。依据对这三个区域各自优势和劣势的综合分析结果，令人担心的是，北京在诸多关键发展指标上落后于上海和粤港澳大湾区。一方面，与上海相比，北京在科研机构和高等院校数量和质量上具有优势，但是 2020 年上海的 GDP 和居民人均可支配收入超过北京。另一方面，与粤港澳大湾区相比，北京在科研机构和高等院校数量和质量上具有优势，但是在市场经济制度活力、创新创业活力、创新成果产业转化能力、民营企业和外资企业数量、完整的产业链制造体系、区域 GDP 等方面，北京不具有优势。在"十四五"期间，北京应当高度重视高科技产业和战略性新兴产业领域的高端制造业发展的重要性，不然会错失重大发展战略机会，弱化经济内生型增长动力。要注重基本科学规律，没有高端制造业体系的支撑，一个区域的基础研究、应用基础研究等的综合优势也会不可避免地随着全球科技创新竞争的日益激烈而出现逐步弱化的现象。

第四，是决定北京能否在实施减量发展和京津冀协同发展重大战略中取得实际成效的重要检验手段。北京实施以减量发展为主要牵引力的独特发展模式，根本目的是更好地落实中央赋予首都的创新引领发展和有首都特色的高质量发展任务。并且，北京还承担着引领和推动京津冀协同发展的重大战略任务。从近期北京的宏观经济形势以及京津冀三地的宏观经济形势来看，短期内北京既有经济结构和产业结构中的一系列短板问题显现，而京津冀在最为关键的区域产业链协同发展方面也亟须加强，否则将成为京津冀区域实现"抱团式"经济高质量发展的最大短板。北京实施减量发展，不是要排斥制造业，而是要构建符合首都发展定位的高精尖产业体系，在适宜区域发展与首都发展定位相匹配、相适宜的高精尖制造业体系。

更为重要的是，基于近期对京津冀协同发展战略落实情况的多次实地调研和深入思考，当前，在"双循环"新发展格局的指引下，京津冀协同发展的关键仍然在于构建以制造业为主的产业链供应链创新链的区域性协同体系。实际上，京津冀近年来经济增长动力减弱的主要原因是三地制造业发展能力不足。因此，要破解京津冀三地协同发展动力能力不足问题，就必须抓住高端制造业发展不足这个"牛鼻子"问题。京津冀三地必须构建高端制造业协同发展体系，并且，围绕北京南部区域以及 50 公里半径内的天津和河北的邻近区域布局，打造组团发展高端制造业的"京津冀产业发展带"。

（二）如何认识促进北京高端制造业增加值占 GDP 比重提升面临的突出困难与实施途径

第一，如何确定今后一段时期内北京高端制造业增加值占 GDP 比重目标。上海早在 2016 年就开始认识到高端制造业发展能力不足和缺位对经济可持续增长会造成的阻碍作用。因此，2016 年上海出台了《上海市制造业转型升级"十三五"规划》，提出到"十三五"期末，即 2020 年上海高端制造业增加值占 GDP 比重达到 25%，与制造业紧密相关的生产性服务业增加值占 GDP 比重达到 35%，工业园区单位土地产值（已供应工业用地）达到 75 亿元/公里^2。即便受到全球新冠疫情冲击，上海也已接近完成了高端制造业增加值占 GDP 的比重为 25% 的既定目标，而且，高端制造业在新冠疫情巨大冲击下表现出全面领先的恢复能力。事实上，在"十三五"期间，上海高端制造业增加值占 GDP 比重提高将近 5 个百分点，基于上海市的发展经验，因此，"十四五"期间北京高端制造业增加值占 GDP 比重提高 5 个百分点也是完全合理的目标。可以考虑提出到 2035 年末北京高端制造业增加值占 GDP 的比重稳定在 20% 左右的目标。

第二，如何抓高精尖制造业重大项目。当前，北京最为困扰的问题是，如何吸引高科技产业和战略性新兴产业中的高端制造业项目。要在"十四五"期末将北京制造业增加值占 GDP 比重提升到 15%，意味着制造业部门相较于 2020 年，2025 年要额外创造 4000 亿元左右的增加值。当然，在"十四五"期间，制造业增加值占 GDP 比重每年提升 1 个百分点，意味着每年制造业部门创造 1000 亿元左右的增加值。这似乎带来了巨大的压力和挑战。然而，通过科学认识高科技产业和战略性新兴产业中制造业部门的发展特征，就会有足够的发展信心。高科技产业和战略性新兴产业中制造业部门对 GDP 的贡献来源于三个方面：一是前期巨额固定资产投资；二是生产产品的附加值；三是企业持续研发投入。比如，京东方（BOE）2018 年在武汉投资的 10.5 代线项目，总投资额高达 460 亿元人民币。此后该项目进入产品生产阶段所释放的工业产品增加值也高达每年 100 亿元以上。因此，从这个典型案例来看，在"十四五"期间通过招商引资这样的制造业项目，就完全可以实现到2025年末制造业增加值占GDP比重提高到15%的目标。如果考虑到这些高端制造业项目带来的配套项目，提升制造业增加值比重的任务更易实现。

第三，如何抓高精尖制造业项目的区域布局。对北京各区域发展定位和发展条件的分析表明，北京各区经济发展水平和GDP处于不同层次，海淀、朝阳和西城这三个区的经济规模类似于地级城市地区。2019年，三者的GDP大体排地级城市地区的第25位至第45位。但是，大兴区（剔除北京经济开发区，2019年907.6亿元）、顺义（1992.9亿元）、丰台区（1829.6亿元）、昌平区（1071.8亿元）、通州区（1059.2）这几个地区的经济体量总体上处于县级或县级市的水平，2019年五者的GDP大体排百强县的第20位至第60位。在北京中心城区设定为国家政务区的前提下，高端制造业的分布区域只能是两大产业带，即海淀—昌平的北部产业带、大兴—丰台—顺义—通州的南部产业带。而海淀—昌平的北部产业带集聚了全国领先的信息和数字产业企业，因此，高端制造业只能布局在大兴—丰台—顺义—通州的南部产业带。这会带来多个好处，一是与国家政务区距离较远，不会产生任何"大城市病"式的干扰效应。而且，北京南部区域的产业发展，有利于人口向南部区域的分散和迁移，本质上有利于缓解北京三环内各种要素资源压力。二是这四个区与天津、河北接壤或邻近，有利于构建"京津冀产业发展带"，而且可以缓解北京土地和人口红线压力。三是这四个区的产业园区工业用地资源相对充足，完全可以承载未来的高端制造业项目。

第四，如何抓发展高端制造业迫切需要的成本降低型营商环境。实地调研发现，北京在吸引高端制造业项目方面的优势整体弱于上海、深圳、南京、武汉等地，主要原因在于：一是工业用地成本相对较高；二是技术工人、工程师和研发人员的住房成本较高；三是产业链的配套能力不足，高端制造业协同发展能力不足；四是部分工业园区的基础配套设施严重不足。因此，对于大兴—丰台—顺义—通州主导的南部产业带"京津冀产业发展带"而言，今后一段时期内推进这些地区培育与高端制造业发展相匹配的营商环境、降低发展高端制造业的综合成本，是改革的突破口。需要注意的是，北京的营商环境排全国前列，但是既不意味着北京的局部区域营商环境也是全国甚至全球一流的。值得重视的是，北京营商环境的领先优势主要体现在激发创新方面，而不是体现在高端制造业发展方面。因此，应有差别地设计北京不同区域营商环境优势的差异性，既要在城六区优化创新导向的营商环境，也要在大兴—丰台—顺义—通州主导的南部产业带培育有利于高端制造业发展的营商环境，创新导向的营商环境和发展高端制造业导向的营商环境存在显著差异。

二 构建北京特色高精尖产业体系的重要突破口与具体举措

（一）促进北京高端制造业增加值占 GDP 比重提升的具体政策举措

第一，北京提升高端制造业增加值占 GDP 比重的"两步走"战略。针对北京的现实发展条件以及 2035 年远景发展任务，特别是在国家"十四五"规划纲要中"保持制造业比重基本稳定，巩固壮大实体经济根基"基本原则指引下，可以考虑将提升北京高端制造业增加值占比的任务分解到两个阶段：第一阶段是 2021~2025 年的"十四五"期间，将北京高端制造业增加值占 GDP 比重提高到 15% 左右；第二阶段是到 2035 年末，将北京高端制造业增加值占 GDP 比重提高并稳定在 20% 左右。这既有利于保持北京在基础研究、应用基础研究、原始创新和关键核心技术创新方面的领先优势，也可以增强北京经济高质量发展的内生型增长动力，增强北京应对未来各种突发事件的能力，更可以为北京未来的税收税源开拓提供坚强的后盾。

第二，明确适合北京的高端制造业关键产业链发展方向。充分考虑到北京的核心竞争优势所在，结合北京发展环境和要素禀赋的限制，今后北京的高精尖制造业发展方向应该优先定位于五代和六代新一代信息技术、量子信息技术发展所需的集成电路全产业链，以及新能源、新材料汇集的新能源汽车全产业链，整合基础研究、应用基础研究和工程化研究等方面的力量，针对"卡脖子"关键核心技术创新领域的"硬科技"和"软科技"，全面构筑全球领先优势，打造从基础研究到产业化的全创新链、全产业链一体化体系。

第三，明确将加快打造"大兴—丰台—顺义—通州的南部产业带"及其以京津科创走廊和京雄科创走廊为主的"京津冀产业协同发展带"，作为京津冀区域一体化发展中的世界级先进制造集群、战略性新兴产业融合集群和未来产业集群的核心载体。一方面，在"十四五"期间，高度重视并推进"大兴—丰台—顺义—通州"的南部产业带建设，将其定位为北京发展世界级先进制造集群、战略性新兴产业融合集群和未来产业集群的高精尖制造业产业链主阵地，而将"海淀—昌平"的北部产业带定位为发展新一代信息技术、数字经济、数字贸易的主阵地，从而从产业链、世界级先进制造业集群的角度定位两大产业带发展方向，形成各有差异、相互支撑的全产业链体系。另一方面，主动利用"大兴—丰台—顺义—通州"的南部产业带来推动"京津冀产业发展带"发展，将之作为"十四五"期间推进京津冀协同发展的抓手。在"大兴—丰台—顺义—通州"的南部产业带周边邻近50公里的天津和河北地区，构建为高端制造业体系配套服务的协同发展经济区，将之设定为就业人员生活居住的承载地，以及一般制造业配套基地。

（二）首都北京优先发展全球"硬科技"中心和加快布局相关产业链供应链创新链的实施对策

第一，必须将优先发展全球"硬科技"中心和加快构建相关产业链体系，作为北京"十四五"时期的重大战略目标。

科学认识北京发展全球"硬科技"中心和有全球影响力科技创新中心之间的相互融合关系，二者是相互衔接、支撑的关系。优先发展全球"硬科技"中心，是现阶段北京打造有全球影响力的科技创新中心的首要任务，为建设有全球影响力的科技创新中心奠定坚实的基础。

科学认识北京优先发展全球"硬科技"中心和加快布局与"硬科技"

相关的创新链、供应链和产业链体系之间的相互支撑、相互融合的不可割裂关系。"硬科技"不仅是关键核心技术创新和颠覆性技术创新领域的"金字塔"塔尖部分，更可以直接释放巨量的战略性新兴产业、高端生产装备制造业、高端制造业和高端生产服务业方面的发展机会。

第二，基础研究是北京优先发展"硬科技"及其加快布局相关产业链的核心优势，是决定首都北京优先发展全球"硬科技"中心的基础条件。北京需要前瞻性地制定将基础研究经费占 R&D 经费支出额的比重提升至 30% 以上、占全国基础研究经费的比重提升到 50% 以上的发展目标，特别是要全面加大财政资金对原始创新、基础研究、关键核心技术创新、颠覆性技术创新和关键共性技术创新的支持力度。

尽快制定北京促进基础研究能力持续提升的"三步走"战略：第一步到 2025 年，基础研究经费由 2018 年的 277.8 亿元增加到 2025 年的 600 亿元左右，占北京 R&D 经费支出额的比重增长到 20%，占全国基础研究经费的比重超过 40%；第二步到 2030 年，基础研究经费达到 1000 亿元左右，占北京 R&D 经费支出额的比重增长到 25%，占全国基础研究经费的比重超过 45%；第三步到 2035 年，基础研究经费达到 1400 亿元左右，占首都北京 R&D 经费支出额的比重增长到 30% 以上，占全国基础研究经费的比重超过 50%。

第三，特别是要全面巩固企业在基础研究领域的主体地位，鼓励企业作为主体承担单位或与专业科研机构联合申请国家重大科技计划项目、国家重点实验室、国家自然基金委项目等，通过这些项目的实施来激活国家实验室、国家重点实验室、国家工程研究中心、工业技术研究基地等。要优先构建与科学研究和科技前沿自由探索体制相匹配的科技管理治理制度，打造与之相匹配的财务报销制度，设计与之相适宜的人才薪酬激励机制。要将落实和细化已经出台的各种科技管理制度，作为当前北京乃至京津冀区域一体化科技创新体制改革的重点任务。

第四，积极利用北京打造全球"硬科技"中心的战略机会，在北京南部区域产业带和京津冀协同产业带全面布局与"硬科技"紧密相关的创新链、供应链，构建产业链中的高端制造业产业体系，实现北京在"十四五"期间将高端制造业增加值占 GDP 比重逐步提高到 15% 以上的既定目标，切实落实以产业链合作推动京津冀协同发展战略。

北京南部区域产业带已经具备了发展高端制造业的诸多优势和基础条件。在北京新一轮服务业扩大开放综合试点和国家服务业扩大开放综合示范区的带动下，北京南部区域产业带恰好可以对接全球"硬科技"中心建设，其所释放出的战略性新兴产业、高端生产装备制造业、智能制造业、关键零配件和关键材料产业等方面的发展机会，将成为完成制造业增加值占 GDP 的比重提高到 15% 以上的既定目标的重要抓手。北京南部区域产业带必须着眼于进一步发展京津冀协同发展产业带，构建以北京为主导的、天津和河北部分与北京接壤区域全面协同发展的京津冀协同发展产业带。

第五，在"十四五"期间，必须将发展与打造全球"硬科技"中心目标相适宜、相匹配的以"耐心资本"为主要特征的新型金融体系、特色产业基金和多样化资本市场，作为北京金融体系和金融体制改革的目标。北京在金融体系方面，还没有形成与建设有全球影响力的科技创新中心、全球"硬科技"中心和发展高端制造业目标相匹配的现代化金融机构和多层次资本市场。以"耐心资本"为主要特征的新型金融体系、特色产业基金和多样化资本市场的发展，不仅仅决定着北京能否实现建成全球"硬科技"中心、加快布局相关产业链的战略目标，也从根本上决定着北京现代化金融体系在今后一段时期的改革和发展方向。打造具有北京特色的"耐心资本"金融中心，将之作为今后一段时期内彰显首都特色的现代化金融体系的核心内容。

B.12

以新型工业化推动首都经济高质量发展

北京市经济和信息化局研究室*

摘　要： 加快推进新型工业化，是党中央着眼于全面建成社会主义现代化强国作出的重要战略部署。做好首都新型工业化工作是北京市服务和融入新发展格局、坚决落实国家战略部署的必然要求，是在外部复杂环境下增强发展新动能、抢占竞争制高点、夺取发展主动权的必然选择，也是破解发展瓶颈、实现减量约束下高质量发展的必由之路。面对新形势新要求，北京市全面落实党中央推进新型工业化决策部署，以首都发展为统领，以推动高质量发展为主题，持续巩固以高精尖产业为代表的实体经济根基，逐步构建符合首都城市战略定位的现代化产业体系，不断激发新时代首都发展的强大动力和活力。

关键词： 新型工业化　高质量发展　首都发展

　　推进新型工业化，是以习近平同志为核心的党中央从党和国家事业全局出发，着眼于全面建成社会主义现代化强国作出的重要战略部署。习近平总书记在对全国新型工业化推进大会作出的重要指示中强调，以中国式现代化全面推进强国建设、民族复兴伟业，实现新型工业化是关键任务。北京肩负"四个中心"战略定位和"四个服务"职责使命，扎实推动新型工业化，建设现代化产业体系，是我们立足首都定位、落实党中央战略要求的使命任务，更是我们破解发展瓶颈、实现减量约束下高质量发展的必由之路。

---

　　* 执笔人：管天舒，北京市经济和信息化局研究室干部，主要研究方向为产业经济；祝珺，博士，北京市经济和信息化局研究室主任，主要研究方向为产业经济、数字经济等。

一 新时代北京关于新型工业化工作的实践探索

（一）有力推动产业经济回升向好

新型工业化要求把高质量发展贯穿始终，推动实现质的有效提升和量的合理增长。全市经信系统全力应对需求不振、库存高企、预期不稳等下行压力，围绕产业痛点、企业难点，出台稳运行工作方案和信创、集成电路、未来产业、氢能、医药健康、北斗等40余项政策文件，积极释放支持产业发展信号，提高运行调度水平，加强重点企业服务，全力以赴推动产业经济加快企稳恢复。2023年规上工业增加值增速为0.4%，超额完成全年目标任务。电子、汽车、医药、装备等重大领域的持续高强度投资，工业母机、人形机器人、新型储能材料等新兴领域成为新的投资增长点，高技术产业投资2023年保持两位数增长，有力地支撑了全市经济和社会发展大局。

（二）持续提升产业创新能力

新型工业化要求以科技创新推动产业创新，打造自主可控、安全可靠的产业体系。北京发布实施《北京市高精尖产业科技创新体系建设实施方案》，率先在省级层面开展产业创新系统布局。新建工业母机中试验证平台和人形机器人、工业软件创新中心等创新平台，全市累计建设产业创新平台24家、企业技术中心1252家。深入实施产业筑基工程，培育了一批集成电路领域的国产装备、材料及零部件厂商，形成了CPU、GPU、存储器、DPU全栈计算芯片能力，发布国内首款商业应用级高性能开源处理器核。3款创新药、14款创新医疗器械产品获批上市，术锐腹腔内窥镜手术机器人填补国内空白，国产ECMO主机系统打破欧美产品在体外膜肺氧合领域的长期垄断局面。70MPa IV型储氢气瓶项目解决了上游关键材料部件"卡脖子"问题，打通了车载储氢系统产业链。国家信创园集聚了企业276家，形成集聚芯片、操作系统、数据库、中间件、整机、安全、应用软件的全技术产业链。

（三）加快构建高精尖产业体系

新型工业化要求改造升级传统产业，巩固提升优势产业，培育壮大新兴产业，前瞻布局未来产业，持续推进产业结构优化升级。北京加快打造2441产业体系，十大高精尖产业规模全部突破千亿级，新一代信息技术集群产值突破3万亿元，智能制造装备产业集群突破5000亿元，在北斗、集成电路制造和工业互联网等细分方向培育了9个千亿级产业集群。集成电路全产业链发展取得积极进展。聚焦创新药、医疗器械等领域，亦昭生物中试研发生产基地竣工投用，诺诚健华大分子药物生产基地等项目加速CGT成果转化并形成产业化集聚。北京市机器人产业园落地，超前布局人形机器人赛道，小米汽车、理想汽车等造车新势力及相关配套产业链加快落地，储能龙头企业呈倍增式发展态势，民营商业火箭企业成功发射入轨全国首枚商业液体火箭"天龙二号"、柔性太阳翼平板式通信卫星"灵犀03星"和全球首枚液氧甲烷火箭"朱雀二号"。丰台区轨道交通智能控制、大兴区医疗器械、海淀区集成电路设计等6个产业集群入选工信部中小企业特色产业集群名单。

（四）深入推进数字经济全面发展

新型工业化要求做好数字技术与实体经济融合发展这篇大文章。北京持续推动数据要素化、产业化，印发"数据二十条"，启动北京数据基础制度先行区建设，以数据交易为引领的数据要素市场体系初步形成。率先建成全球性能领先的区块链基础设施。北京国际大数据交易所累计交易金额超过30亿元，发放70余张数据资产登记凭证。率先落地国家数据出境安全评估制度，35家单位获得中央网信办数据出境批准。推动"三医"联动数据互联互通，6家医院数据流动交易在全国率先破冰。组织实施"通用人工智能产业创新伙伴计划"，备案的生成式人工智能大模型产品占全国的近一半。稳步推进高级别自动驾驶示范区3.0阶段扩区建设，实现160平方公里连片运行，推动形成车路云一体化的智能网联中国标准和方案。"新智造100"

工程已完成 103 家数字化车间和智能工厂建设。2023 年，全市数字经济实现增加值 18767 亿元，同比增长 8.5%，占全市 GDP 的 42.9%。

（五）持续优化产业发展环境

新型工业化要求坚持有效市场和有为政府更好结合，做优做强企业主体，以扩大开放拓展工业发展空间。开展专精特新十大强企行动，培育认定市级"专精特新"中小企业 7180 家、国家级专精特新"小巨人"企业 795 家，数量列全国各城市之首。北京"专精特新"专板在全国首批备案设立，206 家企业进入专板。小微企业首贷贴息、贷款融资规模和费率均达近年来最好水平。为中小企业化解欠款超 3 亿元。以专用信用报告替代有无违法违规信息查询，服务 300 余家拟上市企业。东城、西城、海淀区成为全国信用体系建设示范区，5 万余家企业实现信用修复。"十四五"以来累计供应工业用地超 550 公顷，较"十三五"同期翻一番。新设 4 只百亿级高精尖产业基金，启动高精尖产业人才工程。中德、中日产业园累计落地重点产业外资项目 140 个，2023 年 1~12 月经济和信息化领域实际利用外资 39 亿美元，占全市的 28.5%。

二 发展环境及面临的主要问题

当前，世界百年未有之大变局加速演进，新一代信息技术加速突破，与制造业深度融合发展，推动制造业生产方式、发展模式和企业形态变革；美西方对我国先进制造业和高科技产业的遏制打压不断升级；"逆全球化"、"再工业化"与"去中国化"交织作用，全球产业结构和布局深度调整。北京正处于锚定率先基本实现社会主义现代化目标、着力推动新时代首都发展的关键时期，面对复杂严峻的外部形势，加快推进新型工业化、切实提高产业链供应链韧性和安全水平，是增强发展新动能、抢占竞争制高点、夺取发展主动权的必然选择，但也面临不少挑战。

一是产业经济回升向好的基础仍需进一步巩固。根据重点工业企业问卷调查结果，第四季度企业产值有所上升，增长预期持续谨慎，表示成本增加和国内需求不足的企业占比分别为 41.9% 和 64.8%，回款难（20.9%）、国外需求萎缩（17.4%）、产能过剩（8.1%）、融资困难（7.6%）等因素也在一定程度上影响着企业生产。2023 年，全市规上工业企业利润总额同比下降 12.9%，其中汽车制造业同比下降 12.3%，医药制造业同比下降 25.0%，计算机、通信和其他电子设备制造业同比下降 75.5%。截至 12 月末，规模以上工业企业应收账款同比增长 16.9%，产成品存货同比增长 4.8%，企业增收与降成本压力并存。

二是制造业固定资产投资下降。全年制造业固定资产投资完成 735.1 亿元，同比下降 1.8%，其中高技术制造业投资同比下降 9.3%。投资结构有待优化，电子信息产业占比超 50%，医药、装备投资占比较低。由于经济预期和资本市场表现不佳，企业扩大投资和生产的意愿减弱、生产节奏放缓，降本和避险意愿增强，持续增长动能不足。

三是国外打压对全市产业发展影响较大。北京受美国实体清单制裁的高科技企业为全国最多，占全国的比重超过 1/5，受制裁企业不同程度地面临供应链中断、市场萎缩、人员流失等问题，部分企业生产经营受到严重冲击。美国通过芯片法案加强对我国人工智能芯片及其制造工具的进口限制，严重影响了算力中心等重大项目的投资建设。美国对我国工业软件、高端芯片的供应链控制，使高精尖产业的产品研发受到较大影响。

三　下一步工作思路

（一）坚持稳企惠企，全力促进产业经济平稳增长

把握新时代产业经济发展规律，着力稳预期、提信心、促发展，巩固增强产业经济回升向好态势。一是抓好稳增长政策措施落地见效。在落实落细国家和北京已出台的系列政策措施的基础上，出台医疗器械、人工智能、商业航天等十项政策措施。组织实施应用牵引、国货国用专项工程，

多措并举帮助企业增订单、稳产能。二是扩大制造业有效投资。加强项目谋划储备，通过项目招引、建设标厂、加强技改等措施全力补足投资缺口。统筹用好 4 只政府投资产业基金，再谋划新设一批基金。三是提升利用外资水平。制定促进制造业吸引和利用外资的若干措施，进一步拓宽中德、中日国际合作产业园招商引资渠道，用好各类中德、中英、中阿等双边、多边基金。

（二）坚持创新引领，全力提升产业链安全韧性水平

落实以科技创新引领现代化产业体系建设的部署，完善产业创新平台和服务体系，服务国际科技创新中心建设。一是推进重点产业链攻关。统筹实施国家产业链高质量发展、北京核心技术攻关和产业筑基工程，建立攻关、验证、应用和企业落地一体化服务体系，推进百项标志性技术和产品攻关。二是落实国际科创中心建设任务。发挥"三城一区"主平台作用，继续支持一批"三城"成果向"一区"转化。持续推进创新型产业集群与制造业高质量发展示范区建设。三是完善产业创新体系。研究出台进一步发展壮大中试平台的实施方案，把中试作为高精尖产业重要业态培育。继续建好一批重大产业创新平台，推动能源装备、元宇宙等产业创新中心建设，积极推动部市共建人形机器人国家创新中心。

（三）坚持转型升级，全力构建高精尖产业体系

以加快推动新型工业化为主线，以发展新质生产力为着力点，瞄准高端、智能、绿色方向，持续推动产业结构优化升级。一是加快培育未来产业。强化创新性政策供给，布局一批未来产业特色产业基地和园区。二是做大做强重点产业集群。努力将新一代信息技术集群打造成世界级产业集群。加快实现新能源汽车规模量产，建设新能源汽车零部件产业园。以细胞和基因治疗、医疗器械为突破口，加快生物医药集群建设。围绕打造千亿元集群目标，制定新型储能、氢能、机器人等新兴产业发展方案。三是推动制造业智能绿色"双达标"。全面推动制造业企业数字化转型，实现 300 家企业数

字化转型达标、400家企业开展绿色诊断，打造2~3家国家级智能制造示范工厂、20家国家级绿色工厂。四是强化产业要素保障。会同各区各部门进一步加强政策工具创新和协调配合，实施本市工业用地专项规划，实现200公顷工业用地供地，完成40个老旧厂房改造项目，打造卓越工程师实训基地。

（四）坚持标杆引领，全力促进数字经济再上新台阶

积极布局数字经济关键赛道，推动数字产业化与产业数字化，发挥数据要素的乘数作用，催生新产业、新模式、新治理。一是推进数字基础设施建设。聚焦算网融合，加快"万兆光网"建设，完善"双智网"建设方案。新增公共智算能力8000P以上。启动国家区块链网络节点、算力互联互通调度和服务平台等新型重大基础设施建设。二是促进数据要素化、产业化发展。按照国家级标准提升北数所能级。高水平推动数据先行区建设，打造数据训练基地，落实监管沙盒机制，打造数据服务产业集群。三是激发数字经济产业活力。加快垂类大模型在各领域的商业化落地，培育做强百家垂类模型企业。启动高级别自动驾驶示范区4.0阶段建设，推动机场、停车接驳等重点场景开放。落实北斗时空信息产业发展方案，推广规模化应用项目。加快中小企业数字化转型试点城市建设。

（五）坚持优化服务，全力推动中小企业高质量发展

统筹推进重点领域的营商环境改革，进一步完善全要素的资源保障体系、全生命周期的服务管理体系和梯度成长的培育体系。一是支持"专精特新"中小企业发展。推动"专精特新"十大强企行动落实落细，推动市级"专精特新"中小企业数量突破1万家、营收突破1万亿元。推动北京"专精特新"专板持续扩增企业挂牌数量和融资规模。二是优化中小企业普惠服务体系。推动建设覆盖市、区、街道和园区的中小企业服务体系，打造30个中小企业标杆服务商、1000家中小企业服务e站。以首善标准抓好防范化解拖欠中小企业账款工作。三是推进中小企业集聚发展。围绕人工智

能、网络安全等领域，着力挖掘和建设一批中小企业特色产业集群。首批试点建设 10 个"专精特新"特色园区，布局发展一批专业基地园区。

参考文献

中共工业和信息化部党组：《坚决扛牢实现新型工业化这个关键任务》，《求是》2024 年 1 月 1 日。

《政府工作报告——2024 年 1 月 21 日在北京市第十六届人民代表大会第二次会议上》，《北京日报》2024 年 1 月 29 日。

B.13
北京市2023年信息服务业运行情况与2024年展望

胡慧璟*

摘　要： 在宏观经济回稳向好、全球数字经济标杆城市建设加快推进等因素影响下，2023年北京市信息服务业发展较快，对经济增长发挥了主要支撑作用。展望2024年，在以AI大模型和数据要素为代表的新一轮发展引领下，北京市数字经济发展将迈上新台阶，预计信息服务业增加值增速将保持在14%左右。三大细分领域均有望呈现稳健增长态势，人工智能、信创和公共数据应用或将迎来质的转变，不过，仍面临国外掣肘不断、降本增效压力加大、软件开源和数据开放制度不完善、大模型商业化落地进程慢等挑战。应加强关键技术攻关，开拓国际国内市场；支持软件开源商业化，完善数据开放流通制度；支持大模型商业化落地，加速构建新生态；持续优化投资环境，稳定企业发展预期。

关键词： 信息服务业　数字经济　人工智能　信创　公共数据

2023年，北京市信息服务业在经济回稳下发展较快。展望2024年，经济增长持续企稳，数实融合发展加速，带动信息服务业各细分领域实现较快增长，人工智能、信创、公共数据应用等赛道表现亮眼，预计信息服务业增加值增速在14%左右。

---

* 胡慧璟，博士，北京市经济信息中心经济师，研究方向为产业经济、区域经济。

一 2023年北京信息服务业运行情况

2023年，在国内经济回暖、平台经济明确释放发展预期信号等影响因素下，北京信息服务业实现恢复性增长，全年行业增加值增速达13.5%。

（一）信息服务业整体呈恢复性增长

信息服务业整体恢复增长，对全市经济增长发挥了主要支撑作用。2023年，信息服务业增加值季度增速回升至10%以上，全年增速为13.5%，高于全国1.6个百分点，高于上年同期3.7个百分点。全年实现增加值8514.4亿元，占全市GDP的比重达19.5%，较上年提升1.6个百分点。信息服务业企业收入增速稳定在两位数，全年增长16.5%，增速较上年同期提升9.2个百分点。

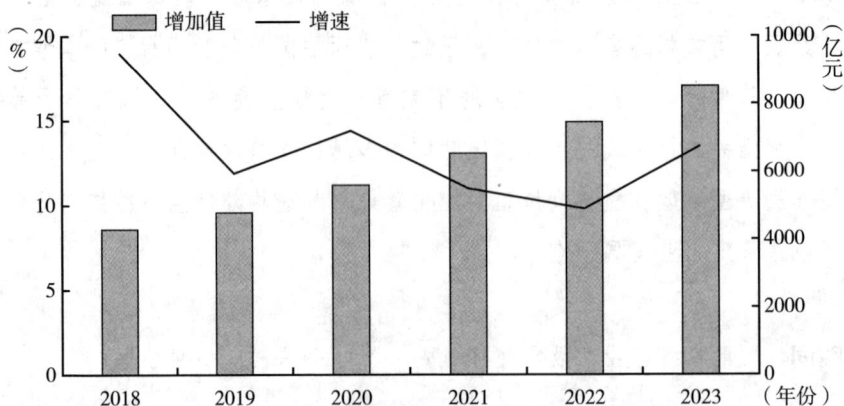

图1 2018~2023年北京信息服务业增加值及同比增速

资料来源：北京市统计局、Wind数据库。

（二）软件和信息技术服务业是拉动增速恢复的主要力量

从三大细分领域看，2023年软件和信息技术服务业收入占近六成，随着数智技术与各行各业渗透融合，全年该领域收入增长22.6%，增速高于行业同期整体增速 6.1 个百分点；互联网和相关服务业收入约占三成，在互联网存量市场竞争激烈的形势下，信息内容业务增收速度有所放缓，收入累计增速前高后低，年初一路上升，5 月增速为 13.1%，为年内高点，随后一路下滑，全年增速为 6.5%；电信、广播电视和卫星传输服务业收入保持个位数的低速平稳上升态势，12 月增长 5.7%，为年内最高值。

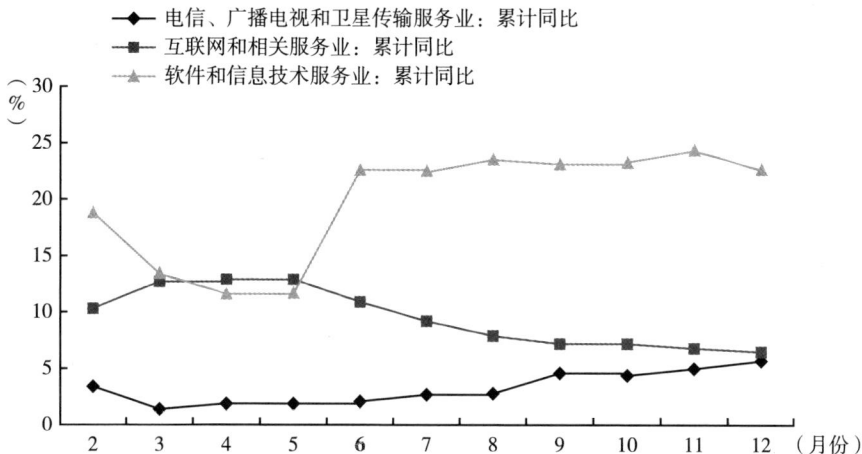

图 2　信息服务业三大细分领域收入累计同比增速

资料来源：北京市统计局、Wind 数据库。

（三）行业发展呈现头部企业引领、重点投向大模型、向高端软件服务转型加快等特点

一是头部平台企业引领行业恢复向好态势明显。抖音在海外版 TikTok 营收飞速增长的带动下，2023 年上半年营收已超腾讯，达 540 亿美元，预计全年销售额达 1100 亿美元。前三季度，百度、京东、快手、三六零、滴滴、美团、爱奇艺和贝壳找房等头部平台上市企业的营业收入合计为 1.4 万亿元，增长 11.6%，高于上年同期 5.7 个百分点。二是大模型硬科技成为投资重点。百度文心一言、字节云雀、360 奇元、美团通慧、昆仑万维天工等大模型陆续备案正式上线，京东言犀、快手多模态超大模型等产品已投入应

用。同时,积极布局智能算力,持续迭代大模型,已形成多个 AI 产业集群和全栈式人工智能产业链。三是软件业加快向高端软件服务业转型。北京软件业规模居全国首位,占全国的两成,连续多年保持高位增长,2023 年 1~11 月软件业务收入同比增长 17.8%,目前产业结构正从传统软件开发加快向高端软件服务转型,形成以软件研发、信息技术服务、云计算、大数据等为主导的新业态。

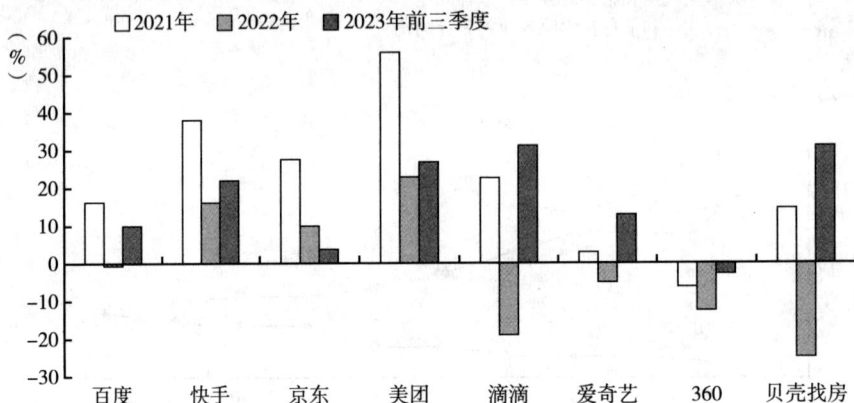

图 3 2021 年至 2023 年前三季度北京主要头部平台企业营业收入增长情况

资料来源:Wind 数据库。

二 2024 年信息服务业面临的发展环境

2024 年,随着国内经济平稳运行的基础不断夯实,数实融合深入推进,科技创新蓄势赋能新质生产力,信息服务业整体面临更为有利的发展环境。

(一)宏观经济平稳向好带动信息服务业稳定增长

随着新冠疫情、地缘政治、极端天气等因素的影响逐步消退,我国经济增速将向潜在经济增长率逐步回归。2024 年国内经济有望持续回升向好,在宏观政策加力增效、新动能加速培育、改革开放红利加快释放等多重积极因素支撑下，我国经济将平稳向好，服务业将从恢复性增长向内生性发展转变，带动信息服务业持续保持较快增势。

（二）新型工业化和新质生产力发展为行业带来质的跃升

2023 年底中央经济工作会议明确提出，要以科技创新推动产业创新，发展新质生产力。2024 年，我国将聚力推进新型工业化进程和促进新质生产力发展，信息服务业有望实现质的跃升。工业软件、信息通信、大模型、云+AI、XR、脑机接口、量子信息等领域的颠覆性前沿技术有望赋能新型工业化，不断催生新产业、新业态、新模式，孕育更多的未来产业，加快形成新质生产力，为制造强国、网络强国和数字中国建设提供有力的支撑。

（三）数字经济放大倍增作用打开更多行业增长空间

从"互联网+"到"数据要素×"的政策落实将带动信息技术和信息传输实现迭代变革。在智慧城市建设战略机遇期，北京市信息服务业将发挥倍增作用，持续对新技术和千行百业的变革带来深远影响。数字基础设施超前布局建设，促进数字技术和实体经济深度融合，加快高端芯片、关键基础软件、人工智能、大数据、云计算等重点领域研发突破和迭代应用，将为信息服务业打开新的增量空间。

（四）跨界融合为行业提供更广阔的发展空间

5G、物联网、人工智能、云计算等技术应用将为信息服务业提供更高效、更智能的服务方式，推动产业升级和变革。随着这些信息技术与其他产业的融合不断深入，信息服务业将与其他产业形成更多的交叉和融合。信息技术与制造业、金融业等的融合将推动智能制造、互联网金融等新业态新模式进一步发展。

但与此同时，信息服务业发展也面临一些挑战：以美国为首的西方国家对我国高科技领域的打压围堵变本加厉，从出台对华先进制程 AI 芯片出口禁令，到制裁实体清单范围不断扩大至工业软件、人工智能、芯片、通信技术等领域，再到拟限制中企使用其云数据中心训练 AI 模型；在市场趋于饱和与降本增效主旋律下，信息服务业要维持既好又快增长态势的压力不断加大；企业参与软件开源面临舆论、法律及商业化等方面的挑战，还面临开源法律效力不明、不同开源许可证之间条款存在冲突等问题；大模型应用落地"最后一公里"尚未完全打通，仍存在算力资源不足、高质量数据缺乏、大模型同质化、研发应用安全不合规等问题。

三　2024年北京信息服务业发展预判

2024 年，随着宏观经济环境逐步改善，产业数字化转型和数实融合加速推进，北京数字经济发展将迈上新台阶，信息服务业将更好地发挥所长，引领各行各业深度融合。信息服务业在传输、技术和内容等细分领域有望呈现稳健增长性态势，人工智能、信创、公共数据应用等赛道的表现有望成为亮点，预计信息服务业增加值增速将稳步回升至 14% 左右。

（一）三大细分领域均有望呈现稳健增长态势

电信、广播电视和卫星传输服务业将保持良好增势。电信、广播电视领域，2024 年，北京将新建 5G 基站 1 万个以上，5G 基础设施建设将向纵深推进，5G-A（即 5.5G）技术将升级覆盖城市地铁、人员密集等地网络，目前在金融街、长话大楼、工人体育场等地已试点覆盖，8K 高清智能观赛技术也将加快应用，5G 应用带动经济总产出增加的作用愈发显现。在 2023 年 11 月北京取消信息服务业务（仅限应用商店）、互联网接入服务业务（仅限为用户提供互联网接入服务）等增值电信业务外资股比限制后，终端用户接入服务及内容服务竞争商等市场主体的活力被进一步激活。卫星传输领域，产业聚集效应较强，在数字经济条例、"光网之都、万兆之城"行动计划等利好政策下，北京将更好地统筹移动通信网络、卫星互联网、量子通信等基础设施的引领式发展。

互联网和相关服务业将回归常态化增长态势。政策和技术环境持续向好，平台经济在新发展格局中的地位和作用日益凸显。针对互联网平台企业的工作重心将从降本转至增效，更加注重推动收入利润均衡的"高质量"增长。推动提效降本，更多通过引入人工智能、大数据、云计算等新技术来增强核心业务竞争力。百度将重构智能驾驶业务，实现无人驾驶出租业务两年内盈亏平衡。美团利用无人配送等科技赋能运力体系完善。京东未来将基于供应链"基因"，提升上下游供应链效率。快手未来将提高主站、电商、商业化、社区等多个业务线的协同效率。互联网平台企业海外布局趋势明显。头部平台企业依托主营业务优势，加速向海外市场纵深挺进。随着我国加快跨境电商综试区建设、支持企业积极参与"丝路电商"、共建"一带一路"经贸合作等方面的举措落地落实，加之北京率先探索数据跨境流通，加大对跨境电商平台相关业务设施的资金支持力度，将推动平台企业加速布局海外市场，加快释放更多的增量空间。

软件和信息技术服务业增长维持稳中向好态势。基础软件将在开源生态的主推下带动产品供给和市场应用持续跃升，智能网联车、智能家电的规模化发展将带动新型泛在操作系统开辟更大的应用空间。工业软件将伴随产业数字化转型的推进取得突破性发展。工业软件在软件行业的占比将增加，产品的稳定性、成熟度、兼容性、安全性等将全面提升。大模型等新技术不断开辟软件产业竞争新赛道，促进软件新质生产力形成。基于大模型的 AI 编程助手将大幅提升编程效率，大模型技术将深度拓展智能机器人、模型即服务（MaaS）等新兴产业应用场景，并有力推动金融、文娱、制造等传统行业效率提升。算力、云和数据等软件新型基础设施的融合将重构软件生态，带动软件开发效率提升，软硬件厂商、云服务商和数据服务商的融合发展加快。

（二）人工智能、信创、公共数据应用等领域或将迎来质的转变

AI 商业化应用落地将加速。目前北京获准向公众开放的生成式人工智能大模型产品占全国的近一半。2024 年，北京将靶向破解人工智能"卡脖

子"难题,提升人工智能底层技术和基础底座自主可控能力,推动人工智能模型对标国际先进水平,加快推动在政务、医疗、教育、工业、生活服务等领域的应用,保持人工智能研发应用领先水平。在国内历经百模大战、大浪淘沙之后,少数企业将崭露头角。百度将继续率先享受大模型应用领域的市场红利,文心大模型将持续创造数亿级增量收入,搜索广告业务也有望重塑。京东言犀模型预计2024年将全面开放,字节跳动的业务重心将继续转向 AI 工厂,三六零将继续加大在金融、数字人、数字安全、自动驾驶等领域的商业化探索力度。

信创产业在 AI 赋能下将助推各垂直行业深入发展。北京市发布的《关于打造国家信创产业高地三年行动方案(2023—2025 年)》显示,到 2025年,北京将率先建成技术领先、企业集聚、方案突出、服务完备的信创产业高质量发展体系,打造百个信创应用场景,集聚 400 家信创企业,引培万名产业人才,信创产业规模突破千亿元。行业龙头代表中,三六零将聚焦数字安全核心战略,推出全面云化、服务化的"360 安全云",三六零智脑赋能下网络安全政务订单增加,保持全国领先。光大证券预计,2024 年三六零营业收入增长率将达 9%。奇安信 2023 年前三季度数据安全业务增速同比超30%,安全机器人和大模型卫视等产品成功落地商用,华泰证券预计,2024年奇安信营业收入同比增速将达 24%。

公共数据将引领探索数据授权新模式。从 2023 年 10 月国家数据局正式挂牌开始,数据要素的产业催化不断凸显。随着公共数据授权运营、确权等相关政策持续完善,数据交易万亿级市场有望加速开启。2024 年,随着数据要素政策逐步完善,公共数据有望预先放开运营,带动产业实践。北京发布的《关于更好发挥数据要素作用进一步加快发展数字经济的实施意见》提出,将公共数据开放情况纳入智慧城市建设"月报季评"工作内容。2023 年 12 月,北京国际大数据交易所推出的"数据授权平台微信小程序版"正式上线,直接引入企业主体参与授权和查询等业务,这将有望开拓个人和企业数据直接通过授权第三方变现的新市场。公共数据运营获得的收益,一方面能够纳入财政收入,另一方面参与数据运营等业务的企业将有望获得分成。行业代表易华录将积极推进数据资产评估及入表业务，与10余个地方对接数据要素市场建设。

四 对策建议

（一）加强关键技术攻关，开拓国际国内市场

一是针对芯片等"卡脖子"技术，由政府牵头，积极为企业对接国内芯片供应商，加强与国外芯片厂商的联络磋商，国际国内"两条腿"走路。二是鼓励软件与信息技术、互联网相关企业与行业龙头、硬件厂商合作，以组团方式加快重点行业、重大工程应用步伐，同时支持平台企业加快拓展市场，加速"出海"以拓展增量市场，持续拓展业务。三是扩大国内需求，鼓励信息技术相关企业加强在娱乐、教育、医疗健康等领域的融合渗透，加速沉浸式、体验式、互动式数字消费新场景的推广，进一步释放数字消费潜力。

（二）支持软件开源商业化，完善数据开放流通制度

一是支持开源商业化健康发展，鼓励软件企业参与开源回馈，或基于开源项目推出稳定好用的商业发行版，并做好与上游开源社区的互动与反馈工作。二是针对数据开放和流通问题，逐步开放数据基础制度先行区的相关政策创新给平台企业先行先试，引导平台企业积极参与本市数据要素市场生态建设。三是推动落实知识产权保护制度。鼓励知识产权服务机构参与结对攻关，围绕专利申请、技术保密和商业秘密保护等，为供需双方提供指导。

（三）支持大模型商业化落地，加速构建新生态

一是鼓励龙头企业深化新技术在垂直领域的应用，探索面向大企业、中小企业、个人消费者的不同商业路径，完善上下游产业链，加速构建新生态。二是推动平台企业大模型产品在政务服务、医疗、科学研究等场景中的

示范应用。利用好数据基础制度先行区政策，发挥政务数据的带头示范作用。三是继续为企业购买或租赁先进算力提供科技创新券、算力券等支持，降低企业的原始算力成本。推进企业高端芯片资源供需对接和高效调配，减少算力资源浪费。

（四）持续优化投资环境，稳定企业发展预期

一是把握当前热点投资风口，通过产业投资专项资金等形式，有针对性地支持基础软件、工业软件以及人工智能平台等发展，引导企业加大对战略性新兴产业的投资。二是加大以民营企业为主的行业内民间投资重大项目推介力度。通过项目对接会等多种方式，搭建有利于民间投资项目与金融机构沟通衔接的平台，提振企业深度参与投资"数实融合"的信心。三是建立常态化亲清型政商沟通交流机制。依托"服务包"政策，及时了解企业经营运行情况、科技研发进展、对外投资项目，帮助企业协调解决卡点问题。

参考文献

中国电子信息产业发展研究院、新华网：《数字经济和实体经济融合发展报告（2023）》，2023 年 12 月。

赛迪智库：《2024 年我国软件和信息技术服务业发展形势展望》，2023 年 11 月。

亿欧智库：《2023 信创产业新发展趋势报告及 100 强》，2023 年 12 月。

北京市科学技术委员会、中关村科技园管理委员会：《北京市人工智能行业大模型创新应用白皮书（2023 年）》，2023 年 11 月。

北京市数字经济促进中心：《北京市数字经济政策精华汇编（2024）》，2024 年 1 月。

国家信息中心：《2023 年服务业发展形势分析及 2024 年展望》，2023 年 12 月。

中国工业互联网研究院：《中国工业互联网产业经济发展白皮书（2023 年）》，2023 年 12 月。

东吴证券：《人工智能专题：数据要素落地在即，人工智能有望闭环》，2024 年 1 月 17 日。

B.14
北京人工智能大模型产业发展现状与对策建议

常　艳*

摘　要：　北京作为全国人工智能大模型产业发展高地，是抢占国际竞争制高点的主力军。本文在探析新阶段国际国内人工智能大模型产业发展特征与趋势的基础上，深入分析北京市大模型产业发展现状与问题，发现北京算力供给全国领先，但仍难满足大模型产业发展需求；高质量中文数据集有限，数据要素市场发育不足；算法底层技术对外高度依赖，专业工具亟待加快进化；商业化应用仍处于早期探索阶段，离规模化落地尚有差距。为促进产业进一步发展壮大，要加快算力基础设施建设，优化供给结构；支持高质量数据集开发，进一步深化数据要素市场建设；加强算法与工具创新，优化开放合作生态；深化应用场景开放，牵引大模型应用落地；做好引导监督，推动大模型产业安全有序发展。

关键词：　人工智能　大模型　算力　数据

一　人工智能大模型产业进入应用落地新阶段

大模型是大规模语言模型（Large Language Model）的简称，也称基础模型（Foundation Model）、预训练模型（Pre-trained Model），最早是 2017 年

---

* 常艳，博士，北京市社会科学院经济研究所副研究员，主要研究方向：数字经济、区域经济等。

由谷歌实验室项目"谷歌大脑"在一篇论文中提出①，是"大数据+大算力+强算法"结合的产物，其根本特征是"涌现"出了早先算法模型不具备的深度学习、复杂推理等能力，能够理解和自动生成自然语言文本，并通过上下文知识推理、模拟人类创造力，因而，成为生成式人工智能演进的核心和关键。2022年，美国OpenAI公司生成式对话工具ChatGPT爆火，掀起全球大模型发展热潮，国内大模型也进入发展爆发期，呈现"百模大战""千模大战"白热化竞争态势。2023年7月，我国首个人工智能产业规范性政策《生成式人工智能服务管理暂行办法》正式施行，全国首批8家大模型产品通过审核备案，并陆续向市场开放服务，大模型产业竞争从"比拼模型参数"进入"比拼应用落地"新阶段，呈现新的发展特征与趋势。

（一）大模型成为人工智能时代的操作系统，未来可能所有应用都将基于大模型开发

大模型的出现推动人工智能技术架构从原来的芯片、操作系统、工具和应用4层架构演变为芯片、框架、模型、工具和应用5层架构。其中，底层是芯片层，主流芯片从CPU变成GPU（图形处理器），如英伟达的A100芯片、百度的昆仑芯；芯片层之上为框架层，当前全球主流的开源深度学习框架包括美国企业Meta的PyTorch、谷歌的TensorFlow以及我国的百度飞桨等；框架层之上为模型层，如ChatGPT和文心一言大模型；模型层之上为工具层，包括使大模型融合应用所需的一系列工具能力，如开发工具链Langchain、做数据标注的模型工具链等；最顶层为应用层，包括各种各样的人工智能原生应用。

---

① "大模型"最早是由Google Brain在2017年发表的论文"Attention is All You Need"中提出，是深度学习在自然语言处理领域的最新技术，为深度学习打开了新世界的大门。OpenAI受其启发在2018年6月发布了初代GPT大模型，谷歌随后在2018年10月发布了BERT大模型。时至今日，基于通用大模型进行调参已成为自然语言处理任务的首选范式。

（二）中美是全球大模型产业竞争的主要对手，美国起步早基础厚，中国奋起直追发展迅速

从全球已发布的大模型来看，中国和美国大幅领先，二者占比合计超过全球的80%。其中，美国为全球最高，占50%；中国占30%，从2020年开始进入高速发展阶段。从竞争生态看，美国在芯片层、框架层与模型层等基础层具有先导优势，并通过对华实施芯片限制等措施，抑制我国国产大模型的发展。中国大多大模型能力为初步可用但不及GPT3.5、GPT4，这在一定程度制约了工具层和应用层的快速发展。从产业进程看，中国C端（个人用户）大模型应用受合规等因素影响尚未大规模放开，小部分合规模型将获得发展先机；B端（企业用户）应用需求释放将助推大模型加快落地，推动工具层和应用层的快速发展。

（三）"通用大模型+垂直大模型"并行发展是全球科技巨头的典型竞争策略

通用大模型是"万事通"，主要基于广泛的公开文献、网络信息与语料库训练，但也存在明显缺陷：专业知识与行业数据积累不足，数据噪音较大，导致模型的针对性与精准度不足，制约实际场景问题解决能力。垂直大模型由通用大模型与各领域专有知识、数据结合训练而成，一方面有利于优调、精调出政府通、行业通、企业通等实用性更高的大模型，另一方面也具有保障独有数据资产安全、控制训练成本等诸多优势。如OpenAI最新发布的GPT4由8个垂直模型构成；国内以腾讯、百度为代表的头部企业也采用"两条腿"走路策略，[①] 在释放大模型服务能力的同时，加快推动面向行业的垂直大模型应用落地。

---

① 如腾讯2023年4月发布的面向大模型训练的新一代HCC高性能计算集群的整体性能较过去提升了3倍；6月，在行业大模型技术峰会上公布了腾讯云在行业大模型方面的技术方案，及其在智能应用升级、产业客户场景的应用进展，有益于降低企业构建大模型及AI应用门槛。百度则基于"文心大模型"推出"文心千帆"大模型服务平台，支持用户开发垂类大模型。

（四）云计算是大模型时代的刚需，仍是各大科技巨头的竞技赛场

训练大模型需要巨大的算力支撑，庞大的资金投入提高了市场进入门槛。在当前大模型底层和应用层利润实现均有较大不确定性的形势下，云厂商以规模化与专业化优势提供了更低的算力成本、更优的算力服务，分得大模型市场的"第一杯羹"。如美国亚马逊通过云服务（AWS）提供计算底层支撑，与正在蓬勃发展的工具层人工智能合作伙伴共同分享收益。国内市场以字节跳动为代表，旗下火山引擎依托云端推出大模型训练云平台，清华智谱 AI、昆仑万维、毫末智行等科技企业均基于该平台开发训练大模型，云端算力分配与调用服务能力成为新一轮云服务市场的竞争热点。

（五）人机交互模式变革降低应用门槛，数智化转型成本降低、效率提升

大模型强大的理解和生成能力，使得通过"纯自然语言"调动原生应用的方式成为现实，相比过去"命令行"、GUI（图形用户界面）等方式，门槛明显降低。同时，生成式大模型操作系统重构了信息搜索、筛选、决策等环节，文本、图片、视频等多模态平台搜索之间的联通壁垒被打破，帮助用户更快实现智能化应用。为加速企业数智化转型，主流大模型平台加快构建 MaaS 服务体系（模型即服务，Model-as-a-Service），构建模型层、工具层、应用层一体化生态，基于用户自有数据与场景需要，助力打造实用性更高的垂直领域应用大模型和智能应用，有利于破解过去企业面临的"不会转""不敢转""不能转"数智化痼疾。

二 北京人工智能大模型产业发展现状及面临主要问题

北京人工智能大模型产业在全国处于领先地位。《北京市人工智能行业大模型创新应用白皮书（2023 年）》显示，截至 2023 年 10 月，我国 10 亿

参数规模以上的大模型机构共计254家,其中,北京拥有机构数量居全国首位,占全国的比重接近一半(122家,占48%);人工智能大模型产业已形成基本完整的产业链,2022年,核心产值达2170亿元,核心企业数量超1800家,正在快速构建具有全球影响力的产业生态体系。但从总体来看,在大模型应用竞争新阶段,在算力、数据、算法等关键要素与应用等关键环节,仍面临系列挑战与问题。

(一)算力资源供不应求,自主算力生态亟待加快培育

从全球看,美国已形成较为成熟的市场竞争机制与利润实现机制,发展效率较高。通过三大公共云(亚马逊AWS、谷歌计算平台和微软Azure)与三大电信运营商(美国国际电话电报公司AT&T、威瑞森通信公司Verizon、德国电信子公司T-Mobile)的云网合作(前者只做云,后者只做网),最大程度降低算力成本。从国内看,在"东数西算"总体战略规划下,拥有算力资源的两大主力军——三大国资电信运营商(中国移动、中国电信、中国联通)与民资科技企业(阿里、腾讯、华为、百度等)竞争仍处初期阶段,算力成本高,七大云服务企业(阿里云、华为云、腾讯云、百度云、天翼云、移动云、联通云)均战略亏损,全球份额低于20%,大模型产业尚未形成"资本支出—商业变现—利润实现"的良性循环,反而是亏损进一步加剧。

从北京市层面看,算力供给全国领先,但仍难满足大模型产业发展需求。中国信息通信研究院的《中国综合算力指数(2023年)》显示,截至2023年6月底,北京综合算力指数位居全国第五。从大模型急需的智能算力看,《2022年北京人工智能产业发展白皮书》显示,北京智能算力位居全国第一。为加快归集云厂商现有算力,为市场主体提供普惠算力,"北京市通用人工智能产业创新伙伴计划"已发布2批共计12家算力伙伴名单,对形成场景应用模式或试点案例的模型训练及行业应用推理等算力需求,给予10%的财政补贴,并发布实施《人工智能算力券实施方案(2023—2025年)》,以牵引供给优化、降低算力成本。但从对比需求看,算力供给仍然

紧张，主要原因在于三方面：一是美国企业英伟达在全球数据中心GPU市场份额超过90%，美国政府高性能芯片限购与云服务使用限制导致"有需求难供给"问题突出。二是本市自研算力芯片公司占全国的比例超过1/3，但百度的昆仑芯二代、寒武纪的思元590等自主研发芯片短期内难以形成有效替代。在当前国产芯片采购与优化成本偏高（需软件适配和优化，否则性能受限）的形势下，若无规模化采购支持，则难以摊薄成本、推进技术工艺迭代。三是算力利用效率有待提升。通信运营商加大算力投入，但利用效率低于民营科技企业，而后者的算力资本支出呈下滑趋势，需予以关注。

（二）高质量中文数据集有限，数据要素市场发育不足

从全球来看，大模型所用主流数据集①以英文为主，中文数据集紧缺、质量较差、缺乏多元化，成为国内人工智能大模型产业链的薄弱环节。麦肯锡的报告显示，在互联网开放社区中，中文网站数量的全球占比仅为1.4%（英文网站占比达54%）。②国内数据资源增长迅速，但高质量数据集较为缺乏。国际数据公司（IDC）的研究显示，2021~2026年中国数据规模将由18.5ZB增长至56.2ZB，年均增长25%，高于全球平均增速。其中，政府等公共数据资源占全国数据资源的比重超过3/4，但开放规模不足美国的10%，个人和企业可利用的规模更是不及美国的7%；③互联网平台积累的高质量优质数据则存于各家企业或机构内，短期较难实现共享。国家工信安全发展研究中心的相关统计显示，在2022年数据要素1018.8亿元市场规模中，数据存储占比最高（22.1%），数据采集、数据交易的占比则相对较低（分别为5.5%、14.7%），要素市场的高质量数据供给仍显不足。

从北京市来看，为解决数据量相对匮乏、质量难以保证、采集标注成本

---

① 数据集是指一组相关的数据样本，通常用于机器学习、数据挖掘、统计分析等领域。数据集可以是数字、文本、图像、音频或视频等形式，用于训练和测试机器学习算法和模型。
② 转引自《捕捉生成式AI新机遇——全球洞见 中国实践》，麦肯锡2023年中国金融业生成式人工智能发展论坛，2023年9月12日。
③ 转引自2023年3月国家发展改革委高技术司对"数据二十条"的解读。

高等问题，"北京市通用人工智能产业创新伙伴计划"分两批发布数据伙伴名单19家，共计开放18个、近500T数据集供大模型企业训练使用。[①] 构成主体包括数据源、数据服务、数据交易等，这有利于更好地活跃数据要素市场，促进数据供需对接。从机构性质看，事业单位、国有企业、社会团体等机构有8家，约占总数的42%。从数据性质看，科研类数据供给有5家，约占总数的26%，充分发挥了北京市科研院所、企事业单位的数据资源优势。从数据要素市场培育看，北京市已打通数据生成、汇聚、交易、应用等全链条，但市场繁荣程度尚显不足，[②] 需进一步加强数据要素市场奖励示范政策落实，为大模型产业发展提供更多的高质量数据资源。

（三）算法底层技术对外高度依赖，专业工具亟待加快进化

目前，国内外主流大模型在算法层面尚不存在代际差，但国产大模型在复杂知识推理、小样本快速学习、超长文本处理等方面与GPT-4仍有差距。算法底层技术对外依赖度高，主要是在元宇宙平台公司Meta开源的LLaMA基础上再开发，[③] 存在开源项目断供风险。从工具层看，目前还缺乏支持全流程应用落地的专业工具平台和开放创新生态。人工智能基础设施联盟（AI Infrastructure Alliance）2022年度调查显示，收集、标注和清洗数据集是模型生产中最大的挑战。从全球看，美国企业Databricks和Snowflake等通过专业化、集成化工具链的发展成为该领域的领军企业，在模型生产应用产业链上占据重要位置。相比而言，北京市大模型专业工具与平台需加快进化，以便更好地支撑模型"炼制"工艺提升、降低训练应用门槛。

为更好促进模型算法工具迭代，依托"北京市通用人工智能产业创新伙伴计划"，截至2023年7月北京市共计发布两批17家模型伙伴名单。知

[①] 数据集涵盖经济、政治、文化、社会、生态等不同领域，包括人民日报语料数据集、国家法律法规语料数据集、两会参政议政建言数据集等。

[②] 根据北京市经信局数据，截至2023年11月，北京市国际大数据交易所共引入交易主体591家、数据产品1431个，累计登记数据交易约7906笔，备案数据交易金额25.3亿元，在全国优势仍不明显。

[③] 2023年7月，人工智能模型LLaMA2的开源商用版本发布，能以低廉成本调用。

名社区技术平台 InfoQ 研究中心的《大语言模型综合能力测评报告（2023）》显示，在国内外多款人工智能大模型产品中，排前 5 名的国内大模型有 3 家，其中，北京市有 2 家（百度文心—言大模型综合排名第 2、第四范式的 Sage 大模型排名第 5），模型学习推理主要根据数据、法规等要求进行调整干预，基本能够实现安全可控，但在算法源头创新、国家级开源平台、代码托管及开发测试平台建设等方面任重道远。

（四）商业化应用仍处于早期探索阶段，离规模化落地尚有差距

按照部署模式的不同，模型可以分为中心化和非中心化两种。其中，中心化模式即调用通用大模型或第三方公有垂直模型的 API 接口去构建业务功能、实现场景应用；非中心化模式则是根据使用场景和功能，以专有数据、私有数据精调优化，拥有一个甚至多个专属模型或私有化模型。不同规模企业、不同行业领域对于模型部署模式的倾向不同。其中，行业巨头及大中型机构部署自己的非中心化模型，营销、办公、文旅等集中度不高的行业或金融、交通、制造、能源等领域的中小微用户则依托各大云厂商的云平台调用中心化大模型，以降低成本、提高效率。"模型商店"是云厂商大模型服务的主要形式，将进一步强化云厂商竞争优势。如抖音依托火山引擎，开发的"火山方舟"Maas 一站式服务云平台，集结了多家大模型对外输出服务，广大 B 端用户可选择适合的模型调用。

目前，依托"北京市通用人工智能产业创新伙伴计划"，遵循"以用促研""以用促产"的原则，北京市已发布两批 37 家应用伙伴名单，以促进应用场景开放。其中，推动北京市政务服务管理局等政府机关、北京市中小企业服务中心等事业单位、清华大学出版社等国有企业组织积极使用安全可靠的大模型产品和服务，是促进大模型应用落地的"先手棋"（37 家中有10 家，占比达 27%）。从总体来看，现阶段大模型应用多集中在知识检索、文字生成等方面，政务、金融、医疗等垂直领域对数据质量及自动生成内容的容错率、准确性、专业性要求高，导致大模型落地以面向内部非核心系统应用为主，离大规模对外提供服务尚有距离。

三　对策建议

（一）加快算力基础设施建设，优化供给结构

鼓励市场竞争和技术创新，引导科技企业强信心、增投入，加快智算中心建设，培育优化算力生态。有序推进全市算力资源总量摸底工作，探索建立人工智能计算资源名录管理机制，推动以数据中心、5G为代表的新型基础设施绿色高质量发展。深化落实《人工智能算力券实施方案（2023—2025年）》，引导算力资源为人工智能大模型产业提供多元化普惠算力。以研发补贴、产学研合作等多元化方式，持续引导人工智能高性能芯片研发设计、代工生产创新突破，支持国产芯片规模化采购使用，为自主可控算力芯片生产供应体系建设提供有力支撑。

（二）支持高质量数据集开发，进一步深化数据要素市场建设

以资金支持、场景开放等多元化措施，引导集聚国内头部知识类平台设立数据子公司，支持企业加快数字化转型、加强数据资源采集标注，为优质中文数据集开发建设提供良好的基础。加快各层级首席数据官设立，深入盘点公共数据资源，加强数据要素市场奖励示范政策落实，以数据伙伴名单发布、挂牌上市等多元化方式，加快推动高质量数据库整理开发、共享流通，不断降低大模型训练数据获取成本与门槛。依托数据基础制度先行区建设，争取国家支持，加快建设国家级数据训练基地，探索高价值数据共享的版权、安全和激励机制问题，推动形成基于贡献的商业化合作模式。鼓励数据服务采购，拓展规范化数据开发利用场景。

（三）加强算法与工具创新，优化开放合作生态

着力培育源头创新，通过科技创新重大项目，着力推动大模型算法、框架等基础性原创性的技术突破，强化"根"技术研发。以研发费用加计扣

除、联盟合作等方式，引导产学研主体形成合力，共同攻坚底层技术。鼓励开源社区建设，不断优化开发者生态，推动算法与工具快速迭代。支持通用领域头部科技企业研发自主可控国产大模型，鼓励垂直领域在大模型基础上，利用开源工具构建规范可控的自主工具链。借鉴 Databricks 等海外领先 AI 数据平台经验，支持大数据企业通过兼并收购、联合研发等多元化举措，迅速增强大模型相关能力，提升 AI 训练、模型管理等数据服务能力，以便更好地分享大模型应用落地带来的市场红利。

（四）深化应用场景开放，牵引大模型应用落地

依据"北京市通用人工智能产业创新伙伴计划"，在全市三大优先领域（政务服务、金融服务、智慧城市）、三大创新领域试点部署（虚拟数字人、数字医疗、电商零售），鼓励引导大模型的多元化行业落地，构建垂直领域由数据支撑的研发应用新生态。加快探索大模型商业化模式，推动大模型创新产品、市场化项目、应用场景的供需对接，鼓励人工智能大模型技术对现有生产、服务和管理方式的改造升级，从应用层发力推进"千行百业+AI"。

（五）做好引导监督，推动大模型产业安全有序发展

坚守安全底线，构建高标准评测及治理体系。在产业竞争中，鼓励企业通过战略结盟、联合攻关等多种形式，共同推动新技术研发、新市场开拓，避免"价格战""消耗战"等恶性竞争与无序发展。探索完善常态化监管机制，对于隐私保护、安全监测、风险管理、知识产权确权等问题，通过部门监管、行业联盟、自觉规范等多元化方式，营造鼓励创新和包容审慎监管的发展环境。

参考文献

北京市科学技术委员会、中关村科技园区管理委员会：《北京市人工智能行业大模

型创新应用白皮书（2023 年）》，2023 年 11 月。

《中国算力，雄心与软肋》，财经十一人，2023 年 5 月。

华泰证券：《AI 大模型需要什么样的数据?》，2023 年 5 月。

《捕捉生成式 AI 新机遇——全球洞见　中国实践》，麦肯锡 2023 年中国金融业生成式人工智能发展论坛，2023 年 9 月 12 日。

中国信息通信研究院：《中国综合算力指数（2023 年）》，2023 年 8 月。

B.15
北京市服务业的产业演变
与高质量发展路径研究

徐李璐邑*

摘　要： 从20世纪90年代开始，北京市就积极推动产业结构演变，引领服务业成为经济增长的主要动力。北京市的服务业规模迅速增长，服务业增加值占GDP比重不断上升，2023年达到84.8%，居全国首位。在三类服务业中，生产性服务业对服务业增长的贡献率高达73%。而生产性服务业的集聚效应，也改变了城市发展逻辑，深刻地影响了城市产业空间布局，并引发了人口规模集聚、区域发展和产业融合不足等问题，阻碍了北京服务业的高质量发展。对此，研究提出深化服务业高质量发展的认识、加快产业融合发展促进服务业创新、积极扩大服务业对外开放、以都市圈为支撑推动服务业产业空间再组织，进一步促进北京服务业高质量发展。

关键词： 城市经济增长　产业演变　区域协调　首都都市圈

一　引言

从20世纪90年代开始，首都经济发展战略调整，北京积极推动产业结构从"二三一"向"三二一"转变，服务业即第三产业开始逐步成为经济

---

* 徐李璐邑，博士，北京市社会科学院经济研究所助理研究员，研究方向：区域经济、城镇化与城乡发展。

增长的主动力。很多学者认为，相较于制造业，服务业更加依赖于本地市场容量，具有更强的空间集聚效应。因此，伴随着产业结构向以服务业为主演进，北京的经济增长支持、经济空间结构、产业结构比重等都发生了显著变化。特别是 2000 年以来，互联网、软件信息业、科技服务业等生产性服务业快速发展，更加深刻地影响了北京作为超大城市的发展逻辑和发展路径。从 2014 年开始，随着"四个中心"定位的明确和以疏解"非首都功能"为牛鼻子的京津冀协同发展战略上升为国家战略，北京进一步调整优化了地区产业发展目标。2023 年，北京实现地区生产总值 43760.7 亿元，其中第三产业增加值 37129.6 亿元，占比达到 84.8%，居全国首位。对北京来说，服务业当之无愧地成为经济增长"引擎"。在新发展格局下，北京的服务业比重是否有可能进一步增长，北京要如何更好地推动服务业高质量发展，如何利用好服务业高质量发展引领京津冀区域协同发展，是未来北京经济发展中的重要议题。

二 北京市服务业的发展演变历程

服务业是生产服务产品或者直接提供服务的经济部门。尽管服务业在人类社会中很早就已经存在，但现代服务业成为主要经济部门是在第二次世界大战以后。从 20 世纪 60 年代开始，以微电子技术为核心的新技术革命推动部分西方国家的经济结构开始由工业经济向服务型经济转变，服务业在一开始也被视为"白领"行业。1968 年，美国经济学家富克斯在其著作《服务经济》一书中提出美国等西方国家率先进入"服务经济"社会，贝尔在其基础上进一步深化研究，提出了著名的"后工业社会"理论，主张推动服务业蓬勃发展是驱动经济增长、影响区域和城市发展的新动力。到 20 世纪后半叶，随着信息技术的创新和扩散，经济全球化进程加速，发展中国家陆续参与到经济全球化分工中，我国沿海城市的经济结构也开始出现服务化倾向，北京也是在此大背景下，积极推动产业结构调整。作为首都和国内具有全球影响力的大都市，北京的服务经济规模不断扩大，且知识化、专业化趋势不断凸显，服务业内部结构也快速变化，金融业、信息服务业、软件服务业、科技服务业等技术和知识密集型服务业逐渐成长为服务业的主体，并成长为推动北京经济增长、支撑城市发展的重要力量。

（一）北京市服务业规模增长迅速，比重不断上升

1978~2023 年，北京市的服务业产值从 26 亿元增长到 37000 亿元（按照当年价格计算），总体实现迅猛增长，可谓伴随着中国改革开放实现了服务业发展的奇迹。从 20 世纪 90 年代开始，北京积极推动产业结构从"二三一"向"三二一"转变，服务业比重不断上升。从数据来看，改革开放以来北京服务业发展大体可以分为四个阶段：第一阶段是 1978~1989 年服务业增长起步时期，第三产业增加值从 26 亿元增长到 165 亿元，占 GDP 比重从 23%提升到 36%；第二阶段是 1990~2002 年服务业快速增长时期，第三产业增加值从不到 200 亿元增长至超过 3200 亿元，占 GDP 比重快速增加，从不到 40%快速提升至 70%；第三阶段是 2003~2011 年服务业稳步增长时期，第三产业增加值占 GDP 比重从 70%增加到78%，第三产业增加值首次突破万亿元，从 3700 多亿元增长至 13000 多亿元，北京开始呈现出"后工业时代"社会特征，包括信息技术应用普及、知识经济的"溢出效应"明显、以技术服务为核心的职业群体比重增加等；第四阶段是 2012 年至今服务业稳步发展时期，2012~2023 年第三产业增加值占 GDP 比重从 77%逐步提升到 84%，实现第三产业增加值从 15000 亿元增长到 37000 亿元，进一步彰显了服务业在北京经济发展中的支撑和引领作用。

（二）北京市三类服务业发展趋势有所不同

事实上，服务业涵盖了特征迥异的多个行业，不同服务业的发展趋势是明显不同的。在国内的经济研究和统计学口径中，服务业等同于第三产业，既包括生产性服务业，也包括生活性服务业和公共服务业。根据《国民经

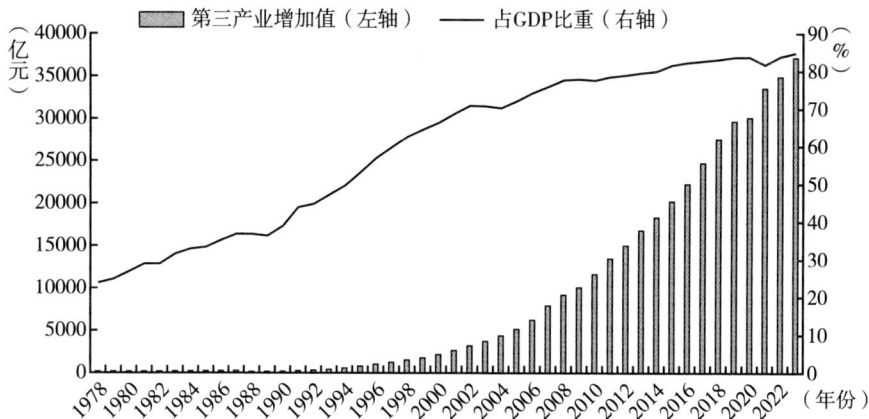

图1　北京市第三产业增加值及其占比演变

资料来源：历年《北京统计年鉴》。

济行业分类》（GB/T 4754-2017）对服务业的分类界定，生产性服务业包括：交通运输、仓储和邮政业，信息传输、软件和信息技术服务业，金融业，房地产业，租赁和商务服务业，科学研究和技术服务业六大类。生活性服务业包括：批发和零售业，住宿和餐饮业，居民服务、修理和其他服务业，文化、体育和娱乐业四大类。还有一部分称为公共服务业，通常是由公共部门提供的，具体包括：水利、环境和公共设施管理业，教育，卫生和社会工作，公共管理、社会保障和社会组织四大类。

根据以上分类，将北京服务业分类来看，三类服务业发展趋势明显不同。从2001~2022年产值来看，北京市生产性服务业产值规模增长明显，产值从最初的1500亿元增长到超过25000亿元（按当年价格计算）；生活性服务业产值仅从不到700亿元增长到4000多亿元；公共服务业产值仅从不到400亿元增长到5000多亿元，不论是规模体量还是增长速度都远远不及生产性服务业的带动作用强。从2001~2022年三类服务业产值占服务业总产值的比重来看，公共服务业产值比重一直相对保持稳定，基本稳定在15%左右，变化幅度不大；而生活性服务业产值比重则出现明显下降，从超过25%逐步下降至不到15%；与之相对应的是生产性服务业产值比重提升。

通过各类产业的比重变化明显可以看出，服务业中能够起到发展带动作用的主体其实是生产性服务业。2001~2022 年，生产性服务业增长对北京市服务业总体增长的贡献率达到 73%。

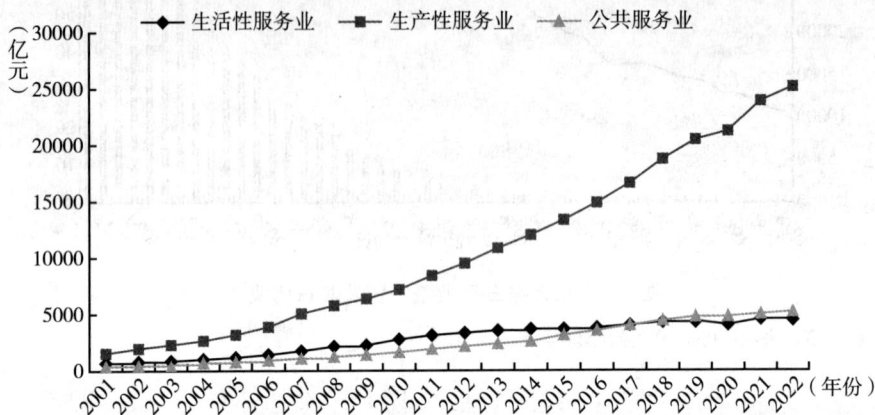

图 2　2001~2022 年北京市三类服务业产值演变

资料来源：《北京统计年鉴 2023》。

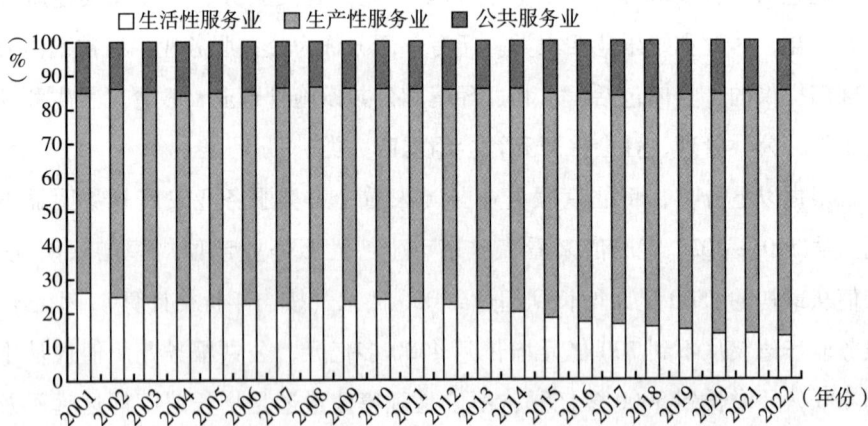

图 3　2001~2022 年北京市三类服务业产值比重演变

资料来源：《北京统计年鉴 2023》。

（三）北京市三类服务业的空间分布各有特色

服务业的总体分布呈现集聚特征，但不同类型的服务行业特点各异，空间分布特征也各具特色。一般来说，能够产生集聚效应的服务业通常是生产性服务业，也是服务业中知识、技术密集型产业，吸纳的就业人口相对较少。但是一般情况下，知识、技术密集的生产性服务业属于附加值更高的高端产业，其发展更加依赖于城市规模和集聚效应，因此城市化水平越高，生产性服务业比重就越大。而生活性服务业主要面对最终消费群体，行业门槛较低，以劳动密集型产业为主，体现了追随人口和市场而聚集分布格局，其聚集程度小于追求规模收益递增的生产性服务业。公共服务业主要由公共部门根据实际需求来布局。并且，在经济快速发展的背景下，公共服务业呈现逐步均等化的发展趋势，这与公共服务业的发展要求和政府责任相一致，也是实现包容性城市化的体现。[①]

从实际来看，北京的三类服务业在市域范围内的空间分布非常契合各自的特点。以 2022 年为例，将空间集中率作为测量指标分别计算不同类型服务行业的空间集中度，可以明显看出，生产性服务业的平均空间集中度最高，而公共服务业的平均空间集中度最低。在指标考察中，产值排前三位的地区空间集中率均提升约 20%。从数据来看，北京生活性服务业的 CR1 和 CR3 集中率依然较高，但更重要的影响因素应该是海淀区和朝阳区的人口规模较大，对生活性服务业的需求也更大，产业体量更大。同时，不论是哪种类型的服务业，在 CR3 的集聚测度中，中心城外区所占比重都非常有限，除顺义区的交通运输、仓储和邮政业受首都机场辐射影响，产值所占比重较高，在全市也具备非常强的引领作用外，其他服务业在中心城六区中的占比都非常高，而在其他区的占比较低。

---

① 李善同等：《城市化中国：新阶段、新趋势、新思维》，经济科学出版社，2018。

表1　2022年北京服务业空间集中率

单位：%

行业		CR1	CR3	CR3 的区		
生活性服务业	批发和零售业	39.14	62.66	朝阳区	东城区	海淀区
	住宿和餐饮业	25.75	52.93	朝阳区	海淀区	东城区
	居民服务、修理和其他服务业	22.17	45.00	朝阳区	海淀区	丰台区
	文化、体育和娱乐业	31.75	65.69	海淀区	西城区	朝阳区
生产性服务业	交通运输、仓储和邮政业	50.89	73.52	顺义区	朝阳区	海淀区
	信息传输、软件和信息技术服务业	60.56	79.52	海淀区	朝阳区	东城区
	金融业	37.68	69.32	西城区	朝阳区	海淀区
	房地产业	24.46	47.93	朝阳区	海淀区	东城区
	租赁和商务服务业	42.46	67.03	朝阳区	西城区	海淀区
	科学研究和技术服务业	36.47	66.85	海淀区	朝阳区	东城区
公共服务业	水利、环境和公共设施管理业	25.73	55.68	海淀区	朝阳区	西城区
	教育	37.90	60.64	海淀区	朝阳区	西城区
	卫生和社会工作	20.06	49.46	朝阳区	西城区	海淀区
	公共管理、社会保障和社会组织	18.49	49.46	西城区	东城区	朝阳区

资料来源：根据《北京区域统计年鉴2023》数据计算所得。

三　北京市服务业高质量发展存在的问题

从20世纪60年代开始，全球工业化进程不断加快，服务业的演进也成为产业发展的重要标志。其实，相比于传统农业和工业的发展，服务业本质上更加依赖于集聚效应，服务业集聚发展的主要空间载体就是城市。Coffey曾指出，功能不同的服务业通过前后向关联呈现出地理集群现象，促进许多国际性城市形成了"组织活动复合体"。[①] 因此，城市化本身就意味着聚集

① Coffey W. J., "The Geographies of Producer Services," *Urban Geography*, 1991（2）.

经济在空间地域上的实现，服务业的发展事实上与城市化进程也是紧密相连的。从 20 世纪 90 年代开始，我国整体进入城市化快速发展阶段，大量的农业转移劳动力在更高收入的吸引下向大城市集聚，大城市发展也从典型的工业集聚转向更加高等级的服务业集聚。在这一背景下，北京市积极推动产业结构调整、大力促进服务业发展，满足了我国在城市化快速发展阶段，通过高等级产业创造就业岗位从而吸纳大量农业转移劳动力的需求。北京作为国内具有全球影响力的重要大都市，充分引领了我国经济的高速发展。快速、大规模的城市化进程，不仅加速了北京自身的城市化进程，也改变了北京的城市发展逻辑，由于制度的不完善、要素流动的不通畅，出现了"大城市病"，使北京自身发展面临若干困境，甚至可能影响未来进一步推动服务业高质量发展，亟待破局。

（一）高比重服务业难以缓解大规模人口集聚

从 20 世纪 90 年代开始，北京市人口规模不断扩大，并且增速越来越快。1990 年北京常住人口约为 1086 万人，2005 年突破 1500 万人，2011 年突破 2000 万人。集聚超过 1500 万人口大概用了 15 年时间，但是集聚超过 2000 万人口仅用了 6 年时间。很多研究都对这一状况进行了分析，但是很少有研究关注北京发展服务业所产生的乘数效应。

根据城市经济理论和经济基础理论，城市的存在和发展取决于其为其他城市或地区所能提供的产品和服务，一个城市全部的就业人口可以根据产品和服务的流向分为基础产业就业人口和非基础产业就业人口，前者为外地提供产品和服务，后者为本地提供产品和服务。城市经济发展需要增加的是基础产业就业人口，而在基础产业就业人口不变的情况下，增加非基础就业人口并不能推动经济发展。因此，城市规模越大，基础产业就业人口所占的比重越小，其基础经济乘数就越大。一般的规律是，高端产业的就业人口更多的是基础产业就业人口。[①] 由于产业间紧密的联系，增加一个高附加值产业

①　丁成日：《世界巨（特）大城市发展——规律、挑战、增长控制及其评价》，中国建筑工业出版社，2015。

的就业人口带来的就业人口规模更大，而增加低附加值产业的就业人口带来的就业人口规模更小。这说明，在产业结构中，高端产业所占比重越大，一个城市的基础经济乘数就越大。因此，对北京来说，服务业中的生产性服务业属于高附加值产业，吸纳就业能力不强，但由于属于基础产业，不仅能够推动城市经济增长，也能够带动的就业人口规模更大。服务业中的生活性服务业属于低附加值产业，劳动密集型产业偏多，能够带动的就业人口规模也很大。实际中，除服务业产值外，评价服务业发展状况的指标还包括服务业的就业规模。劳动力需要就业，劳动力也会根据就业需要而选择居住地。从总体来说，发展服务业并不意味着就业人口规模会减小，反而可能出现就业人口规模更大的结果。

（二）服务业产业链条较短影响区域经济协调

与工业的产业链相比，服务业的上下游环节较少，产业链条相对较短。在推动产业结构调整后，产业链条较短的服务业难以在北京市域范围产生足够大的辐射影响力，影响了区域经济协调发展。2000 年以来，北京服务业的空间分布就一直集中在中心城区，仅向部分郊区扩散。通过前文的分析可以发现，生产总值占比居前的生产性服务业是金融业，信息传输、软件和信息技术服务业，科学研究和技术服务业，三类产业在北京的空间分布非常集中，排前三的地区的空间集中率都超过了 60%，且都位于中心城区。北京市郊区并没有相关的产业要素集聚，市域范围内各区间也暂未形成高效分工、错位发展、相互融合的产业空间发展格局，以服务业为主的产业结构对北京大部分郊区的发展并没有产生辐射带动作用。

区位基尼系数是专门用于刻画产业在地理空间上分布不均衡程度的指标，取值区间为 0~1，区位基尼系数越接近于 0，说明产业相当平均地分布于各区，区位基尼系数越接近于 1，表明产业的集聚程度越高，区域间分布越不平衡，区域经济发展的协调性越不足。如果用北京市各区 GDP、第二产业增加值、第三产业增加值分别计算不同类型的区位基尼系数，可以发现，北京市 GDP 的区位基尼系数大都维持在 0.55 左右；但分产业来看，第

二产业增加值的区位基尼系数在大部分年份均不到0.5，第三产业增加值的
区位基尼系数则常年在0.6以上，说明与工业生产相比，服务业的集聚效应
反而更强，更不利于推动区域均衡发展。以服务业为主的产业结构事实上不
利于缩小北京市域范围内的各区经济发展差距，反而拉低了北京区域经济发
展的协调性。

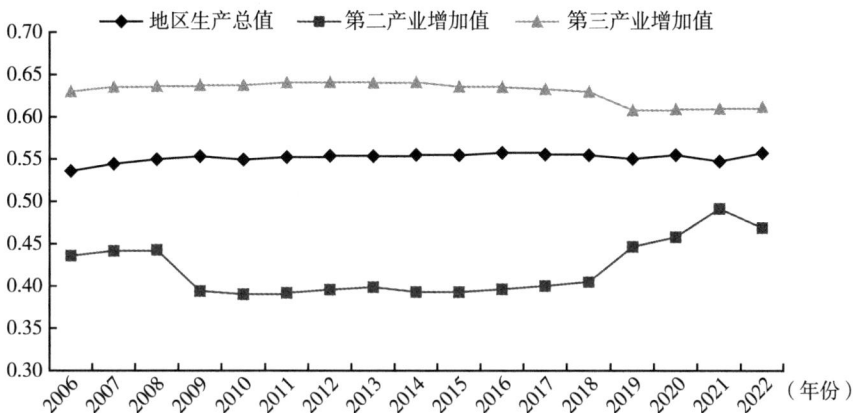

图4 2006~2022年北京区位基尼系数变动

资料来源：根据历年《北京区域统计年鉴》数据计算所得。

（三）生产性服务业与制造业融合不足抑制产业创新演进

从产业发展的演进规律来看，生产性服务业本身就是随着工业化不断深
化而逐步分工演化出来的新型行业。这也意味着，尽管生产性服务业已经从
工业发展中演化分离出来，但其主要的服务对象依然是工业企业或组织，特
别是制造业企业或组织，其产业发展演进过程必然无法完全脱离制造业的发
展需求。针对生产性服务业与制造业的相互作用和相互机制已有很多研究，
例如Markusen就认为，生产专业化和分工逐渐深化，决定了生产性服务业
和制造业的互动关系。[1] Anderson的研究也证实从空间布局和地理位置的角

---

[1] Markusen J. , "Trade in Producer Services and in Other Specialized Intermediate Inputs," *American Economic Review*, 1989, 236（1）.

度，说明生产性服务业和制造业互为函数，并且存在协同效应。① 但不论是自动化、信息化，还是当前最为热门的数字化、智能化，其所倡导推进的主体都是制造业的生产方式，生产性服务业的投入应与制造业的效益提升呈现正相关性，生产性服务业的发展演进也一定要适应工业制造业的发展要求，只有这样，才能有进一步创新演化的空间。特别是主要服务于制造业的相关生产性服务业部门，是推动生产性服务业整体演进发展的重要主体。

但从北京的产业发展进程来看，在推动产业转型的过程中，工业制造业的退出速度是比较快的，导致北京生产性服务业与制造业的融合不足，两者相互促进发展的作用并不突出。邱灵等的研究发现，2002 年前后，北京地区的生产性服务业已经形成以技术、知识密集型现代服务业为主体的结构，总体对制造业的服务业化程度较低，两者的就业人口分布呈现出不一致的空间集聚性，② 说明两者并没有形成显著的协同和支撑作用。2015 年以来，随着北京进一步推动"非首都功能"疏解，部分不符合首都发展目标的制造业被疏解，工业生产集中为汽车制造业，电力、热力生产和供应业，医药制造业，电子信息四类行业，并与生产性服务业的融合不足。而生产性服务业如果缺少足够的制造业支撑，随着其产值的不断增加，可能因缺少与制造业的足够互动而无法及时适应制造业的发展需求，反过来抑制生产性服务业的创新发展，并最终影响服务业的产值、规模、效益等的进一步提升。

四 推动北京服务业高质量发展的对策建议

服务业已经成为北京经济发展的重要支撑，服务业高质量发展直接关系到北京市经济高质量发展。一般而言，只有大城市是服务业导向的，这是因为大城市的经济规模较大，可以适应高等级产业的发展要求，产生更大的产业乘数效应。北京较早就开始推动产业结构调整，发展高等级服务业不仅是

---

① Anderson, "Co-location of Manufacturing and Producer Services: A Simultaneous Equation Approach," Working Paper, 2004.

② 邱灵等：《北京生产性服务业与制造业的关联及空间分布》，《地理学报》2008 年第 12 期。

符合城市的定位，也是适应国家产业发展要求的，体现了新时代发展中的首都担当。面对新发展格局，必须将推动北京服务业高质量发展摆在重要位置，深化服务业高质量发展的认识，促进服务业创新发展，积极扩大服务业对外开放，加快支撑都市圈建设的服务业发展。为促进北京发展高等级服务业，从而进一步推动服务业高质量发展，提出以下对策建议。

（一）深化服务业高质量发展的认识

高质量发展是全面建设社会主义现代化国家的首要任务。北京已经形成以服务业为主的产业结构，契合国家产业发展的需求，适应经济社会发展的需要，充分体现了首都责任担当。未来应从北京"四个中心"的功能定位出发，进一步深化服务业高质量发展的认识。一是按照北京服务业高质量发展目标，推动服务业的产值提升、规模扩大，更要重视培育服务业创新发展环境，努力增强服务业发展优势，提升服务业的全球影响力。二是充分认识服务业的产业类型，厘清生产性服务业、生活性服务业和公共服务业等不同类型服务业的产业特点，优化不同类型的产业政策，完善有利于北京服务业发展的营商环境。三是按照共同富裕的社会主义现代化国家发展目标，在以服务业为主的产业体系下加快推动区域经济协调发展，力争北京率先实现全域共富。

（二）加快产业融合发展促进服务业创新

以服务业为主的产业结构决定了服务业发展规模是影响北京经济辐射能级的重要因素。作为服务业中最具影响力和产业规模提升能力的行业，生产性服务业必须适应实业发展需要，持续增加产值，提升辐射能级。一是加快推动生产性服务业与制造业的融合发展，增强产业互动，促进行业细分，扩大和提升行业规模和生产效率。二是充分把握信息时代、数字时代、人工智能时代下的机遇，增强生产性服务业相关活动的供给实力，打造服务于产业数字化、智能化的优势。三是进一步规范、鼓励平台经济发展，积极适应社会转型发展需求，创造新型就业岗位，进一步提升生产效率。

（三）积极扩大服务业对外开放

与制造业不同，服务业发展需要广阔的腹地支撑，腹地的面积与支撑能力决定了服务业发展规模。通过 20 多年的发展，北京作为首都，已经形成以全国为腹地的服务业发展支撑。未来要进一步强化服务业的腹地支撑，通过扩大对外开放，进一步拓展服务业腹地，更加有效地扩大北京服务业规模。2023 年 11 月，国务院已经批复关于《支持北京深化国家服务业扩大开放综合示范区建设工作方案》，为北京市的服务业扩大开放带来了新机遇。一是充分落实服务业扩大开放综合示范区建设工作方案，加快推动体制、机制创新，加强国内外资源要素互动，进一步释放服务业发展潜力。二是充分利用京津冀协同发展等国家级区域战略优势，提升京津冀生产要素合作水平，大幅提升优质服务贸易供给能力。三是加强产业监管，在扩大开放的同时积极跟踪、反馈产业发展进程，完善相关法律法规，营造公平公正的产业发展环境。

（四）以都市圈为支撑推动服务业产业空间再组织

超大城市广阔的市域面积、规模庞大的人口和经济活动是生产性服务业实现空间分工的基础条件，[①] 但也要高度重视服务业集聚发展引发的区域不协调问题，纾解"大城市病"困局。在工业化初期，制造业分工是推动区域经济发展和空间重塑的主要动力，而在后工业化时期，服务业特别是生产性服务业分工成为区域内部空间再组织的重要力量。北京作为处于后工业化时期、服务业主导型超大城市，要加快先行先试，以都市圈建设为引领推动区域内服务业的产业空间再组织。一是充分发展公共服务业，推动区域均等化，为都市圈内小城镇建设奠定良好的基础。二是充分利用生活性服务业基于人口密度实现规模效益的特点，加快支撑都市圈发展的生活性服务业发

---

① 宋昌耀等：《超大城市生产性服务业空间分工及其效应分析——以北京为例》，《地理科学》2018 年第 12 期。

展，实现市域范围内生活服务业的均等化发展。三是在具备良好的公共服务和生活服务发展条件下，推动生产性服务业在区域内部实现空间再组织，通过多点小集聚、圈内大互动，推动形成以北京为核心的现代化都市圈发展格局。

参考文献

宋昌耀等：《超大城市生产性服务业空间分工及其效应分析——以北京为例》，《地理科学》2018 年第 12 期。

邱灵等：《北京生产性服务业与制造业的关联及空间分布》，《地理学报》2008 年第 12 期。

丁成日：《世界巨（特）大城市发展——规律、挑战、增长控制及其评价》，中国建筑工业出版社，2015。

李善同等：《城市化中国：新阶段、新趋势、新思维》，经济科学出版社，2018。

Anderson，"Co-location of Manufacturing and Producer Services：A Simultaneous Equation Approach," Working Paper，2004.

Coffey W. J.，"The Geographies of Producer Services," *Urban Geography*，1991（2）.

Markusen J.，"Trade in Producer Services and in Other Specialized Intermediate Inputs," *American Economic Review*，1989，236（1）.

B.16
北京市2023年科技服务业运行特点
及2024年形势研判

韩沐洵*

摘　要：　2023 年北京市科技服务业延续低位运行态势，从年内看，呈现逐季向好、稳定恢复局面。细分领域优化调整呈现积极变化，区域间加快形成多头并进、多点支撑的发展格局。但需关注行业内存在整体竞争力不强、科技与产业割裂脱离、科技园区发展粗放低效、区域创新协同不够紧密、科技企业面临人才和资金要素掣肘等问题。2024 年，新一轮科技革命和产业变革不断塑造发展新动能新优势，美西方对华科技封锁加速国产化替代进程，国家支持科技创新优惠政策加力增效，北京市加快构建"五子"联动新格局助力行业打开增量空间，预计行业增速将逐步企稳，呈现回升向好发展态势。

关键词：　科技服务业　国际科技创新中心　专业技术服务　北京

2023 年，北京市加快推进国际科技创新中心建设，科技服务业对全市经济高质量发展继续发挥着重要的支撑作用，但受疫后经济复苏缓慢、需求疲软、海外业务开拓受阻等因素影响，科技服务业延续低位运行态势。2024年，随着内外部需求回暖、利好政策落地显效、科技成果加速涌现，北京市科技服务业将迎来打开增量空间的新机遇，预计增速将企稳，呈现回升向好发展态势。

---

* 韩沐洵，北京市经济信息中心经济师，研究方向：宏观经济与产业分析。

一　2023年北京市科技服务业运行特点

（一）行业增速呈现逐季向好、稳定恢复态势

2023年前三季度，北京市科技服务业实现增加值2621.3亿元，占GDP的比重保持在8.3%，与上年同期持平，次于信息服务业（20.1%）、金融业（20.0%）、工业（10.7%），排行业第四。在前期疫情冲击、经济复苏承压、内外部需求疲软的情况下，2023年前三季度科技服务业增加值增长2.9%，较2022年同期增速回升1.1个百分点，但明显低于第三产业6.1%的平均水平，远低于信息服务业的双位数增速。从年内看，2023年第一季度、上半年和前三季度科技服务业增加值分别增长-2.8%、2%、2.9%，呈现逐季向好、稳定恢复态势。[①] 从收入来看，1~9月科技服务业规上法人单位收入始终处于负增长区间，同比下降0.9%，低于第三产业2.5个百分点，但相比年初降幅逐渐收窄，1~10月转正至1.2%，全年实现4%的增长，高于第三产业1.6个百分点。[②] 在稳增长、稳预期、提信心系列政策落地显效的背景下，第四季度行业增速企稳回升。

（二）细分领域优化调整呈现积极变化

研发和试验发展领域战略科技力量不断夯实，科研成果加速涌现释放创新动能。怀柔综合性国家科学中心重大科技基础设施集群初步形成，16个设施平台进入科研状态；未来科技城集中发布2000余项技术创新成果，吸引优质资本投向重点项目和实体企业，推动科技成果加速变现。鼓励支持科技领军企业出题、高校院所揭榜、各创新主体协同的创新联合体建设。2023

---

① 北京市统计局、国家统计局北京调查总队：《北京市经济发展月报》，2023年11月。

② 北京市统计局、国家统计局北京调查总队：《第三产业法人单位主要经济指标》，2024年1月。

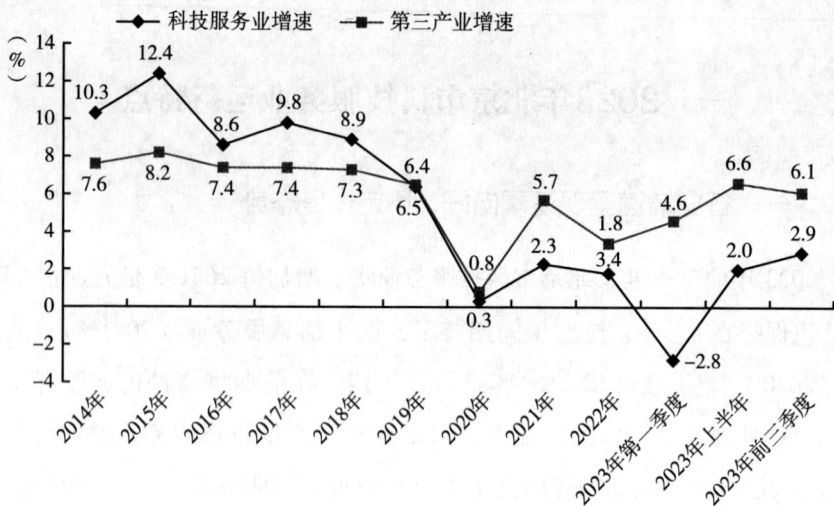

图1 北京市科技服务业及第三产业增加值增速

资料来源：北京市统计局。

年 1~11 月科技服务业大中型重点企业研发费用保持两位数的高速增长，达到 19.0%，较上年同期提高 3.9 个百分点，高于全行业 4.6% 的平均增速，有效发明专利量保持高增长态势，为 20% 左右①。

专业技术服务领域紧抓数实融合机遇，向专业化、智能化、高端化演进。一批工程技术研究中心、工业设计创新中心、工业设计促进专项引领行业技术、产品、模式、标准创新示范，新一代信息技术加速渗透，打通数实融合应用场景，通过平台化设计、智能化制造、个性化定制、数字化管理等典型模式推动行业向专业化、智能化、高端化演进。

科技推广和应用服务领域提质增效，推动硬科技快速落地转化。2023年 1~11 月，北京市技术合同成交额同比增长 6.6%，② 技术交易规模多年稳居全国首位。巢生生物医药孵化器等首批标杆孵化器推动前沿、颠覆性技术

---

① 北京市统计局、国家统计局北京调查总队：《大中型重点企业研究开发活动情况》，2023 年 12 月 29 日。

② 北京市科学技术委员会：《2023 年 1~11 月监测月报》，2023 年 12 月 18 日。

转化为创业项目，2023 年新培育国家高新技术、专精特新企业 109 家。[1] 在 2023 年全球城市创业孵化能力指数报告中，北京市综合得分居国内第 1、全球第 4，孵化绩效单项指标排名全球第 1。[2]

表1　北京市规上科技服务业法人单位数及营收变化

类别	单位数			营业收入		
	2022 年占比 （％）	2014~2022 年 占比提升幅度 （个百分点）	2014~2022 年 年均增速 （％）	2022 年占比 （％）	2014~2022 年 占比提升幅度 （个百分点）	2014~2022 年 年均增速 （％）
科技服务业	100.0	—	3.2	100.0	—	4.4
研究和试验发展	10.9	0.7	4.0	16.4	10.0	17.3
专业技术服务	54.2	0	3.6	64.4	-4.3	4.2
科技推广和应用服务	35.0	-2.5	2.3	19.2	-5.7	1.0

资料来源：《北京统计年鉴 2015》《北京统计年鉴 2023》。

（三）区域间加快形成多头并进、多点支撑的发展格局

中心城区依托资源优势，推动科技服务业集约化、高端化、国际化发展。海淀区强化产学研协同创新科技策源功能，多家孵化载体联合清华工研院、开源芯片研究院、智源人工智能研究院等科研院所提升硬科技培育效能；量子计算云平台"夸父"、超大规模智能模型"悟道3.0"、长安链3.0测试版本等一批重大成果相继面世，加快塑造形成新质生产力。截至 2023 年底，全区国家高新技术企业、专精特新企业占全市的近 70%，独角兽企业约占全市的四成。[3] 朝阳区首个国际科技组织总部集聚区正式建成，国际智能制造联盟、国际介科学组织等首批 8 家国际科技组织陆续入驻，为北京

---

[1] 《北京推动科技企业孵化器创新发展》，《北京商报》2023 年 12 月 19 日。

[2] 《全球城市创业孵化指数：北京综合得分排名第四》，中国新闻网，2023 年 5 月 28 日。

[3] 《一把手访谈：海淀区区长李俊杰：用好科技资源，加快发展新质生产力》，《新京报》2024 年 1 月 23 日。

市科技创新活动融入全球创新网络搭台铺路。东城区围绕数字创意、数字经济引优育强，中关村东城园地均、人均产出、收入利润率等均保持各分园前列。西城区提升研发服务竞争优势，做大专业设计服务品牌。平原新城快步赶上、按下创新发展"加速键"。顺义区制订科技服务业"扩张"计划，引入中交路建交通科技有限公司、北京中科百测检测技术有限公司等科技服务业企业，2023 年 1~11 月科技服务业规上企业实现营收同比大幅增长32.3%，增速排名全市第 1。① 大兴区引进培育一批高水准生产性服务机构，获批首个国家海外人才离岸创新创业基地，2023 年上半年科技服务业收入增速排全市第 4。② 城市副中心聚焦城市设计、工业设计、创意设计，吸引国内外知名设计机构落地集聚，上半年新设科技服务业企业数量居各行业之首，约占新设企业总量的 40%。③

（四）行业效益不断向好，固定资产投资保持高位

近年来，科技服务业在支撑其他部门经济转型升级的同时不断释放自身的发展红利，行业效益稳步提升。2014~2023 年，规上法人单位利润总额从446.8 亿元增加至 905.8 亿元，年均增长 8.2%，高于第三产业 2.6 个百分点。④ 其中研发和试验发展领域、专业技术服务领域、科技推广和应用服务领域利润总额年均增速分别为 26.9%、3.5%、4.7%，⑤ 反映出研发和试验发展领域是利润增长的主要动力。2023 年上半年科技服务业利润总额实现9.3%的中高增速，与同期第三产业同比下跌 25.2%形成明显反差，表明行业运营质效不断向好。行业固定资产投资表现亮眼，2023 年上半年、前三季度

① 顺义区科学技术委员会：《顺义区科技服务业增速全市排名第 1》，2024 年 1 月 15 日。
② 大兴区发展改革委：《北京市大兴区人民政府关于 2023 年上半年国民经济和社会发展计划执行情况的报告》，2023 年 8 月 23 日。
③ 《北京市城市副中心上半年新设企业 9803 户，科学研究和技术服务业超三成》，京报网，2023 年 7 月 25 日。
④ 北京市统计局、国家统计局北京调查总队：《第三产业法人单位主要经济指标》，2024 年 1月 31 日。
⑤ 北京市统计局、国家统计局北京调查总队：《北京统计年鉴 2023》，2023 年 12 月 31 日。

科技服务业固定资产投资增速分别为74.5%、49.7%，高于第三产业54.5个、41.3个百分点，[①]远高于同期制造业投资增速，为后期稳增长创造了条件。

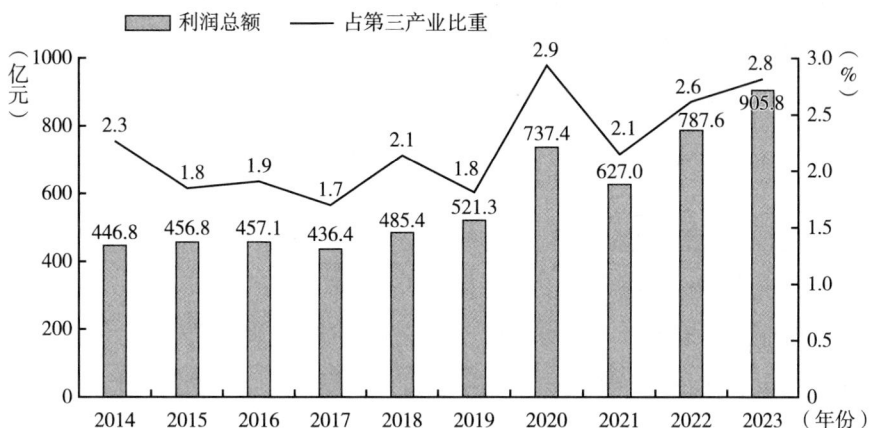

图2　北京市科技服务业规上法人单位利润总额及其占第三产业比重

资料来源：北京市统计局。

二　需关注的问题

（一）行业增速近年维持低位运行态势

2020年以来，疫情冲击叠加海外局势趋紧使科技服务业需求受到抑制，增速自2020年降到低点0.4%后始终处于低位运行态势，2021年、2022年、2023年前三季度分别为2.3%、1.8%、2.9%，低于同期第三产业3.4个、1.6个和3.2个百分点，远低于同期金融业、信息服务业的增速，究其原因：一是疫情导致上游工程技术服务项目需求减少，海外业务市场开拓受阻，加之房地产投资持续低迷，拉低行业整体增速。二是疫情给企业营收带来损失，人力、房租、经营成本负担加重，相应会缩减研发支出继而影响研

---

① 北京市统计局、国家统计局北京调查总队：《固定资产投资》，2023年10月20日。

发活动和科研创新。经济恢复期，企业对于创新研发投入趋于保守。2023年1~11月，北京市大中型重点企业研究开发费用同比增长4.6%，较上年同期低5.4个百分点，① 与研发费用增速年度目标14%相比有较大差距。三是企业外迁或在外地设立子公司造成本地收入下降，制造业及重点产业链配套外流也给科技服务业带来需求流失风险。

（二）行业竞争力不强，科技与产业间存在割裂脱离现象

一是行业企业规模小、竞争力弱，高端业态服务供给不足。规上法人单位不足，占全部科技服务业市场主体的1%，规上企均收入（2.0亿元）低于第三产业（4.3亿元）平均水平。② 医药研发外包规模和影响力与医药健康业千亿级规划量级不匹配，高端工业设计、发明评估、交易推广、检验检测、科技咨询等服务业态专业化程度不高，缺乏深耕细作的垂直型龙头服务机构，更缺少具有国际影响力的科技服务品牌。二是科研成果与产业应用端存在割裂状态。北京市70%以上的科研力量集中分布在高校、科研院所，但受国有科技资产管理和人员编制等因素影响，首都科技平台、非经营性科技资产面向社会化运营不足，企业R&D经费仅占全社会的40%，远低于深圳的90%和上海的60%，众多科研成果与产业端割裂脱离。三是规模化系统化的概念验证和中试服务较为匮乏。企业自身研发成果转化试验平台的产业化应用范围有限，北京市针对中试环节的产业引导基金及资金补助等优惠扶持政策较少，中试基地往往面临资金短缺、设备配置不全、运营人员经验不足等问题，缺乏技术工程化、系统化和产业化整合能力，影响了科技成果本地转化效率。

（三）科技园区发展粗放低效，区域创新协同性不够紧密

一是各园区运营模式趋于同质化，大部分仅提供办公场地、转化厂房或

---

① 北京市统计局、国家统计局北京调查总队：《大中型重点企业研究开发活动情况》，2023年12月29日。

② 北京市统计局、国家统计局北京调查总队：《第三产业法人单位主要经济指标》，2024年1月31日。

初级增值服务，入园项目"含金量"不高，一些自发形成的双创空间与区域规划布局存在错位，造成定位雷同、重形式不重内容。园区缺乏量化的科技评价指标体系，不能有效激活科技园区的创新创业活力，导致地均产出偏低。中关村科技园区的土地面积占比约两倍于上海张江高科园区，但两者对经济增长的贡献相当。二是科技服务业对先进制造业的配套支撑不足。工业设计、中试打样、检验检测集群生态不完善，服务覆盖范围较窄，时效性、灵活性较弱，与高端装备制造、生物医药、精密仪器设备、新材料等生产型项目衔接不畅。三是京津冀科技成果转化链条存在断点。北京市重点企业产业链供应链配套60%分布于长三角地区，津冀区域内下游应用场景和产业协同不足使北京市科技成果更多地流向了长三角、粤港澳等产业集群发达地区。2022年北京市流向外省市技术合同成交额占比为57.3%，是同期广东、上海的2~3倍，而流向津冀的技术合同成交额不足流向外省市的一成。①

（四）科技企业面临的人才、资金要素掣肘问题亟待解决

一是高端科技领域人才缺口较大。调研企业反映，集成电路、生物医药、高端装备制造等北京市重点发展的高新技术行业人才缺乏问题较为严重，美国对华科技脱钩进一步限制了海外高端人才引进。近年来，以长三角、珠三角为代表的城市群加大领军人才引进政策支持力度，广东、上海、浙江人才流动受益最大，北京杰青人才流失最为严重，清华、北大毕业生留京率均低于40%。二是支撑科技成果落地转化的专业服务人才不足。北京市持证技术经理人约2000人，仅相当于江苏的1/2、浙江的1/3、上海的1/5。公共技术平台中试放大环节具有丰富经验的技术人才较为稀缺。以重点高校、院所、大型科技企业为依托的产学研人才培养和流动机制仍待完善，高校、科研院所在制度管理上对人才流向企业有条件约束。三是科技企业融资难问题仍较突出。由于难以获取科创企业技术创新与成果转化能力等有效信息，金融机构对于科创企业普遍不敢贷不愿贷。受美元基金撤离、外

---

① 北京市科学技术委员会：《2022北京技术市场统计年报》，2023年12月30日。

省市竞争加剧等影响，北京市股权投资额增速 2022 年较 2014 年大幅下降，"投早投小投科技"的效果不及预期。

三　2024年北京市科技服务业发展面临的环境

（一）新一轮科技革命和产业变革不断塑造行业发展新动能新优势

新一轮科技革命和产业变革浪潮席卷，一方面，以量子信息、人工智能、生命科学、新能源、新材料为代表的前沿技术交叉融合与快速迭代正重塑产业体系催生"引爆点"，创造出更丰富的未来场景和创新价值。另一方面，随着大数据、云计算、人工智能等新一代信息技术的快速发展，数字化智能化技术与实体经济深度融合释放大规模"数字红利"，成为传统产业转型升级的重要驱动力。科技服务业作为实现科技创新引领产业升级、推动经济向中高端水平迈进的重要领域，围绕具有先发优势的关键技术谋划布局战略科技力量，同时抢抓数字化转型机遇，带动服务模式的改进及服务效率的提升，推动研发创新、工业设计、质量管理、科技推广等的品质升级和结构调整，不断塑造产业发展新优势新动能，有望迎来蓬勃发展窗口期。

（二）西方对华技术封锁加速国产化替代进程，为行业发展提供有利契机

近年来，以美国为首的西方国家不断升级对华高技术产品出口和投资限制，对我国科技巨头实施遏制打压，并且对华科技遏制政策呈现精密化、常态化、长期化趋势。北京市被列入美国实体清单的企业约占全国的1/5，数量最多，短期内企业在关键设备、技术引进上面临断供风险，这将倒逼加速关键核心技术"卡脖子"领域国产化替代进程，打造安全可控、高效协同的创新链产业链供应链体系。如美国对 EDA 等软件出口管制将促进工业软件国产化推动和产品迭代，研发设计类软件市场规模快速增长，2022 年研

发设计类工业软件增速高达 17.0%，跃居国内工业软件市场增速第一。① 在基础研究和原始创新方面，加快科技基础设施建设，聚焦原始创新能力，抢占前沿技术制高点，为科技服务业发展壮大创造有利契机。

（三）政策利好密集释放，为行业优化繁荣营造良好环境

2024 年，积极财政政策配合稳健精准货币政策继续夯实经济复苏基础。国家持续优化民营经济发展环境，在税收减免、金融支持、人才培养、数字化转型等方面加大对民营企业的政策支持力度。强化科技创新引领，激发社会创新活力，深入实施知识产权强国战略，构建与新技术相适应的知识产权规则体系。加快完善数据基础制度，推动数据要素转变为多场景应用多类型融合的创新涌现。进一步激励企业加大研发投入，实施企业研发费用按100%税前加计扣除，专项资金支持专精特新企业发展，对科技企业孵化器、大学科技园和众创空间免征房产税和增值税，对研发机构采购国产设备全额退还增值税等，一系列利好政策密集释放为科技服务业发展营造良好的生态环境。

（四）北京市加快构建"五子"联动新格局，助力行业打开增量空间

北京市巩固国际科技创新中心建设中"第一子"的地位，坚持"五子"联动、一体推进，以建设全球数字经济标杆城市为抓手，增强数字经济核心产业发展动能，完善国家服务业扩大开放综合示范区与中国（北京）自由贸易试验区有机互动的对外开放体系，加强服务领域规则建设，支持引进科技类国际标准组织和产业联盟组织，鼓励建设"一带一路"联合实验室，深化国家科技交流合作，为科技服务业加速融入国际创新链条、打造对外合作创新平台高地营造有利条件。同时，京津冀协同发展不断迈上新台阶，津冀不断加强与北京市企业总部、科研院所等优质资源的对接合作，引导在京

---

① 赛迪顾问 CCIC：《数说 IT 研发设计类软件跃居工业软件市场增速第一》，2023 年 9 月 8 日。

优质企业、重大项目和创新资源入驻落户，构建梯次布局、协调联动的区域综合性创新体系，引导科技企业利用区域协同创新资源加速成长，打开科技服务业新的收入增量空间。

四　2024年北京市科技服务业形势研判

（一）科技服务业整体将呈现企稳回升态势

2024年，随着稳增长、提信心政策效果不断显现，经济全面回升的积极因素持续积累，科技服务业作为实现科技创新驱动产业升级、加快形成新质生产力的关键一环，其战略支撑作用将愈发凸显。国家支持科技创新的优惠政策加力增效，北京市加快构建"五子"联动新格局助力打开增量新空间，预计行业增速将逐步企稳，呈现回升向好发展态势。一是"三城一区"主平台加快建设，强化以国家实验室、高水平科研院所、新型研发机构、科技领军企业为代表的战略科技力量布局，带动科技服务业固定资产投资增速保持高位，2023年第一季度、上半年、前三季度科技服务业固定资产投资分别同比增长157.3%、74.5%、49.7%，高出第三产业148个、59个、41个百分点，同期金融业、信息服务业、商务服务业均呈现不同程度的下滑或微弱正增长态势。二是随着企业利润修复改善，叠加国家在税收减免、资金补贴等方面对民营企业的有力支持以及鼓励科技创新相关政策的加快落地，企业研发投入有望实现较快增长。2023年1~11月，北京市大中型重点企业有效发明专利数同比增长17.44%，中关村示范区规模以上企业实现技术收入同比增长33.1%，较上年同期提高22个百分点。三是"十四五"规划重大工程及经济社会重大项目加快建设，带动工程技术服务市场需求旺盛，海外市场受疫情影响逐渐减退，其边际改善趋势渐明，IMF预测，2024年全球商品和服务贸易同比增长约为3.5%，高于2023年2.6个百分点，"一带一路"倡议的深入实施将推动北京市更多工程承包及国际合作项目开展，带动工程技术服务领域进入加速发展阶段。

（二）研究和试验发展领域将保持高速增长态势

一是在高精尖产业创新发展带动下工程和技术研究的优势地位将进一步凸显。国家新能源汽车技术创新中心、智能网联汽车平台、国家第三代半导体技术创新中心等一批国家级技术创新中心、制造业创新中心在京布局，支持工程技术领域高端装备、关键零部件共性技术供给体系及成果产业化。北京市聚焦信息、人工智能、机器人、医药健康四大产业，设立总规模500亿元高精尖产业基金，重点用于促进相关领域创新创业，并规划到2025年，创建500家高精尖产业企业技术中心，围绕10个高精尖产业领域创建5家高精尖产业创新中心、10个左右中试服务平台。产业专项政策、专项基金、专业化创新服务平台体系加快完善，北京市工程和技术研究的优势地位将进一步巩固，保持平稳较快增长。二是医学研究和试验在疫后催生的巨大市场潜力下有望进入快速增长期。疫情使各国更加重视医药科技投入与研发，据预测，2020～2025年，我国医药研发投入年均复合增长率将达15.0%，约为全球的2倍，[①] 创新药加速上市开拓医药研发领域蓝海市场。北京市在新型疫苗、下一代抗体药物、细胞和基因治疗、国产高端医疗设备等方面具有领先优势，鼓励推广以CDMO（合同研发生产组织）为主导的医药研究服务业。2023年，亦昭生物医药中试研发生产基地正式投产，成为国内单园生产能力最大的生物医药CDMO服务基地之一，形成前端大院大所原始创新、中端医药外包加工中试、尾端生产物流的完整生态体系，加快推动生物医药创新产品应用推广。

（三）专业技术服务领域有望扭转下跌态势，实现恢复性增长

一是工程技术与设计服务领域在新老基建加速发力带动下有望恢复增

---

① 未来智库：《数字医疗行业深度报告：数字信息创新发展，医疗智能下一十年》，2022年7月6日。

长。北京市统筹抓好洪涝灾后恢复重建和扎实推进重大项目建设,"3 个100"市重点工程有序实施,加快构建现代化基础设施体系,1~11 月全市固定资产投资同比增长 5.3%,较上年同期上升 2.1 个百分点,房地产投资在供给、需求、融资端政策优化调整下呈现企稳回暖迹象,保障性住房、城中村改造、"平急两用"三大重点工程建设为市场复苏奠定了基础,带动工程技术投资决策、勘察设计、项目规划等专业技术服务需求稳步提升。二是在两业融合场景加速赋能下工业与专业设计服务市场需求进一步被激发。截至 2023 年底,北京市经认定的国家级工业设计中心 17 家、市级高精尖产业设计中心 64 家。① 一批两业融合典型场景基于平台化设计、智能化制造、网络化协同、柔性化生产构建"设、研、产"综合设计服务生态,小米集团依托"互联网+产业"模式培育物联网生态,北汽福田整合产业链上下游资源构建服务平台,北京全路通信信号研究设计院打造"制造+服务"新业态。张家湾设计小镇头部企业聚集效应初显,截至 2023 年 9 月,包括全球知名美资设计类企业楷亚锐衡建筑设计咨询等 17 家外资企业在内的 492 家企业落地集聚,其中 57 家元宇宙关联企业的入驻带动工业与专业设计服务产业呈现良好发展势头。② 三是质检技术服务在高精尖产业、数字经济、现代服务业等一批先进标准创制下将打开广阔市场空间。北京市发挥首都标准化战略补助资金引导作用,强化北京标准和质量认证,推动认证认可、检验检测行业集约化、产业化发展,"两区"建设的高标准推进支持高精尖产业、数字经济、现代服务业等领域加快国际国内先进标准创制,大力推进电子信息、智能物联、机器人和体育、电商等领域标准品质认证,云计算、大数据等技术手段通过远程监控、远程诊断、远程校准等功能扩大和提高服务覆盖范围和灵活性,为计量、标准化、检验检测、合格评定技术服务市场打开广阔市场空间。

---

① 北京市经济和信息化局:《北京市 5 家企业获得第六批国家级工业设计中心资质》,2023 年12 月 11 日。
② 《北京:已有 492 家企业注册落地张家湾》,《北京日报》2023 年 11 月 5 日。

（四）科技推广和应用服务领域优化调整转型升级步伐将加快

一是在新技术交叉融合加速演进下技术推广服务领域向专业化精细化转型。北京市中关村科技成果转化与技术交易综合服务平台自上线后链接技术转移、知识产权等各类高端服务机构 1000 余家，打通线上技术交易闭环实现科技成果供需精准匹配，2023 年成立的北京国际技术交易联盟与百余家国际化科技成果转化和交易机构建立联系、开展科技创新跨境交流合作。北京市发展壮大技术经理人队伍，提升成果推广转化活动效能，为行业向专业化精细化转型提供有力支撑。二是在制度规则不断完善下知识产权服务领域迎来发展红利期。北京市每万人发明专利拥有量稳居全国第一，产业知识产权运营中心数量居全国首位。围绕新一代信息技术、高端装备制造、新材料和生物医药产业扩大专利预审服务范围，将数据知识产权工作纳入数据基础制度框架，有效满足创新主体高质量专利快速审查服务需求。2016~2022 年我国数字经济核心产业发明专利有效量年均增速是专利授权总量的 1.5 倍，[①] 北京市新一代信息技术专利数量居全球首位。一系列制度规则的完善将有力推动知识产权服务代理、信息、咨询、商用化、法律保护全方位服务体系不断完善，迎来发展红利期。三是创业空间服务聚焦未来产业，打造超前孵化的标杆载体。北京市发布的《标杆孵化器培育行动方案（2022—2025 年）》提出，到 2025 年力争建成 20 家标杆孵化器，引领 100 家现有孵化器升级发展，围绕生物医药、智能硬件、元宇宙、量子信息、类脑智能等高精尖和未来产业战略布局超前孵化，建设私募股权转让平台推动 S 基金发展，通过资金补贴、税收优惠、股权投资、空间委托运营、营造类海外环境、便利外籍人才往来等措施全面提升硬科技孵化能力，为行业孵化模式变革和升级发展创造有利条件，预计孵化器行业将从同质化向专业化集约化高端化转型。

---

① 《国家知识产权局：截至去年底，我国数字经济核心产业发明专利有效量达 160 万件》，中国政府网，2023 年 7 月 18 日。

五　政策建议

（一）鼓励企业持续加大研发创新投入，推进关键核心技术攻关和产业化

一是稳定发挥财政资金对科技创新的支持作用，加快落实首都科技创新券、中小企业服务券等政策，推动企业大型科研仪器设备及技术研发、知识产权、测试检验、科技咨询等服务资源共享。二是加大对民营企业出题和牵头承担攻关项目、建立创新联合体的支持力度，支持重点项目申报、专项资金、高端人才及资源引进等。三是进一步落实国有企业研发投入强度纳入经营业绩考核，尤其是增加基础研究、原创技术投入占比，围绕科技创新投入产出效率、转化应用成效评估等制定指标体系，增强科技创新导向价值。四是对外资企业设立创新平台在基础条件建设、设备购置、人才配套服务、运行经费等方面予以支持，尤其是对先进技术成果在本地转化、产业化给予资金补助。

（二）实施重点产业链赋能计划，布局打造高水平中试产业基地

一是重点扶持研发外包、发明评估、交易推广、创业孵化等高附加值行业，鼓励实施定制化、总集成服务、全生命周期供应链管理，推动形成新增长动能。二是推动高校、科研院所引入社会资本建设中试和产业化基地，公开发布中试资源分布、利用和开放共享情况，通过税收减免、财政资金、科研用地、人才补贴等多种途径鼓励龙头企业自建中试平台，整合社会资源引导具备技术研发基础的科创型企业参与共建共享。三是聚焦新一代信息技术、高端装备制造、新能源新材料、现代生物和医养健康等高精尖产业布局一批中试示范基地，以产业为基础解决概念验证、中试孵化、技术熟化、股权投资等科技成果转化"关键一公里"问题，对技术水平先进、发展前景优良的中试基地给予资金奖补。

（三）推动科技园区链接"硬资源"拓展"硬服务"，提高京津冀区域创新整体效能

一是按照"一园一产"原则统筹推进中关村"一区多园"高质量发展，与属地高校、科研院所、科技企业对接建立协同创新平台、共性技术平台、标杆孵化器等产学研融合示范区，引导中心城区科技服务资源向平原新城、城市副中心外溢。二是推动科技园区打造全生命周期"一站式"服务生态系统，以大数据、云计算、人工智能、区块链等底层核心技术为牵引，加强原型设计开发、实验试制、中试放大、分析检测、风险投资、人力资本、知识产权等生产要素配套。三是以中德、中日创新合作示范区为依托打造高水平国际创新合作承载平台，支持国内科研院所、企业积极参与国际标准或规则制/修订，突破一批国外封锁国内空白的瓶颈技术。四是进一步开放首都科技条件平台优势资源，推动创新券在京津冀区域内共享，加强三地技术市场融通合作，促进以创新驱动为主导的高端产业在京津冀地区加快发展。

（四）制定更加灵活有吸引力的人才、资金要素配套政策

一是以大项目大工程大平台为着力点，针对领军人才制定"一人一策"个性化引进方案，增强高精尖产业百项筑基工程人才吸引能力，建立专项人才目录编制体系，优化"专班引才""揭榜引才"等引才模式，畅通人才引进渠道。二是构建政府搭台、高校、科研院所与企业"同题共答"的校地企产学研合作人才培养模式，支持国家级创新基地、新型研发机构等与高校共享科研资源，提升现有平台的科技人力资本要素吸纳能力和有效配置能力。三是加快培育知识产权人才、项目经理、产业投资人、技术经纪人等科技服务人才，鼓励提供熟化成果、科技咨询、挖掘场景、金融支撑、知识产权保护等服务。四是制定投早投小投科技奖励政策，优化"募、投、管、退"全流程服务，形成分层分类分梯队上市资源。

参考文献

《北京推动科技企业孵化器创新发展》,《北京商报》2023 年 12 月 19 日。

《首批 8 家入驻! 国际科技组织总部集聚区落地北京》,《北京日报》2023 年 5 月 31 日。

《43.2%! 科技服务业:"软服务"锻造"硬实力"》, 顺义科技, 2023 年 7 月 12 日。

赵硕等:《浅析科技成果转化中试平台建设的问题及对策》,《企业改革与管理》2023 年第 20 期。

《典型"大哥"上海张江、北京中关村, 对比各自园区差异性》,《方升研究》2022 年 10 月 12 日。

《爱思唯尔发布全球城市科研创新力报告: 深圳科研人员增速第一》,《界面新闻》2022 年 3 月 2 日。

潘泓晶等:《发达国家科技人才政策体系研究及对我国的启示》,《科技中国》2023 年第 10 期。

盛朝迅等:《把握好新一轮科技革命和产业变革机遇》,《经济》2023 年第 Z1 期。

赛迪顾问 CCIC:《数说 IT 研发设计类软件跃居工业软件市场增速第一》, 2023 年 9 月 8 日。

未来智库:《数字医疗行业深度报告: 数字信息创新发展, 医疗智能下一十年》, 2022 年 7 月 6 日。

北京市经济和信息化局:《北京市 5 家企业获得第六批国家级工业设计中心资质》, 2023 年 12 月 11 日。

《北京:已有 492 家企业注册落地张家湾》,《北京日报》2023 年 11 月 5 日。

《国家知识产权局: 截至去年底, 我国数字经济核心产业发明专利有效量达 160 万件》, 中国政府网, 2023 年 7 月 18 日。

财政金融篇

B.17
北京市2023年财政形势分析
与2024年展望

司　彤[*]

摘　要： 经过一年的恢复，北京市财政收入呈现稳中向好态势，收入规模突破6000亿元，实现增长8.2%，收入质量连续三年位于全国各省区市前列，税收收入占比85%以上。财政支出既保重点又积极应对年内突发自然灾害，兜牢民生底线的同时也支撑了首都高质量发展。展望2024年，经济稳中向好的态势持续巩固，全市生产的积极因素增多，消费场景、消费模式不断创新，持续激发需求内生动力，有望带动财政收入保持较快增长，2024年是新中国成立75周年，是京津冀协同发展战略实施10周年，是实施"十四五"规划的关键一年，对财政支出提出了更高要求，更需要充分运用有限财力完成好大事要事，持续提升财政支出效率，助力首都高质量发展。

关键词： 收入质量　支出效能　收支紧平衡　财政管理改革

＊ 司彤，博士，北京市经济信息中心经济师，主要研究方向为宏观经济政策协调、地方财政。

2023 年是全面贯彻落实党的二十大精神的开局之年，是三年新冠疫情防控转段后经济恢复发展的一年。全市财政统筹发展与安全，积极推动财政收入稳预期、抓财源、强韧性、提质量，安排财政支出保民生、保基本、救灾害、提效能，持续深化预算管理改革，促进财政资金管理规范有效，全面保障了首都经济社会发展大局和谐稳定。2024 年在全市经济持续回升向好带动下，财政收入向好态势更加稳固，聚焦大事要事、改善民生的支出结构进一步优化，坚持突出民生导向、统筹聚焦、降本增效、更可持续，持续深化财政管理改革，财政资源统筹力度将进一步加强，不断提升支撑首都高质量发展的效果。

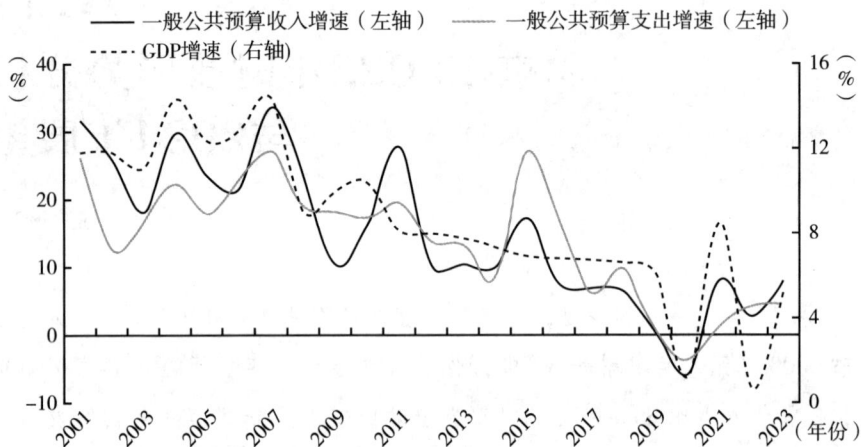

图 1 北京市 GDP 及财政收支增速

资料来源：《北京统计年鉴 2023》、北京市财政局。

一 2023年北京市财政政策导向

（一）积极的财政政策更加注重挖潜与培育

一是持续巩固和拓展减税降费成效，对符合条件的小微企业、个体工商户，继续按规定减征企业所得税和个人所得税、小规模纳税人增值税，减收失业、工伤保险费；将企业研发费用税前加计扣除比例由75%统一提高至100%，并作为制度性安排长期实施，全年累计新增减税降费及退税缓费超800亿元。二是聚焦企业需求健全财源企业服务，鼓励各区涵养优质财源，促进新业务、新项目落地。科技型财源企业培育取得良好成效，2023年全市高技术企业、"专精特新"、独角兽等企业财政收入分别同比增长16.2%、10.5%、62.5%，有力支撑财政收入增长。

（二）财政支出政策更加注重普惠性和精准性

一是中小微企业需求帮扶政策进一步精细化。一方面，运用9000亿元小微企业首贷贴息、1400亿元贷款融资，缓解小微企业"融资难、融资贵"问题；另一方面，对中小微企业继续实行采购"优先"、预留"加额"、资金"快付"等措施，全市政府采购授予中小微企业合同金额251.0亿元，占全市政府采购金额八成，高于国家要求40个百分点。二是在教育、医疗、养老、居民生活等重点民生领域保持财政支出八成以上的规模，持续提升基本公共服务均等化水平，不断增进民生福祉。三是大力支持重点群体创业就业，统筹失业保险基金、就业专项资金、创业担保贷款贴息等政策资金，支持开展招聘专项行动、职业指导、技能培训、政策宣传等就业服务，推动大学生、退役军人、"4050人员"等重点群体加快实现就业。

（三）财政资金更加注重统筹和综合运用

一是统筹推进消费、投资协调发展，落实燃料电池示范城市群车辆推广、乘用车置换新能源车、二手车扩大流通等资金支持政策；完善支持符合条件的平台企业、直播电商的政策措施，促进全市网络消费市场扩容提质。足额使用本市新增地方政府债务限额1117亿元（其中，一般债务168亿元、专项债务949亿元），集中用于支持自贸试验区科技创新片区、临空区产业园以及交通枢纽基础设施等148个项目，着力扩大有效投资。二是强化财政产业政策协调，形成共促高质量发展合力。聚焦国际科技创新中心建设、"两区"建设，完善新型研发机构和国家实验室经费保障机制，落实落细中关村自立自强重点税收优惠等高含金量政策，对标国际先进经贸规则，积极探索与服务业扩大开放综合示范区2.0方案相适应的财税制度安排。三是切实保障重大战略和重大任务顺利开展。做好高标准高质量建设雄安新区财力保障、"一带一路"国际合作高峰论坛和全球数字经济大会服务保障。四是全力保障防汛救灾和灾后恢复重建。统筹中央自然灾害救灾资金、市级预备费、部门预算、转移支付等资金，不折不扣地支持防汛救灾和灾后恢复重建。

（四）财政管理改革突出安全性和有效性

一是加强预算执行支付动态监控，以预算管理一体化系统为依托，通过动态监控及时发现不合规支出，纠正资金使用中的违规问题，加强监控结果信息的共享共用，做好财会监督与其他监督贯通协同，推动"五类监督"协同发力。二是强化重点领域绩效评价，涵盖民生重点领域、"两重"项目、重大政策跟踪评价、政府购买服务项目等支出类型。纵深推进全成本预算绩效管理改革，实现全市所有街乡镇全覆盖，新设优化支出定额标准1515项。三是持续加强政府债务管理，探索盘活存量债券资产、节约利息成本新路径，对专项债券项目实施全周期、常态化、穿透式跟踪监测，遏制新增政府隐性债务，牢牢守住不发生系统性风险底线。

二 2023年北京市财政运行特点

（一）一般公共预算收入首次突破6000亿元

在稳预期促发展政策持续落地见效、财源建设成果不断巩固的带动下，全市经济运行中的积极因素不断积累，经济发展质量与韧性进一步增强，经济发展呈现向好态势，带动全市一般公共预算收入规模和增速实现八年来最好水平，全年实现收入6181.1亿元，首次突破6000亿元，同比增长8.2%，较上年提高 5.6 个百分点，完成调整预算的 103.8%。财政收入质量连续三年保持全国第一，税收占比 86.7%，较上年提高 1.5 个百分点。

税收收入呈现较快增长态势。地方级税收收入实现 5357.1 亿元、同比增长 10.1%，其中占比三成以上的增值税收入增长 42.7%，主要原因是企业经营活动逐步恢复，产业和服务销售额较快增长，叠加上年同期留抵退税形成的低基数效应；受企业经营利润下降、汇算清缴企业所得税收入减少影响，占比 25% 左右的企业所得税同比下降 1%；实施"一老一小"等专项附加扣除标准提升政策，减轻家庭抚养赡养负担，占比一成以上的个人所得税同比下降 1%。

产业结构持续优化带动收入增长。一是优势行业支撑收入增长明显，规模排前七位的重点行业合计贡献财政收入 4789.3 亿元，占比近八成，为全市财政收入提供稳定支撑。其中金融业贡献最大，实现收入 1166.6 亿元，收入贡献占比 18.9%，科技服务业和信息服务业的收入贡献占比明显提升，分别从 2019 年的 5.7% 和 7.3% 提升到 2023 年的 7.5% 和 12.6%。二是高精尖产业收入保持高增长。科技服务业、信息服务业税收收入分别增长 24.5%、23.5%，连续多年增速保持在两位数的较高水平，反映出北京国际科创中心建设取得初步成效，产业结构更加优化、动能转换成效明显。

重点大区支撑有力。一是海淀区、朝阳区、西城区实现一般公共预算收入超过 3000 亿元，占全市一般公共预算收入的 50% 以上，平原新城地区一般公共预算收入 1000 多亿元，占全市一般公共预算收入的近两成。二是各区组收能力差距呈现缩小态势。近年衡量区域间一般公共预算收入组收能力的变异系数总体保持在 0.9 左右的水平，2023 年为 0.89，较 2022 年降低 0.12 个点。

（二）突出支出效能提升一般公共预算支出水平

集中财力保障重大战略、重要任务、重点改革。圆满完成"一带一路"国际合作高峰论坛等重大国事活动服务保障，大力推动京津冀协同发展，雄安新区"三校一院"交钥匙项目全部交付，城市副中心建设加速推进，城市副中心"三大建筑"竣工投用。保障防汛救灾及恢复重建资金需求，统筹中央自然灾害救灾资金、市级预备费、部门预算、转移支付等资金，支持抢险救灾及灾后重建，帮助受灾群众尽快恢复生产生活秩序。将救灾资金纳入财政直达资金监控范围，强化资金全流程管理和成本绩效控制，确保财政资金安全高效、不折不扣用于灾后恢复重建。

持续兜牢民生底线。近年全市民生投入占全市财政支出比重始终保持在八成以上，持续推进高质量教育体系建设，新增 2~3 岁普惠托育托位超过6000 个，新增中小学学位 3.8 万个；多方位支持基本养老需求，构建包括居家养老、社区养老、机构养老、旅居养老的多样化养老体系，新增各类养老护理床位 6232 张、农村邻里互助养老服务点 232 个、养老助餐点 243 个；进一步提升卫生医疗水平，支持实施新冠病毒"乙类乙管"措施，持续推动公立医院综合改革、卫生健康人才培养、医疗卫生机构能力建设。强化城市运行保障，加快更新电力、燃气等配套设施，推进安全生产和火灾隐患排查整治，提升大城市安全韧性治理水平。

深化财政支出管理改革。实施政府部门过紧日子评估，引导各部门自觉压控行政运行成本，建立节约型政府，全年压减一般性支出和非紧急非刚性支出 23.9 亿元，"三公"经费减少 5%。推动全成本预算绩效管理改革全覆盖，新设优化支出定额标准 1515 项。推动将生态系统调节服务价值（GEP-R）纳入全市生态涵养区转移支付分配因素，激励生态涵养区提高生态保护积极性。

（三）以制度改革驱动财政资金使用效率提升

一是 2023 年安排高精尖产业资金 40 亿元；同时，利用高精尖基金、科创基金等政府投资基金，引导和撬动社会资本共同参与高精尖产业布局，助力高精尖产业发展。二是畅通政府采购合同"线上融资"渠道。推出全流程线上"政采贷"服务，为中小微企业提供政府采购合同线上融资渠道。参与政府采购的企业可以凭借政府采购合同在线向金融机构申请融资，无须抵押或担保，即可享受程序便捷、利率优惠的贷款服务。2023年以来，累计为企业线上放款277笔、融资2.5亿元，全市金融机构普惠小微贷款余额创近年来最好水平。三是全市财政坚持合理举债、精准用债、积极偿债，不断创新工作方法，巩固政府隐性债务清零成果，发挥债券资金拉动投资效应，确保债务风险总体可控，提前3个月完成1117亿元政府债券发行，支持自贸试验区科技创新片区、临空区产业园以及交通枢纽基础设施等148个项目。率先启动提前偿还政府专项债券试点工作，节约利息支出2000余万元。对债券项目进行全周期、常态化、穿透式跟踪监测。四是发挥财政预算评审把关作用，2023年，共完成各类项目评审706个，审减资金27.52亿元，审减率12.9%。

在各项创新举措推动下，北京市财政支出效率持续提升，利用DEA—Malmquist指数的Fare方法计算可得2022~2023年全市财政支出综合效率为0.9656，较2021~2022年提高0.0365个点，其中代表财政资金配置和管理水平的纯技术效率提高0.168个点至0.9017，而反映财政支出规模报酬对财政支出影响程度的规模效率略有下降，这与财政支出规模边际递减效应有关。与上海相比，2022~2023年本市财政支出综合效率高于上海0.0153个点，其中纯技术效率高于上海0.0697个点。

表1   2013~2023年京沪财政支出效率比较

省市	年份	综合效率	纯技术效率	规模效率
北京	2013~2014	1.0865	1.0000	1.0865
	2014~2015	1.0438	1.0000	1.0438
	2015~2016	0.9224	1.0000	0.9224
	2016~2017	1.1272	1.0000	1.1272
	2017~2018	1.0539	1.0000	1.0539
	2018~2019	0.9914	1.0000	0.9914
	2019~2020	0.7144	1.0000	0.7144
	2020~2021	0.9152	1.0000	0.9152
	2021~2022	0.9291	0.9017	1.0304
	2022~2023	0.9656	1.0697	0.9027

续表

省市	年份	综合效率	纯技术效率	规模效率
上海	2013~2014	0.9914	0.9137	1.0851
	2014~2015	1.0914	1.0358	1.0537
	2015~2016	1.0175	1.0566	0.963
	2016~2017	0.9265	0.9262	1.0003
	2017~2018	1.043	1.0415	1.0015
	2018~2019	0.8638	0.9750	0.8859
	2019~2020	1.0936	1.0632	1.0286
	2020~2021	0.9287	1.0000	0.9287
	2021~2022	1.1073	1.0000	1.1073
	2022~2023	0.9503	1.0000	0.9503

资料来源：通过构建模型测算。

三　财政运行中需要关注的问题

（一）财政收支紧平衡态势持续

一是地方财政收入弹性系数降低，2023年为1.54，考虑到疫情影响的特殊因素，与近五年的弹性系数平均水平1.58相比略有下滑。二是部分优势产业贡献税收收入有所减少，制约财政收入增长。规上工业和服务业企业利润持续下降，2023年规模以上工业企业利润总额同比下降12.9%，金融业、商务服务业利润总额同比分别下降21.9%、增长3.3%，较上年分别降低3.5个、64.8个百分点，房地产市场持续低迷，资本市场波动加剧。三是全年实施更加积极有效的财政政策，不断巩固经济回升态势，促进首都高质量发展，更好保障民生，2023年中央及本市新出台了部分重大支出政策，对财政资金需求进一步提升；同时激发科技创新活力、加快城市副中心建设、推进城市更新等方面的资金需求增加，在延续实施减税降费系列政策与支出增加的背景下，财政收支"紧平衡"态势持续。

（二）重点领域基本公共服务支出结构性问题

一是教师资源配置不均。2021~2022 学年北京各区小学生师比平均为 17.6：1，与上海的 14：1 相比有较大差距，特别是朝阳、海淀等大区教师资源持续短缺，生师比分别为 24.5：1、20.4：1，在 16 区中排名分别为第 16 位、第 13 位。二是医疗资源水平高于全国、均等化压力突出。2023 年北京基本公共卫生服务经费人均财政补助标准为 105 元，高于国家和上海的 89 元标准。但不同群体间医疗保险存在明显差异，职工基本医疗保险与城镇居民基本医疗保险权益不同，城镇职工医保报销的额度范围更大、报销比例也更高。三是就业补助资金支持高校毕业生就业创业的质量还不高，2023 年就业补助市级支出（扣掉中央转移支付部分）安排 2231 万元，较 2022 年大幅提升，增加的资金主要用于支持就业创业、高技能人才培养等。但北京高校毕业生创业比例较低，资金支持创业项目收效不高，如 2022 年北大、清华毕业生创业比例均不足 1%。四是中高端养老机构"买不起""买不到"与普通养老机构"用不好"问题并存。全市具备星级资格的养老机构 458 家，远多于上海的 43 家，中高端养老院的收费标准每月为 1.3 万~2.2 万元，远超多数老年人月均5000 元的可支配收入，即便如此，高端养老机构仍"一床难求"。同时，一些社区养老服务中心设施老旧、设备不齐全、服务质量不高，社区养老服务人员短缺。

（三）财政资金使用效益仍有提升空间

一是仍存在使用效率不高的沉淀资金。一方面，绩效监控中存在监控不及时、绩效自评不严格或项目进展不畅等问题，导致支出进度与计划不符，项目资金沉淀、闲置，资金使用效率不高。另一方面，一些特定用途资金涉及较多管理主体，多主体间关系复杂，资金使用机制不够顺畅，形成了较多使用效率低的沉淀资金。如经过司法判决的生态修复资金，缺乏明确的与生态修复责任承担相适应的使用规则，目前在地方财政专户、法院执行账户、环保公益基金账户等均有相应沉淀资金。二是预算绩效管理仍不完善。在绩效目标管理、绩效运行监控、绩效评价和结果应用环节均存在形式化管理现象，预算部门（单位）、项目主办方、政策受益主体还有较大的自由裁量权，预算绩效的评价客观性仍有待提升，预算绩效的监督和问责主体还存在角色重叠等问题。

（四）财政可持续性问题值得关注

从一般公共预算收支看，2023年一般公共预算支出甩尾系数为1.5，较上年提高了0.5个点，与2021年基本持平，说明全年部分领域财政支出进度靠后，在一定程度上影响了资金使用效率。从财政自给率看，2019~2023年财政自给率分别为79%、77%、86%、77%、79%，同期上海分别为88%、87%、92%、81%、86%，本市低于上海4~10个百分点。从地方政府债务看，地方政府债务余额越来越接近于限额。2021~2023年全市地方政府债务余额仅与限额分别相差4202.8亿元、1637.1亿元、1503.2亿元，两者差距不断缩小，需要前瞻性关注债务不稳定性的可能影响，一般而言，不稳定的地方政府债务与降低经济波动性之间更多的是负相关关系，即不关注债务稳定性的财政政策在一定程度上会造成经济波动。研究表明，财政政策变化对宏观审慎政策的冲击大于对货币政策，1单位财政政策变量冲击能够引致货币政策变量、宏观审慎政策变量的变化率分别为0.2%和0.5%。①

四　2024年财政形势判断

2024年是新中国成立75周年，是京津冀协同发展战略实施10周年，是实施"十四五"规划的关键一年。在国民经济进一步稳固向好、稳增长稳预期政策红利不断释放、首都科技创新促发展积极因素持续增多、市区财源建

---

① 司彤、王琰：《防风险的财政政策、货币政策与宏观审慎政策动态协调效应研究》，《金融经济》2023年第5期。

设成果进一步巩固等积极因素带动下，全市财政增收基础有望得以夯实，但2024年大事要事更多，资金支出需求进一步增多，财政收支紧平衡态势仍将延续，进一步深化预算管理改革、保持高水平的财政资金使用效率更加迫切。

（一）一般公共预算收入预计增长6%左右

2024年，经济增长将不断巩固稳中向好基础，国家实施提质增效的积极财政政策，继续打好政策"组合拳"涵养财源，做大财政收入的蛋糕，预计全市一般公共预算收入回归常态化增长，从税收收入看，影响增值税收入的基数效应仍存，特别是对上半年的影响更加显著，总体上在全年经济向好态势下生产经营活动更加活跃，预计增值税收入呈现前低后高走势，全年保持两位数的高速增长态势。2024年，工业新设大型企业增量较大，服务业企业有望回归常态化增长，预计多数企业利润能回归正增长水平，带动企业所得税收入较快增长。居民人均可支配收入增速略慢于GDP增速，大型互联网企业收缩业务战线，出现裁员情况，预计个人所得税收入仍呈负增长。

从优势产业看，小米汽车、理想汽车等车企陆续投产，为工业企业税收带来新增量；部分头部互联网企业AI大模型将实现商业化落地，字节跳动电商平台业务收入仍将保持较快增速，将有力支撑信息服务业税收收入增加；随着降准等货币政策落地，提升资本市场流动性和活跃度的利好持续释放，预计金融业税收收入增速将大幅提升；随着我国与新加坡、泰国相继签署互免签证协定，对外单方面免签和互免签证力度不断加大，商务、旅游往来更加频繁，带动商务服务业税收收入增长。

通过构建基于灰度预测的神经网络模型，以机器学习方法对北京市财政收入进行预测，2024年预计一般公共预算收入增长6%左右。

（二）一般公共预算支出结构持续优化

2024年全市财政支出任务依然艰巨，重大活动保障、重点领域发展所需资金只增不减，债务还本付息处于历史高峰，民生改善刚性支出保障仍需加强，在仅将中央提前下达转移支付资金和新增一般债券限额列入年初预算的情况下，全市一般公共预算支出安排 8015.7 亿元、同比增长 0.6%，规模首次突破 8000 亿元，后续在年度执行中还将积极争取中央资金支持带动下增速有望超过 2023 年。一是保障固定资产投资力度再加码，较上年增加近 100 亿元，用于保障京津冀协同发展、国际科技创新中心建设、生态保护、民生改善等重点领域投资项目，发挥投资对优化供给结构的关键作用。二是增强财政支出政策与产业政策协调性。高水平保障在京国家实验室在轨运行和体系化发展，支持人工智能、区块链、量子信息等前沿科技领域创新成果研发与应用，推动"三城一区"联动发展；深入推进副中心三大文化设施运维，支持"一城三带"重点文物保护修缮和利用，建设全民健身场地设施等；深化商圈改造提升行动，建设新消费地标载体，推进一刻钟便民生活圈建设，培育数字消费、绿色消费。三是建设更加宜居的现代化国际都市。市级安排 1100 多亿元用于加强城市精细化治理，建设立体化现代化城市交通系统，建设韧性城市，完善防灾减灾和应急救援体系，建设更高水平的平安北京，深入落实乡村振兴战略，统筹城乡协调发展。四是进一步提升民生服务质量。聚焦"幼有所教、病有所医、老有所养、住有所居、弱有所扶"提升民生服务水平，市级安排近 1300 亿元用于促进教育"补短板""提品质"，深化健康北京建设，增加高质量养老服务供给、优化普惠性养老服务，推进保障性安居工程，提供更高水平、更加均衡的公共服务，增强群众的安全感、获得感、幸福感。

（三）财政收支紧平衡仍将持续

在巩固经济回稳向好态势，进一步提高收支质量上财政还大有空间，收支紧平衡态势也将延续。一是持续落实结构性减税政策，优化调整税费政策，进一步提高其精准性和针对性。2023 年延续的一批到期税费优惠政策，大部分直接延续到 2027 年底，同时，聚焦特定领域、关键环节，研究实施新的税费优惠政策。二是持续推进降本增效，以深化全成本绩效预算管理改革为抓手，严格成本控制，进一步健全分行业、分领域定额标准体系，压减机关运行支出，从严从紧安排部门常规履职项目支出。三是继续加强支出的有效性探索和监督。在全市全成本预算绩效管理改革持续推进下，全市财政支出有效性明显提升，2022年衡量财政支出有效性的甩尾系数为1.1左右，高于上年和"十三五"末期0.4个百分点。2023年将进一步完善分行业分领域支出标准体系，推动全成本预算绩效管理全覆盖，实行直达资金常态化管理，预计财政支出有效性有望保持当前水平。

五　纵深推进财政管理改革

（一）深化预算管理与改革

一是加强财政政策评估评价，增强政策的可行性和可持续性。加强国有资本资产使用、政府和社会资本合作、政府购买服务、政府债务等方面的绩效管理。推进成本预算绩效管理，开展成本效益分析，实现成本绩效目标。二是持续强化重点项目财政预算评审，依托科学化、精细化管理手段助力项目及时高效落地。加强项目全生命周期管理，推进预算支出项目常态化储备，加强项目排序管理，分清轻重缓急。三是探索可持续预算改革。加强地方政府债务限额管理，强化财政预算约束，实现债务限额与偿债能力相匹配。完善专项债券项目全生命周期管理，强化项目资产与收益监管，严防专项债务风险。对涉及财政支出的重大政策或实施重大政府投资项目前，按规定进行财政承受能力评估。四是盘活各类存量资源。建立存量资金定期清理、结余资金收回使用盘活机制。新增资产配置要与资产存量挂钩，依法依规编制相关支出预算。

（二）进一步提高财政收入质量

一是推动经济回升向好，稳固财政增收基础。用好地方政府债券等扩大投资政策，统筹把握债券发行节奏，加快专项债支出进度，推动尽快形成实物工作量，发挥投资拉动作用。支持扩内需政策落地，以2024年消费促进年为抓手，持续引导扩大消费，带动经济稳中求进。二是立足首都优势，紧抓深化国家服务业扩大开放综合示范区建设契机，培育发展电信、医疗、金融等新业态发展，持续提高科技成果转化和产业化水平，推动构建新型研发机构与龙头企业相结合的产学研协同机制。发挥人工智能、医药健康、机器人等产业投资基金的作用，推动高精尖产业与未来产业尽快贡献税收收入。三是进一步加强财源建设，既立足当前又兼顾长远，持续优化营商环境，用好中小企业首贷补助、政府采购合同融资和带量采购等政策工具，更大力度惠企助企，支持民营经济和小微企业发展壮大，做好优质潜力财源培育服务。

（三）聚焦重点领域推动基本公共服务均等化

一是优化教育财政资金使用结构，科学规划基础教育经费支出。统筹衔接基础教育事业发展规划与中期财政规划，建立教育财政资金支出结构均衡性调整机制。推进中小学区域集团化办学、学区制改革、九年一贯制办学和城乡中小学校一体化发展。通过教师轮岗、学校科学布局等方式加大对生态涵养区教育事业发展的支持力度。二是保障医疗领域财政资金投入力度，优化医疗卫生资金配置。加大对公立医院基本建设、设备购置和政策性亏损的财政支持力度。注重提升基本医疗保险的普惠性，完善新业态从业人员参保缴费方式。三是提升就业领域财政资金支出质量，织牢织密民生底线。面向本市持有正常状态电子社保卡的失业人员、农业转移劳动力、灵活就业人员，以及普通高校、中高职毕业年度毕业生等重点群体发放职业培训券，鼓励重点群体参加线上线下多种形式的技能或创业培训。四是立足多元需求，积极构建养老服务新格局。围绕居家社区养老、机构养老、旅居养老等需求，支持街道乡镇、社区、公办机构发挥托底保障作用，提供专业集中照护服。支持社会力量探索发展多样化养老有效合作新模式，支持养老企业发展中高端养老业务。

（四）切实防范化解财政风险

一是统筹做好新增政府债务限额安排与还本付息，强化专项债券全生命周期管理，严禁新增隐性债务，坚决守住不发生系统性风险的底线。二是加强中长期财政收支形势的分析研判，动态测算评估财政可承受能力，确保财力兜得住、可持续。完善财政库款运行预警监控机制，确保市区两级库款保障水平基本稳定。三是加强政府债务全流程管理，针对债券资金管理情况开展穿透式监测，动态跟踪债券资金支出、风险变动等情况。四是抓紧抓实审计查出突出问题整改，加强对各部门、各区财政业务的培训和工作指导，对于共性问题，着重通过完善体制机制和细化政策规定形成整改长效机制，对于个性问题，着重加强"点对点"业务指导，逐项整改、对号销账。

参考文献

北京市财政局：《关于北京市 2023 年预算执行情况和 2024 年预算的报告》，2024 年 1 月 21 日。

北京市财政局：《关于北京市 2022 年预算执行情况和 2023 年预算的报告》，2023 年 1 月 15 日。

北京市财政局：《关于北京市 2023 年上半年预算执行情况的报告》，2023 年 7 月 27 日。

弗兰克·H. 奈特：《风险、不确定性与利润》，安佳译，商务印书馆，2010。

司彤：《深化预算绩效管理改革的地方实践与建议》，《经济研究参考》2023 年第 10 期。

司彤、王琰：《防风险的财政政策、货币政策与宏观审慎政策动态协调效应研究》，《金融经济》2023 年第 5 期。

司彤：《国家治理视野下的现代财政制度》，《财经问题研究》2014 年第 10 期。

王霏：《北京市全成本预算绩效管理改革探索》，《财政监督》2021 年第 24 期。

王金秀、于井远：《我国地方财政支出效率评价——基于三阶段 DEA 方法》，《中南财经政法大学学报》2018 年第 5 期。

杨业伟、赵增辉：《从刚性支出看财政压力》，国盛证券研究所，2023 年 4 月 28 日。

袁芳、申振东：《基于 DEA-Malmquist 的地方政府财政支出效率评价》，《呼伦贝尔学院学报》2022 年第 5 期。

Crige B. , *Fiscal Sustainability in Theory and Practice：A Handbook*, The World Bank, 2005.

Cerutti E. , Claessens S. , Laeven L. , "The Use and Effectiveness of Macroprudential Policies：New Evidence," IMF Working Paper, 2015.

Escolano J. A. , "Practical Guide to Public Debt Dynamics, Fiscal Sustainability, and Cyclical Adjustment of Budgetary Aggregates," IMF Working Paper, 2010.

B.18
2023～2024年北京市金融运行形势分析与预测

高　菲[*]

摘　要： 　2023年，北京市坚持以习近平新时代中国特色社会主义思想为指导，落实稳健的货币政策精准有效，金融开放创新活力彰显，金融服务和管理质效提升，有力有效支持经济回稳向好。一是坚持服务实体经济发展宗旨，营造良好的货币金融环境。人民币贷款余额同比增长13.4%，较上年同期高2.5个百分点。二是不断优化资金供给结构，重大战略、重点领域和薄弱环节金融支持精准有效。科创企业贷款、制造业中长期贷款、普惠小微贷款余额分别同比增长18.4%、38.1%和23%。三是信贷对实体经济支持力度显著增强，实体经济融资成本屡创新低。需关注企业整体投资贷款意愿不强、科技企业贷款用信率不高、居民投资意愿下降、房地产价格水平预期指数创近年新低等问题。2024年，北京市将坚持把金融服务实体经济作为根本宗旨，发挥好货币政策工具的总量和结构功能，聚焦"四个中心"功能定位，全力做好"五篇大文章"，以企业和群众的获得感为落脚点和着力点，更好支持科技创新、民营小微、先进制造等领域发展，不断巩固、增强经济回升向好态势，以金融高质量发展服务中国式现代化。

关键词： 　存款　贷款　利率　投资　科技企业融资

---

* 高菲，博士，中国人民银行北京市分行金融研究处助理研究员，主要研究方向为宏观经济、国际金融等。

一　北京市金融运行特点

2023年是全面贯彻落实党的二十大精神的开局之年，做好首都金融工作意义重大。面对复杂严峻的外部环境以及疫情防控转段后经济复苏过程中的多重挑战，北京市深入学习贯彻党的二十大精神、中央经济工作会议和中央金融工作会议精神，紧扣高质量发展目标，落实稳健货币政策，持续加大金融支持实体经济力度，统筹发展和安全，不断提高金融服务质效，为经济回升向好和高质量发展提供有力的金融支持。辖区内货币信贷运行总体稳健，存贷款均保持较高增速。信贷结构不断优化，制造业中长期贷款、普惠小微贷款等重点领域和薄弱环节信贷快速增长。实体经济融资成本屡创新低。

（一）各项存款增长较快，住户部门存款保持稳定增长

2023年12月末，北京市本外币各项存款余额24.6万亿元，[①] 同比增长12.7%，占全国本外币存款余额的8.5%，比年初增加27968.8亿元，同比多增9069.6亿元。按币种来看，人民币存款规模持续扩张，外币存款降幅收窄；按期限来看，定期存款及其他存款增速持续回升，活期存款增速下降；按部门来看，住户部门存款稳定增长，非金融企业存款保持较快增速，非银行业金融机构新增存款持续回升。

1. 人民币存款规模持续扩张，外币存款降幅收窄

2023年12月末，北京市金融机构人民币各项存款余额24.0万亿元，同比增长13.2%，增速比上年同期高2.6个百分点，两年平均增长11.9%；占全国金融机构存款余额的8.4%，比上年同期高0.2个百分点；比年初增加28159.5亿元，同比多增7805.1亿元，占全国金融机构新增存款的10.9%。2023年全年，北京地区存款在波动中增长。第一季度人民币各项

---

① 如无特别注明，本文北京市数据均来自中国人民银行北京市分行，全国数据均来自Wind。

存款余额 21.7 万亿元，同比增长 9.8%，增速比上年同期高 1.8 个百分点；比年初增加 4902.2 亿元，同比少增 750.4 亿元。第二季度同比增长 12.2%，较上年同期高 0.9 个百分点，比上一季度增加 15852.0 亿元。第三季度同比增长 9.7%，较上年同期低 0.4 百分点，比上一季度增加 3835.8 亿元。

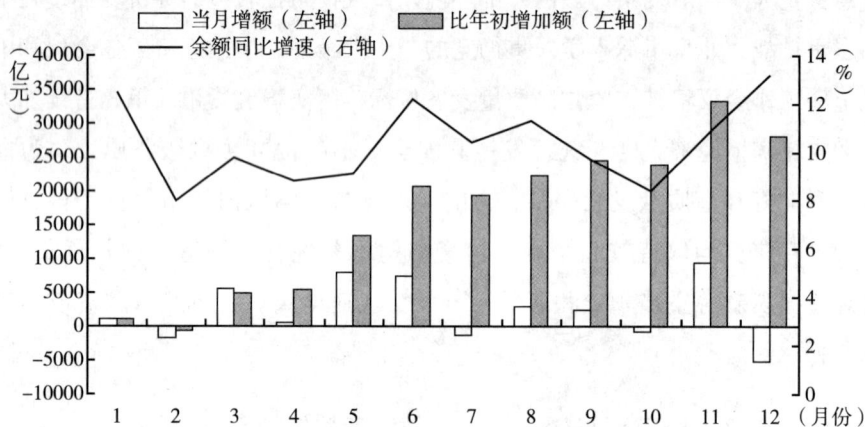

图 1 2023 年北京市金融机构人民币存款变化情况

2023 年 12 月末，北京市金融机构外币存款余额 845.9 亿美元，比年初减少 41.7 亿美元，同比少减 268.6 亿美元；同比下降 4.7%，降幅比上年同期收窄 21.2 个百分点。其中，境内外币存款余额 690.8 亿美元，同比下降 2.5%，降幅比上年同期收窄 16.9 个百分点；比年初减少 17.6 亿美元，比上年同期少减 152.8 亿美元。境外外币存款余额 155.2 亿美元，同比下降 13.4%，降幅比上年同期收窄 30.4 个百分点；比年初减少 24.1 亿美元，同比少减 115.7 亿美元。

2. 定期存款及其他存款增速持续回升，活期存款增速下降

2023 年 12 月末，北京市金融机构人民币活期存款余额 4.0 万亿元，比年初增加 791.1 亿元，比上年同期少增 3388.3 亿元；同比增长 2.0%，增速比上年同期低 9.4 个百分点。其中，住户活期存款余额 19001.6 亿元，同比下降 3.4%，上年同期为同比增长 16.0%；非金融企业活期存款余额 21151.0 亿元，同比增长 7.3%，增速比上年同期低 0.1 个百分点。2023 年

12月末，北京市金融机构人民币定期及其他存款余额9.7万亿元，比年初增加11548.2亿元，同比多增3125.9亿元；同比增长13.4%，比上年同期高3.1个百分点。其中，住户定期及其他存款余额45018.8亿元，同比增长20.9%，增速比上年同期低2.3个百分点；非金融企业定期及其他存款余额52761.5亿元，同比增长7.7%，增速比上年同期高4.8个百分点。

3.住户部门存款稳定增长

2023年12月末，北京市金融机构人民币住户存款余额6.4万亿元，占全部存款的比重为26.7%；比年初增加7107.5亿元，同比少增2623.9亿元；同比增长12.5%，比上年同期低8.1个百分点；新增住户存款占全部新增存款的比重为25.2%，比上年同期低22.6个百分点。

4.非金融企业存款保持较快增速

2023年12月末，北京市金融机构人民币非金融企业存款余额7.4万亿元，占全部存款的比重为30.8%；比年初增加5231.8亿元，同比多增2361.4亿元；同比增长7.6%，比上年同期高3.4个百分点；新增非金融企业存款占全部新增存款的比重为18.6%，比上年同期高4.5个百分点。

5.非银行业金融机构存款新增持续回升

2023年12月末，北京市金融机构人民币非银行业金融机构存款余额4.4万亿元，占全部存款的比重为18.3%；比年初增加6058.6亿元，同比多增956亿元；同比增长15.6%，增速比上年同期低0.3个百分点；新增非银行业金融机构存款占全部新增存款的比重为21.5%，比上年同期低3.3个百分点。

（二）各项贷款增长较快，企（事）业单位中长期贷款保持较高增速，为实体经济提供长期稳定资金支持

2023年12月末，北京市本外币各项贷款余额折合人民币为11.1万亿元，同比增长13.0%，增速比上年同期高3.1个百分点；占全国本外币各项贷款余额的4.6%，比上年同期高0.1个百分点；比年初增加12711.6亿元，同比多增3924.7亿元。信贷结构不断优化，对国民经济重点领域和薄弱环

节的精准支持，为经济回升向好营造了良好的货币金融环境。按币种来看，人民币贷款保持较快增长，外币贷款降幅收窄；按期限来看，中长期贷款高速增长，短期贷款增速小幅下降；按部门来看，住户贷款增速下滑，企（事）业单位新增贷款较多；按行业来看，制造业、科技创新、绿色发展、文旅产业、普惠小微信贷保持快速增长。

1. 人民币贷款保持较快增长，外币贷款降幅收窄

2023年12月末，北京市金融机构人民币贷款余额10.9万亿元，同比增长13.4%，增速比上年同期高2.5个百分点，两年平均增长12.2%；占全国金融机构贷款余额的4.6%，比上年同期高0.2个百分点；比年初增加12800.2亿元，同比多增3380.8亿元，占全国金融机构新增贷款的5.6%。2023年全年，人民币贷款保持较高增速。第一季度北京市人民币贷款余额10.1万亿元，同比增长10.5%，增速比上年同期高2.3个百分点；比年初增加5584.9亿元，同比多增166.5亿元。第二季度同比增长11.1%，较上年同期高1.9个百分点，比上一季度增加2875.5亿元。第三季度同比增长12.4%，较上年同期高3.2个百分点，比上一季度增加1717.3亿元。

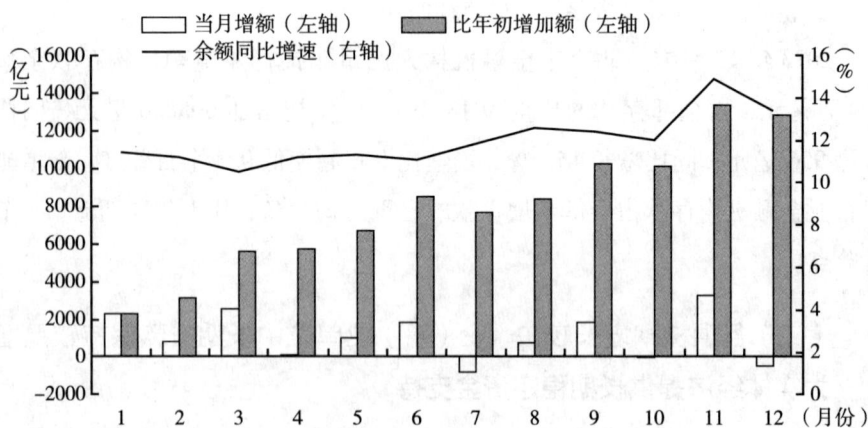

图2　2023年北京市金融机构人民币贷款变化情况

2023年12月末，北京市金融机构外币贷款余额为315.5亿美元，比年初减少18.1亿美元，同比少减111.9亿美元；同比下降5.4%，降幅较上年

同期收窄 22.6 个百分点。其中，境内贷款余额 90.4 亿美元，比年初减少 26.8 亿美元，同比少减 50.8 亿美元；境外贷款余额 225.0 亿美元，比年初增加 8.7 亿美元，上年同期为减少 52.4 亿美元。

2. 中长期贷款高速增长，短期贷款增速小幅下降

2023 年 12 月末，北京市金融机构人民币短期贷款余额为 3.1 万亿元，比年初增加 2922.5 亿元，同比多增 328.5 亿元；同比增长 11.0%，增速比上年同期低 1.0 个百分点。人民币中长期贷款余额为 7.0 万亿元，比年初增加 7975.0 亿元，同比多增 1982.6 亿元；同比增长 13.2%，比上年同期高 2.5 个百分点。分部门看，2023 年 12 月末，人民币住户短期贷款 6077.4 亿元，同比增长 30.0%，增速比上年同期低 7.3 个百分点；中长期贷款 19237.4 亿元，同比增长 0.8%，增速比上年同期低 2.1 个百分点。人民币企（事）业单位短期贷款 25114.0 亿元，同比增长 7.2%，增速比上年同期高 1.2 个百分点；全年新增 1783 亿元，同比多增 458 亿元。中长期贷款 50384.8 亿元，同比增长 18.7%，增速比上年同期高 4.0 个百分点；全年新增 7853 亿元，同比多增 2402 亿元，占企（事）业单位贷款增量的 69.7%。

3. 住户贷款增速下滑，企（事）业单位贷款新增较多

2023 年 12 月末，北京市金融机构人民币住户贷款余额 2.5 万亿元，比年初增加 1261.5 亿元，同比少增 548.6 亿元；同比增长 5.2%，比上年同期低 3.0 个百分点；新增住户贷款占全部新增贷款的比重为 9.9%，比上年同期低 9.3 个百分点。住户贷款新增贡献主要来自个人经营贷款和除住房外的个人消费贷款。其中，个人经营贷款同比增长 15.1%，比上年同期高 0.8 个百分点，全年新增 761 亿元，同比多增 127 亿元。除住房外的个人其他消费贷款同比增长 17.6%，比上年同期高 0.8 个百分点，全年新增 1255 亿元，同比多增 271 亿元。

2023 年 12 月末，人民币企（事）业单位贷款余额 8.2 万亿元，比年初增加 11259.4 亿元，同比多增 4089.1 亿元；同比增长 15.8%，比上年同期高 4.6 个百分点。其中，企业中长期贷款同比增长 18.7%，比各项贷款增速高 5.3 个百分点；比年初增加 7853.3 亿元，同比多增 2401.7 亿元。人民币非银行业金融机构贷款余额 653.0 亿元，同比增长 17.5%，比年初增加 98.0 亿元，同比少增 308.5 亿元。中国人民银行北京市分行开展的银行家问卷调查结果显示，2023 年第四季度，银行家宏观经济热度指数为 32.0%，比上年同期高 11.1 个百分点，比第三季度高 2.7 个百分点。

4. 优化调整房地产信贷政策，房地产开发贷款稳步回升

2023 年，北京市全力支持房地产市场平稳健康发展。推动"认房不认贷"、存量首套房贷和新发放房贷利率调整、降低房贷首付比、延长贷款期限等一系列政策措施在京平稳落地。北京地区存量首套住房贷款利率平均降低 47 个基点，为购房人每年节约利息支出 6.8 亿元。推动银行满足房地产企业新增融资、存量融资延期等需求，12 月末，房地产开发贷款余额 6039 亿元，同比增长 5.2%。

5. 不断提升重点领域和薄弱环节金融服务质效，制造业中长期贷款、普惠小微贷款保持快速增长

持续发挥货币政策工具总量和结构双重功能，不断强化对制造业、科技创新、绿色发展、文旅产业、普惠小微等领域的精准支持，促进经济回升向好。通过各类货币政策工具发放政策性资金近 2000 亿元，支持市场主体超 10 万户；其中，近六成投向科创、绿色、文化等重点领域。2023 年 12 月末，全市科创企业贷款、制造业中长期贷款、普惠小微贷款余额分别同比增长 18.4%、38.1% 和 23%。积极支持"23·7"特大暴雨洪涝灾害灾后重建，加强货币政策工具保障，推动全市金融机构投放灾后重建贷款超 400 亿元。12 月末，北京地区再贷款再贴现总额度增至 1225 亿元，同比增长近四成，居直辖市之首，额度使用率 100%。全年累计投放再贷款再贴现资金 1896.2 亿元，同比增长 23.2%，撬动相关领域信贷投放保持高增速，支持实体经济力度增强。

一是制造业等领域中长期贷款增速保持较高水平。2023 年 12 月末，制造业中长期贷款余额 9227.8 亿元，同比增长 38.1%，比同期各项贷款增速高 24.7 个百分点；比年初增加 2543.9 亿元，同比多增 347.8 亿元。其中，高技术制造业中长期贷款余额同比增长 41.3%，比上年同期高 8.7 个百分点。房地产业中长期贷款增长稳定，12月末，房地产业中长期贷款同比增长9.5%。不含房地产业的服务业中长期贷款增长较快，12月末同比增长14.5%，比上年同期高0.5个百分点，全年新增3255亿元，同比多增427亿元。

二是科技创新的金融服务能力不断增强。抓住建设中关村科创金融改革试验区的契机，积极创新政策举措，推动构建金融支持科创的新路径、新机制。创设专项再贷款再贴现工具，引导银行发放700多亿元低成本资金，撬动更多金融资源向科技创新领域倾斜。强化金融、财政、科技政策协同，逐步建立风险分担、补偿、信用培植等融资配套机制，有效满足科技型中小企业融资需求。创新搭建中关村科技金融产品超市，提高科创企业融资便利度。2023年12月末，北京地区科创企业贷款余额9577亿元，同比增长18.4%，比各项贷款增速高5.0个百分点，有贷户数同比增长25.3%。其中，小微科创企业贷款（不含票据融资）余额1506亿元，同比增长25.9%，占科创企业贷款比重15.7%，比上年同期高0.9个百分点。2023年，北京地区高新技术企业发债融资3300多亿元，同比增长23.4%，发行科创票据552亿元，规模居全国首位。

三是金融支持绿色低碳高质量发展取得新进展。围绕中关村科创金融改革试验区建设和支持科技型企业融资行动方案落实，北京市科技金融政策支撑体系、组织机构体系、产品服务体系及金融保障体系"四大体系"不断完善。以绿色建筑为领跑行业，以北京经济技术开发区为领跑试点区域，以CCER为领跑市场，以绿色金融特色机构为领跑银行，依托"四个领跑"打造首都绿色金融新模式。通过货币政策工具引导金融机构将更多信贷资源向绿色低碳领域倾斜，2023年前三季度，通过碳减排支持工具、煤炭清洁高效利用专项再贷款支持178个碳减排项目和煤炭项目，金额超192亿元，带动年碳减排量610万吨。出台《北京市碳资产质押融资操作指引》，进一步夯实绿色金融发展的政策基础。9月末，北京地区本外币绿色贷款余额为1.8万亿元，同比增长29.4%。发行绿色债券规模位居全国前列。

四是依托银企对接系统持续深化民营和小微企业金融服务，普惠金融覆盖面持续扩大。2023年，北京市强化金融与首贷贴息、担保补助、风险补偿资金等优惠政策的有机结合，全市创业担保贷款余额突破60亿元，同比增速超60%。持续深化"敢贷、愿贷、能贷、会贷"长效工作机制建设，银行小微企业金融服务质效不断提升。依托银企对接系统，累计推动银行走访企业42万次，促进融资落地1700多亿元。深入了解金融支持民营企业融资痛点，力求打通金融支持"最后一公里"的堵点、难点。12月末，北京市普惠小微贷款余额9575.7亿元，同比增长23.0%，比同期各项贷款增速高9.6个百分点，自2022年5月以来增速持续保持在20%以上；比年初增加1795.6亿元，同比多增389.1亿元。普惠小微有贷户数为113.9万户，同比增长50.1%。普惠小微贷款加权平均利率降至4%左右；民营企业贷款余额同比增长12.3%。企业融资难、融资贵问题进一步得到缓解。

五是引导更多金融资源支持文化、旅游、体育等相关产业恢复发展。2023年，北京市大力支持国家文化与金融合作示范区建设，推进金融与文化深度融合。出台《金融服务首都文化、旅游、体育及相关产业快速恢复和高质量发展的若干措施》，开展多场银企对接和政策宣讲会，助力文旅产业快速恢复和高质量发展。12月末，北京地区文化、旅游产业贷款余额同比分别增长10.1%、14.2%，有贷户数同比分别增长18.5%、31.9%。

（三）投向实体经济贷款大幅增长，直接融资规模下降导致社融同比少增

2023年，北京地区社会融资规模增加1045万亿元，同比少增1万亿元。从融资结构看，信贷对实体经济支持力度显著加强，人民币贷款增加近1.3万亿元，创历史新高，月均增长12%，有效满足了实体经济的融资需求。企业债券、政府债券、非金融企业境内股票净融资分别为-6150亿元、811亿元、1020亿元，分别较上年同期下降6185亿元、984亿元、848亿元。

（四）实体经济融资成本屡创新低

北京市金融机构新发放企业贷款加权平均利率持续保持在较低水平，疫情期间通过利率下行累计向实体经济让利超千亿元。2023年，人民银行两

次下调政策利率，带动贷款市场报价利率下行，促进社会融资成本稳中有降。12月，企业贷款加权平均利率2.94%，同比下降15个基点。其中，新发放普惠小微贷款加权平均利率为4.08%，比上年同期低14个基点。

二 关于当前金融运行几个问题的思考

（一）企业整体投资贷款意愿不强，未来贷款需求增长谨慎乐观

企业贷款需求回升主要源于政策扶持和企业流动资金需求增加，企业投资资金需求下降。调查显示，2023年第四季度，仅35%的银行家认为"企业投资资金需求增加"是贷款需求增加的主要原因，环比减少6.7个百分点，为全年最低。制造业中长期贷款持续高增长，但主要拉动因素是中长期流贷利率处于历史较低水平，企业为锁定低利率将短期流贷置换为中长期流贷，企业投资扩产意愿不足。预计2024年第一季度贷款需求预期指数为69.3%，同比上升3.1个百分点。

（二）科技企业贷款用信率不高，适配科技企业融资需求仍需多方发力

银行持续聚焦重点产业企业，以创新金融产品等多种方式加大支持力度，但科技企业贷款用信率仍不高。调查显示，2023年第四季度，用信率在50%以下、50%~80%（含）、80%以上的占比分别为35.3%、42.7%、22.1%，以信用或免担保贷款为主，发放科技企业贷款的银行占比超七成。一是银行流动贷款期限短，一般不超过3年，但初创期企业希望银行提供较长期限流动资金贷款支持（如5年及以上）。二是政府融资担保不足。我国对政府性融资担保机构有保本微利要求，并设有保值增值指标；科创企业初创期缺乏财务报表、历史征信记录等，担保公司担保意愿低。按照国际惯例，担保政策性亏损纳入财政预算弥补，德国、日本、法国政府性担保机构50%以上的担保损失由国家承担。

（三）居民投资意愿下降，收益关注度和投资风险偏好边际回升

居民投资意愿有所下降。调查显示，2023 年第四季度，12.3% 的居民认为"更多投资"更合算，环比、同比分别减少 2.5 个、0.9 个百分点，为 2017 年以来最低。居民对投资收益率的关注度边际上升。从居民投资关注因素来看，选择"预期高收益"、"本金安全"和"容易变现"的比例分别为 25.8%、62.3%、11.8%，环比分别增加 3.4 个百分点、减少 0.9 个百分点、减少 2.4 个百分点。投资风险偏好同步回升。居民储蓄目的中，"增加金融投资"（21.9%）环比增加 1.5 个百分点，"出于资金安全考虑，暂存银行"（19.5%）环比减少 1.6 个百分点。

（四）房地产价格水平预期指数创近年新低，房地产市场风险需持续关注

金融家认为房地产风险仍是经济金融运行中最主要的风险点。调查显示，2023 年第四季度，房地产价格水平预期指数 29.3%，较上季和上年同期分别下降 10.7 个、9.9 个百分点，为 2018 年以来最低。对于"本季我国经济运行面临的主要风险点"，86.7% 的金融家选择"房地产投资下滑"，较上季和上年同期分别增加 4.1 个、12.8 个百分点；对于"近期可能影响金融市场平稳运行的主要风险因素"，66.7% 的金融家选择"房地产市场波动"，较上季和上年同期分别增加 5.8 个、12.3 个百分点。北京市金融监管局数据显示，截至 2023 年 9 月末，辖内房地产不良贷款余额 177.27 亿元，较年初增长 20.97%，其中房产开发不良贷款规模占比近六成、增量占比逾九成。

三　预测与展望

习近平总书记在中央金融工作会议上发表重要讲话，突出强调坚持走中国特色金融发展之路、推进金融高质量发展、建设现代化金融强国等战略任务和重大举措，对做好当前和今后一个时期金融工作做出系统部署。北京市

将以习近平新时代中国特色社会主义思想为指导，全面贯彻党的二十大和二十届二中全会精神，认真落实中央经济工作会议和中央金融工作会议精神，坚持稳中求进工作总基调，精准有力实施好稳健的货币政策，深化金融改革开放，持续防范化解金融风险，持续推动经济实现质的有效提升和量的合理增长，全面提升金融管理和服务精细化水平，纵深推进全面从严治党，为加快建设金融强国、坚定不移走中国特色金融发展之路贡献更大力量。

一是贯彻落实稳健的货币政策要灵活适度、精准有效。引导辖区内金融机构货币信贷平稳增长，强化货币政策工具管理，提升工具使用质效，在2023年存贷款超预期高位增长的基础上，继续保持对实体经济的信贷支持力度，稳投资，加强项目对接，促进信贷政策加快落地。落实存贷款利率市场化措施，促进社会融资成本稳中有降。持续按月调度、按旬督导、按日监测，做好全市存贷款工作。

二是围绕"四个中心"功能建设、聚焦"五篇大文章"精准高效支持重点领域和薄弱环节发展。优化资金供给结构，完善金融产品体系，推动更多金融资源投入科技创新、绿色发展、产业升级、企业发展、民生保障等领域。积极做好灾后重建的金融支持工作，提升文化金融服务质效，切实加大京津冀协同发展金融支持力度，推进金融服务乡村振兴，做好金融支持房地产市场平稳健康发展相关工作。

三是稳妥推进重点领域金融风险防范化解。做好重点机构风险处置，持续完善金融风险监测、预警和评估体系，对辖区金融风险早识别、早预警，努力构建"抓早抓小治未病"的金融风险防控长效机制。

四是着力推动金融业高水平开放。推动"两区"建设向更高水平迈进，深化金融领域改革开放；深入推进跨境贸易投资高水平开放试点；持续完善企业汇率风险管理服务；稳慎推进北京地区人民币跨境使用；统筹金融开放和安全，严厉打击非法跨境金融活动。

五是打造市场化、法治化、便利化、国际化一流营商环境。扎实做好世行迎评相关工作，精准落实国家任务合账，用好"包区对接"机制，加强政策宣贯，切实提高企业获得感。按照"大额刷卡、小额扫码、现金兜底"

思路，聚焦两大机场重点区域，围绕地铁、公交、出租车等高频出行场景等，为境外来华人员提供全方位、多渠道支付便利，助力北京国际交往中心和国际消费中心城市建设。扩大数字人民币应用覆盖面。

六是全面提升金融管理和服务效能。完善北京地区宏观审慎管理；提升金融法治工作水平；扎实推进金融统计管理和监测分析工作；加强支付行业治理；有序推进信息科技"三集中"；提升货币金银、国库、征信服务管理质效，持续强化反洗钱监管，推动改革过渡期金融消费权益保护各项工作平稳有序。

预计 2024 年在习近平新时代中国特色社会主义思想科学指引下，北京市将坚持把金融服务实体经济作为根本宗旨，发挥好货币政策工具的总量和结构功能，聚焦"四个中心"功能定位，全力做好"五篇大文章"，以企业和群众的获得感为落脚点和着力点，更好支持科技创新、民营小微、先进制造、绿色发展等重大战略、重点领域和薄弱环节，不断巩固、增强经济回升向好态势，以金融高质量发展服务中国式现代化。

参考文献

杨松主编《北京经济发展报告（2022~2023）》，社会科学文献出版社，2023。

中国人民银行北京市分行：《北京市金融机构存贷款数据报告》，2023 年 1~12 月。

B.19
进一步推进北京科技金融高质量发展研究

祝红梅*

摘　要：　建设国际科技创新中心是党中央赋予北京的重大战略任务。做好科技金融大文章，加强科技创新领域的金融支持，推动形成"科技—产业—金融"良性循环，是北京建设国际科技创新中心的重要内容。通过政策积极引导、加强金融创新、强化科技赋能等措施，北京科技金融发展取得明显成效。但中小型科技企业融资仍存在短板，多元化直接融资力度不够，金融创新配套制度尚不完善，金融机构服务能力有待增强。建议扎实推动中关村示范区科创金融改革试验区建设，推动科技与金融深度融合，大力发展直接融资，培育专业人才队伍，进一步推动科技金融高质量发展。

关键词：　科技金融　科技创新中心　高质量发展

党的二十大报告指出，到 2035 年，我国要实现高水平科技自立自强，进入创新型国家前列。北京作为我国科研、教育、人才、金融资源的聚集地，肩负着引领全国走创新发展道路的重任。2014 年 2 月，习近平总书记在北京考察时提出，要强化首都科技创新中心的功能。"建设国际科技创新中心"摆在"五子"联动服务和融入新发展格局的首位，确立了"到 2025 年，北京国际科技创新中心基本形成，成为世界科学前沿和新兴产业技术创

---

* 祝红梅，博士，北京市社会科学院经济研究所研究员，主要研究方向为普惠金融、绿色金融。

新策源地、全球创新要素汇聚地"的发展目标。① 从 2009 年中关村科技园区建设国家自主创新示范区开始，深化科技金融改革创新试点就是北京建设科技创新中心的重要内容。北京在推动形成"科技—产业—金融"良性循环方面进行了大量实践探索。

一　科技金融的内涵

科技金融的定义有多种。在学术界，代表性观点有两种。赵昌文等认为，科技金融是促进科技开发、成果转化和高新技术产业发展的一系列金融工具、金融制度、金融政策与金融服务的系统性、创新性安排，是由向科学与技术创新活动提供融资资源的政府、企业、市场、社会中介机构等各种主体及其在科技创新融资过程中的行为活动共同组成的一个体系，是国家科技创新体系和金融体系的重要组成部分。② 房汉廷认为，从本质上看，科技金融是一种创新活动，是一种技术—经济范式，是一种科学技术资本化过程，是一种金融资本有机构成提高的过程。③ 在实践层面，科技部、国家发改委等发布的政策文件从促进科技与金融更加紧密结合的体制机制安排角度对科技金融进行界定。④

综合各方观点，本文认为可以从以下几个方面理解科技金融的内涵：一

---

① 2023 年 5 月，科技部等 12 部门印发的《深入贯彻落实习近平总书记重要批示精神　加快推动北京国际科技创新中心建设的工作方案》提出该目标。
② 赵昌文、陈春发、唐英凯：《科技金融》，科学出版社，2009。
③ 房汉廷：《关于科技金融理论、实践与政策的思考》，《中国科技论坛》2010 年第 11 期。
④ 如《国家"十二五"科学和技术发展规划》中对科技金融的解释为：科技金融是指通过创新财政科技投入方式，引导和促进银行业、证券业、保险业金融机构及创业投资等各类资本，创新金融产品，改进服务模式，搭建服务平台，实现科技创新链条与金融资本链条的有机结合，为处于初创期到成熟期各发展阶段的科技企业提供融资支持和金融服务的一系列政策和制度的系统安排。《关于中关村国家自主创新示范区建设国家科技金融创新中心的意见》提出，科技金融是促进科技创新和高技术产业发展的金融资源综合配置与创新服务，是实现科技与金融更加紧密结合的一系列体制机制安排。科技金融创新包括金融制度、业务、组织、市场创新，是国家技术创新体系和金融创新系统的重要组成部分。

是科技金融的服务对象主要是处于初创期到成熟期各发展阶段的科技创新企业，目的是实现创新链和资金链的结合，发挥金融对科技创新、成果转化、产业进步的支持作用。二是科技金融服务包括投融资、支付结算、风险管理等广泛内容，需要针对服务对象的特点对传统金融服务产品和模式等进行创新。三是科技金融体系是由金融机构、企业、政府、中介组织等各种主体共同构成的生态体系，需要发挥各方合力。

二　北京科技金融发展历程

中关村国家自主创新示范区（以下简称"中关村示范区"）是我国第一个国家高新区、第一个国家自主创新示范区。2009 年国务院在关于建设中关村示范区的批复中，将"深化科技金融改革创新试点"作为六项支持政策中的一项，提出了建立多层次资本市场体系和科技型中小企业贷款风险补偿基金，完善科技型企业融资担保机制，开展知识产权等无形资产质押贷款试点等多项措施。国家层面先后支持中关村示范区开展了 80 多项改革措施，其中包括公司型创投机构企业所得税优惠、投贷联动、企业外债便利化等多项科技金融政策。[①] 2012 年，中关村示范区建设首个国家科技金融创新中心。2016 年，国务院印发《北京加强全国科技创新中心建设总体方案》，进一步要求加快国家科技金融创新中心建设。

随着北京科技创新中心的战略定位升级至"国际科技创新中心"，关于科技金融改革创新的需求更加迫切，2023 年出台的全球科技创新中心建设、国家服务业扩大开放综合示范区建设等多项重要改革任务都包含科技金融内容（见表 1）。2023 年 5 月，中关村示范区成为继山东省济南市与长三角五市[②]后第七个国家级科创金融改革试验区。按照《北京市中关村国家自主创新示范区建设科创金融改革试验区总体方案》，北京市制定 7 方面 37 项重点

---

① 北京市科学技术委员会、中关村科技园区管理委员会：《先行先试　中关村示范区十年建设硕果累累》，北京市人民政府网站，2022 年 10 月 11 日。

② 上海市、南京市、杭州市、合肥市和嘉兴市。

任务，力争通过 5 年时间，形成全国领先的科创金融发展环境，建设具有全球影响力的科创金融服务体系。①

表1 关于北京市科技金融发展的政策要求

时间	发文单位	文件名称	主要内容
2009 年	国务院	关于同意支持中关村科技园区建设国家自主创新示范区的批复	建立具有有机联系的多层次资本市场体系。建立科技型中小企业贷款风险补偿基金，完善科技型企业融资担保机制。开展知识产权等无形资产质押贷款试点
2012 年	国家发改委等 10 部门	关于中关村国家自主创新示范区建设国家科技金融创新中心的意见	完善科技企业信用体系、知识产权投融资体系、创业投资体系、配套服务体系、完善多层次资本市场、创新金融产品和服务等 34 条措施
2016 年	国务院	北京加强全国科技创新中心建设总体方案	完善创业投资引导机制。支持区域性股权市场发展。开展债券品种创新。探索股债联动、投贷联动
2023 年	科技部等 12 部门	深入贯彻落实习近平总书记重要批示精神 加快推动北京国际科技创新中心建设的工作方案	做强北京科技创新基金，大力吸引和集聚各类长期资本参与创业企业投资。更好发挥北京证券交易所功能
2023 年	中国人民银行等 9 部门	北京市中关村国家自主创新示范区建设科创金融改革试验区总体方案	加快完善科创金融产品和服务方式，优化科创金融市场体系，完善科创保险和担保体系，夯实科创金融基础设施，推动金融科技创新与应用，推进科创金融开放交流与合作，优化科创金融生态环境 7 方面 37 项任务
2023 年	国务院	关于支持北京深化国家服务业扩大开放综合示范区建设工作方案的批复	进一步优化中小企业融资环境，结合创新型中小企业特点优化金融产品和服务，鼓励创业投资、股权投资机构发起设立供应链金融领域投资基金，优化创业投资机构的设立和资金退出机制，面向私募基金等探索开发认股权相关产品，推动数据共享

资料来源：根据公开资料整理。

---

① 《北京市人民政府办公厅关于印发〈北京市中关村国家自主创新示范区建设科创金融改革试验区实施方案〉的通知》（京政办发〔2023〕23 号）。

三　北京市科技金融实践路径和成效

北京积极落实支持建设国际科技创新中心的重要战略部署，加强协同合作，依托北京市金融监管协调机制、北京市中小企业工作领导小组等机制，建立金融支持科技创新常态化会商机制。有关部门加强工作联动，先后联合出台多项政策文件，[①] 不断完善金融支持创新体系，探索创新科技金融体制机制，促进金融与科技、产业、经济深度融合，助力北京科技创新企业发展和现代产业体系建设。

（一）加强货币政策工具引导

目前，在支持科创企业融资方面，中国人民银行北京市分行已经初步构建起包括"京创融"专项再贷款、"京创通""京制通"专项再贴现在内的工具体系。2022 年 9 月出台的《金融服务北京地区科技创新、"专精特新"中小企业健康发展若干措施》明确提出，力争每年发放央行政策性资金的50%以上投向科技创新、先进制造等重点领域。"京创通"（中关村示范区再贴现窗口）设立于 2019 年，以科技创新、高质量制造业和战略新兴产业等领域民营和小微企业为重点服务群体，采取名单制方式精准对接。2023年新创设"京制通"专项再贴现产品，专门支持高端制造业。2023 年上半年，人民银行北京市分行运用"京创融"专项再贷款、"京创通"专项再贴现投放资金 145 亿元，运用"京制通"投放资金 89.3 亿元，精准支持科技型中小企业和高端制造企业。[②]

---

① 《关于加大金融支持科创企业健康发展的若干措施》（2020 年）、《金融支持北京市制造业转型升级的指导意见》（2021 年）、《关于对科技创新企业给予全链条金融支持的若干措施》（2022 年）、《金融服务北京地区科技创新、"专精特新"中小企业健康发展若干措施》（2022 年）。

② 资料来源：中国人民银行北京市分行 2023 年第三季度新闻发布会。

（二）财政政策积极发力

2018年，政府主导设立总规模300亿元的北京市科技创新基金，对标原始创新、成果转化、"高精尖"产业三大科技成果转化阶段引导股权投资。截至2023年8月，签约60只子基金，出资58只，子基金规模达932亿元，穿透投资企业1054家。[①]《中关村国家自主创新示范区促进科技金融深度融合发展支持资金管理办法（试行）》提出了对高新技术企业及金融服务机构的一系列财政资金支持政策。针对高新技术企业，给予在全国中小企业股份转让系统、北京股权交易中心挂牌资金支持、并购资金支持、融资租赁费用补贴、科技保险保费补贴、知识产权质押贷款贴息等支持政策。针对金融服务机构，对创投基金、私募股权二级市场基金、并购基金的出资方分档给予周期性投资风险补贴支持，对开展首轮投资的投资机构按照实际投资额给予风险补贴资金支持，对于担保机构首次信用担保贷款的代偿风险给予补偿资金支持，建立多方参与的知识产权质押融资成本分担和风险补偿机制。此外，普惠金融领域的首贷贴息、创业担保贷款贴息等优惠政策也惠及小微科创企业。中国人民银行北京市分行联合市经济和信息化局、地方法人银行推出创新型中小企业"初创贷""创新贷""成长贷"专属贴息信贷产品。

（三）拓宽直接融资渠道

中国人民银行北京市分行会同北京市区两级相关部门，建立民营和科创企业债券融资协调机制，积极开展面向企业的债券创新产品培训，完善与银行间市场交易商协会的沟通机制，支持科创企业发债融资。2023年，北京地区高新技术企业发债融资3300多亿元，同比增长23.4%，发行科创票据552亿元，规模居全国首位。[②] 积极支持符合条件的企业上市融资。北京股

---

① 资料来源：北京国际科技创新中心微信公众号。
② 资料来源：中国人民银行北京市分行2024年第一季度新闻发布会。

权交易中心在全国首批设立专精特新专板，首批开展股权投资和创业投资份额转让试点，设立全国首家认股权综合服务平台。

（四）加强产品和服务创新

设立"中关村科创金融服务中心"积极探索先行先试改革，推出科技人才贷款、并购贷款、认股权贷款等"中关村版"特色产品。截至 2023 年10 月底，科创金服中心共受理科创信贷业务 392 笔、金额 45.68 亿元。其中，3 项试点业务 247 笔、金额 19.74 亿元。[①] 在全国范围内率先开展科技金融专营组织机构的监测评估工作，引导中关村示范区科技金融业务向专营化、特色化方向发展。参评专营组织机构包括 27 家商业银行的 70 家机构。截至 2023 年 3 月末，专营组织机构对中关村高新技术企业贷款余额 1353.8亿元，同比增长 11.2%；新发放贷款加权平均利率为 3.35%，较上年末下降 66 个基点；有贷户数 3935 户，同比增长 24.8%。率先开展中关村示范区外债便利化试点工作，跨境融资便利化试点额度由 500 万美元提升至 1000万美元，政策红利惠及高新技术和"专精特新"企业，打通企业跨境融资渠道。截至 2023 年 3 月末，共为 110 家示范区企业办理了跨境融资便利化、外债一次性登记等业务，金额超过 200 亿美元。[②]

（五）强化金融科技赋能

北京市在全国率先启动金融科技创新监管试点，已发布的 26 个创新应用主要服务于普惠金融、科技金融等领域，推动传统金融服务数字化转型，为支持实体经济高质量发展提供新的运用场景和产品。为解决银企双方对接不畅、信息不对称等问题，中国人民银行北京市分行 2019 年建立北京市银企对接系统，与北京小微金服平台、畅融工程实现企业融资需求信息共享，并依托银企对接系统打造"中关村科创金融产品超市"，相关

---

① 资料来源：2023 年海淀区全面优化营商环境新闻发布会。
② 人民银行中关村中心支行：《推动科创金融专营化发展 科创领域金融服务质效持续提升》，中国人民银行北京市分行网站，2023 年 6 月 9 日。

银行向科创企业发放的符合条件的贷款，可以获得人民银行货币政策工具的支持。2020 年上线"创信融"企业融资综合信用服务平台，联通北京市大数据平台"金融公共数据专区"，汇集多领域的上亿条数据，为接入平台的商业银行提供小微企业精准画像，支持银行向小微科创企业发放信用贷款。截至 2023 年 9 月末，"创信融"平台已累计精准支持 1.6 万家小微企业获得纯信用贷款超过 175 亿元，企业首贷率超 80%。① 2021 年启动"京津冀征信链"建设，打通数据互联共享渠道。截至 2023 年第一季度末，京津冀征信链累计调用量突破 1000 万次，助力商业银行发放信用贷款超过 460 亿元。②

在多部门和金融机构的共同努力下，2019~2023 年北京地区科创贷款余额年均增长 15%，有贷户数年均增长 20%，"专精特新"中小企业获贷率接近 60%。截至 2023 年末，科创企业贷款余额 9577 亿元，其中，小微科创企业贷款（不含票据融资）余额 1506 亿元，占科创企业贷款比重为 15.7%。融资成本稳中有降，2023 年北京地区贷款利率为 3%左右，处于全国最低水平。③ 小微企业贷款利率持续保持在较低水平（见图 1）。截至 2023 年 11 月末，北京有 75 家企业登陆科创板，在全国占比 13.27%；有 21 家公司在北交所上市，在全国占比 9%；新三板创新层挂牌公司 192 家，在全国占比 10.17%，私募基金管理资产规模 46714 亿元，在全国占比 22.66%。④

科技金融发展有力支持了科创企业培育和北京国际科技创新中心建设。截至 2023 年末，北京市已累计培育专精特新企业 7180 家，比 2021 年末增加 5374 家。其中国家级"小巨人"企业 795 家，比 2021 年末增加 538 家。150 家专精特新企业已在境内外上市，合计市值超万亿元。⑤ 根据清华大学和自然科研（Nature Research）团队联合开发的国际科技创新中心指数

---

① 资料来源：中国人民银行北京市分行 2023 年第三季度新闻发布会。
② 资料来源：中国人民银行北京市分行。
③ 资料来源：中国人民银行北京市分行。
④ 资料来源：北京市证监局。
⑤ 资料来源：北京市经济和信息化局。

（Global Innovation Hubs Index，GIHI）2023 年评估结果，北京以 83.18 分位列第三（见表 2）。

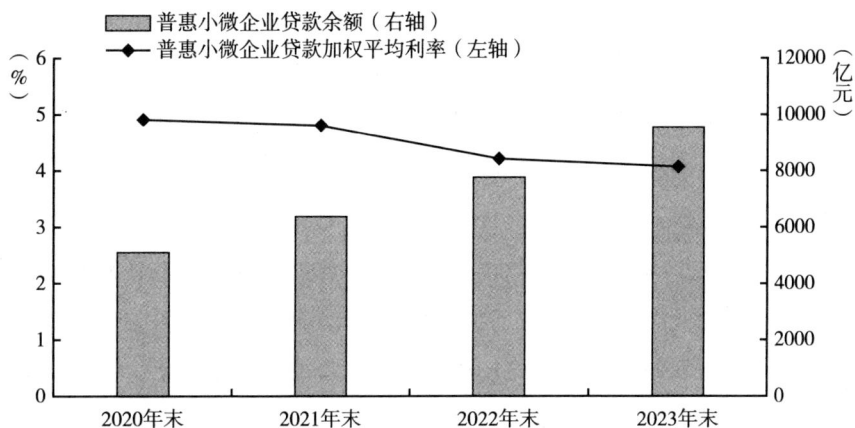

图 1　北京市普惠小微企业贷款情况

资料来源：中国人民银行北京市分行。

表 2　2023 年 GIHI 排名前十的城市（都市圈）

城市（都市圈）	综合		科学中心		创新高地		创新生态	
	得分	排名	得分	排名	得分	排名	得分	排名
旧金山—圣何塞	100.00	1	93.43	4	100.00	1	100.00	1
纽约	88.65	2	100.00	1	75.89	3	91.49	3
北京	83.18	3	94.66	2	75.74	4	79.24	11
伦敦	82.11	4	84.68	6	68.31	17	98.80	2
波士顿	81.13	5	94.41	3	70.92	7	80.08	8
粤港澳大湾区	80.25	6	84.55	7	75.19	5	81.81	6
东京	78.58	7	74.68	12	82.55	2	75.98	24
巴尔的摩—华盛顿	76.01	8	86.57	5	67.03	19	77.81	15
巴黎	75.90	9	79.98	8	68.72	14	82.39	4
上海	73.98	10	77.25	9	68.69	15	79.03	13

资料来源：《国际科技创新中心指数 2023》。

四 存在的问题

（一）中小科技企业融资存在短板

科技创新在不同阶段、科技企业在不同的发展阶段上存在不同的风险收益特征，需要不同形式的金融产品和服务以匹配其需求。就融资需求来说，风险投资、天使投资、债券、银行贷款、上市融资等渠道适用于不同阶段的企业。目前在我国的金融体系下，综合运用股权、债权、保险等多种金融手段，为科技型企业提供全链条、全生命周期的金融服务体系还不完善，科技金融服务主要依靠银行体系。科技型中小企业普遍具有技术新、资产轻、风险高、业绩波动大等特征，难以满足传统银行信贷产品要求，需要银行加大创新力度。在国家系列政策鼓励下，越来越多的商业银行将专精特新等科技型中小企业作为信贷投放的重要对象，但也存在同质化和内卷化问题，大部分信贷资源逐渐集中到头部企业，一些尾部的中小专精特新企业较难获得银行贷款。[1] 从北京地区看，"卡脖子"关键核心技术领域企业和初创期、成长期科技型中小企业的融资需求尚未得到较好满足。[2]

（二）多元化直接融资力度不够

通常在企业初创及成长阶段，大部分融资需求通过风险投资、私募股权投资市场得到满足。从总体来看，我国直接融资市场支持科技创新与科技企业的功能还比较薄弱，特别是与科技创新特点相匹配的风险投资市场还不成熟，私募股权基金、产业发展基金等直接融资模式的商业可持续性有待加强，IPO上市退出渠道拥挤且退出期限较长，制约私募股权基金对早期项目

---

[1] 李健、王丽娟：《银行业服务专精特新企业高质量发展的思考与建议》，《中国银行业》2023年第12期。

[2] 阳晓霞：《五年形成全国领先的科创金融环境——访中国人民银行北京市分行党委书记、行长杨伟中》，《中国金融家》2023年第12期。

的投资。[①] 2023 年，全球经济恢复不及预期，资本市场活跃度下降，私募股权投资"募投管退"各环节受到不同程度的影响。对北京经济技术开发区部分企业的调研反映，在美国科技打压政策和国内资本市场 IPO 放缓双重压力下，不少企业的股权融资面临困难。根据投中研究院的统计，2023 年北京地区企业 IPO 数量 33 家，募集资金 312 亿元，同比分别下降 38% 和 75%。

（三）金融创新的配套制度有待完善

科技公共信息透明度不足，科技企业尤其是中小科技企业的信息标准化和披露程度有待提高。调研反映，银行在开展科技金融服务中，企业工商、税务等开放政务数据汇聚较为完善，企业经营数据及科创企业专属数据相对缺乏。知识产权评估和交易市场发育不成熟，知识产权融资存在估值标准不统一、公允价值难确定、不易流转处置等困难。认股权创新业务资产、交易、监管、配套支持政策等方面存在不少空白点。

（四）金融机构服务能力有待增强

金融机构在人才储备、产品服务、风险管理等方面还无法匹配高新技术领域特点。科技金融服务涉及门类多，专业性强，金融机构中具有竞争力的复合型专业人才配置有限，普遍存在行业研究不足、人员较少、力量分散等问题。从业人员缺乏对新行业、新技术、新业态的研究，对科技创新的理解和评估能力不足，加之存在风险收益不匹配，缺乏有效激励约束机制，科技保险、担保等风险分担机制不健全等问题，影响着金融机构的服务意愿。

五　相关建议

（一）扎实推动科创金融改革试验区建设

2023 年 10 月发布的《北京市中关村国家自主创新示范区建设科创金融改

---

① 肖星、李诗林：《私募股权投资市场退出机制探讨》，《中国金融》2023 年第 2 期。

革试验区实施方案》明确了未来 5 年北京科技金融发展目标和路线图。2024 年 3 月 1 日起开始施行的《北京国际科技创新中心建设条例》为高质量建设北京国际科创中心提供了坚实的法制保障。建议有关部门进一步完善科技金融工作协调机制，扎实推进实施方案中各项任务落地落实，取得实效。

（二）推动科技与金融深度融合

北京市数字经济发达，2023 年实现数字经济增加值 18766.7 亿元，同比增长 8.5%，占地区生产总值的 42.9%，比上年提高 1.3 个百分点。其中，数字经济核心产业增加值增长 10.8%，占 GDP 的比重为 25.3%，较上年提高 1.3 个百分点。[①] 实践表明，大数据、云计算、人工智能等数字技术在金融领域的应用有助于提升金融服务效率、风险管理能力和创新能力。北京市的金融科技发展一直走在全国前列。建议进一步优化完善金融科技创新监管机制，鼓励深化科技企业与金融机构的合作，丰富金融科技应用场景，大力发展数字金融。

（三）大力发展直接融资

用好中关村示范区创业投资企业所得税优惠等支持政策，以及股权投资和创业投资份额转让等试点政策，发展壮大创业投资行业。支持吸引各类长期资本、耐心资本投资科技创新领域。加强北京股权交易中心"专精特新"专板建设，提升北交所北京基地服务能力，形成梯度培育体系，推动优质中小型科技企业在"新三板"挂牌、在北交所上市。加强银行间市场发债辅导和融资对接，提升担保服务能力。依托北京股权交易中心认股权综合服务平台，推动投贷联动、股债联动服务中小企业的模式创新。

（四）持续优化营商环境

加大知识产权保护力度，完善知识产权登记、评估、交易等服务体系，促进知识产权质押融资。完善首贷贴息、担保费用补助、科技金融风险补偿

---

① 资料来源：北京市统计局。

等政策。推广中征应收账款融资服务平台和动产融资登记公示系统使用。完善贷款服务中心功能，加强金融领域数据开放共享，完善各类金融服务平台功能，提升金融机构对科技创新和科技企业的服务能力。

（五）培育专业人才队伍

结合金融机构科技金融专营组织机构建设，加强对科技与金融复合型人才的培养。完善科技金融人才在落户、居住等方面的配套保障机制。引导金融机构建立健全科技金融业务激励考评和尽职免责制度，激发基层员工展业积极性。

参考文献

房汉廷：《关于科技金融理论、实践与政策的思考》，《中国科技论坛》2010 年第 11 期。

李健、王丽娟：《银行业服务专精特新企业高质量发展的思考与建议》，《中国银行业》2023 年第 12 期。

肖星、李诗林：《私募股权投资市场退出机制探讨》，《中国金融》2023 年第 2 期。

阳晓霞：《五年形成全国领先的科创金融环境——访中国人民银行北京市分行党委书记、行长杨伟中》，《中国金融家》2023 年第 12 期。

赵昌文、陈春发、唐英凯：《科技金融》，科学出版社，2009。

B.20
首都主要功能区资本市场
与专精特新企业的对比研究

何 砚*

摘 要: 通过结构化比较分析首都主要功能区的上市企业质量、数量和空间分布,资本市场中介机构服务专精特新企业的能力,专精特新企业的发展质量、数量和空间分布,针对专精特新企业的补贴政策,发现北京在推动专精特新企业高质量发展中面临着融资渠道不够畅通、资本市场的集聚效应不足、政策支持力度有待加强等挑战。为此,提出发展壮大以专精特新企业为代表的中小企业;构建中小企业金融生态圈;发挥好先行先试优势,用好用足主要功能区公共服务和补贴政策;加强主要功能区之间的协同发展;规范多层次金融市场健康发展等措施建议。

关键词: 首都 资本市场 专精特新企业

专精特新企业是指那些专注于特定领域,具有专业化、精细化、特色化、新颖化特点的中小企业,是在细分行业中具有竞争力、专业技能和市场潜力的企业。专精特新企业在推动经济高质量发展、促进产业升级和创新驱动发展方面发挥着重要作用,是新的经济增长点,是实施创新驱动发展战略的重要力量。2021年,北京证券交易所开设,是为创新型中小企业提供服务的资本市场平台,有助于专精特新企业获得资金支持从而实现较快发展。专精特新企业与北交所之间存在密切的关系。北交所的设立旨在探索契合中

---

* 何砚,博士,北京市社会科学院副研究员,应用经济学博士后,研究方向为首都金融。

小企业特点的制度安排，支持专精特新企业发展。北交所的核心是为专精特新企业提供融资支持，促进这些企业产品服务特色化、技术成果新颖化等。专精特新企业通常具有创新能力强、产品竞争力强、品牌力强等优势，但同时也面临着融资难、融资贵等问题。北交所的设立为这些企业提供了直接融资的平台，有助于促进其创新发展。

2021 年，北京市发布了《北京市关于促进"专精特新"中小企业高质量发展的若干措施》，提出要用好北京股权交易中心"专精特新板"，为企业提供挂牌展示、托管交易、投融资、培训辅导等服务。专精特新企业是活跃首都资本市场的"潜力股"。北交所的发展能更好地为专精特新企业提供上市融资渠道。北京市主要功能区的资本市场发展情况不尽相同，专精特新企业发展情况各异，通过对比分析，可以更好地发挥资本市场对专精特新企业的支持作用，促进企业实现跨越式发展。

一　首都主要功能区资本市场与专精特新企业对比分析

（一）上市企业对比

资本最终需要服务于实体经济，从区域经济角度看，上市公司数量较多的区域 GDP 整体偏高，上市公司快速发展的同时，其对地区经济发展也起到巨大的推动作用，成为该地区参与国内外市场竞争的核心主体。[①]

截至 2023 年 11 月，北京市共有上市公司 466 家，总市值 20.78 万亿元，上市公司数量占全国的 8.8%，累计市值占 A 股总市值的 1/5 强。上市公司对北京市经济发展有着至关重要的影响。北京市 A 股上市公司数量居前三的分别为海淀区（176 家）、朝阳区（52 家）、西城区（44 家）。

截至 2021 年底，西城区共有 44 家境内上市公司，23 家境外上市公司，

[①]　杜伟锦、何桃富：《上市公司对地区经济发展贡献究竟有多大》，《浙江经济》2005 年第 10 期。

绝对数量50家，包含15家世界500强企业、22家中国市值500强企业，资产总额近135万亿元，市值超13万亿元，整体呈现高质量、高市值特点。共有挂牌企业47家，总股本166.1亿股，总资产436.2亿元，净利润10亿元，总市值143亿元，其中创新层企业5家。

2023年海淀区GDP达到11020.2亿元，得益于区内众多的高等教育机构和科研院所。海淀区汇聚了大量的科技与创新人才，为科技产业发展和创新创业活动提供了坚实的人力资源基础。在上市公司行业分布上，海淀区以70家计算机相关企业领跑，占区内上市公司总数的39.77%，位居榜首；其次是国防军工和医药生物行业，分别有15家和11家上市公司，表现也十分突出。从市值角度来看，海淀区市值最高的三家上市公司依次是长江电力、京沪高铁和中国建筑。

与海淀区相比，西城区在境内外上市公司以及新三板上市企业数量上都处于明显劣势，且数量差距较大。这反映了两区科技创新及金融要素禀赋的差异性：海淀区是全国科技创新核心区，创新资源丰富，科创型企业集聚。近年来，伴随着创业板、科创板的诞生和北京"新三板"建设的加快，科创型企业境内外上市途径较为多样，IPO成功率也较高。与海淀区相比，西城区不仅上市后备企业资源相对较少，而且上市途径较为单一，主要集中于国内股票资本市场。从上市公司数量来看，海淀区具有绝对优势，但从上市公司整体市来看，西城的领先优势明显。据金融界上市公司研究院统计，西城区累计市值达到79984.65亿元，稳居16个城区之首，市值占比达到38.13%。西城区上市公司平均市值高达1904.40亿元，银行、保险、电力等在市值上领先，排前三的上市公司分别是工商银行、建设银行和中国银行。①

（二）资本市场中介机构对比

在注册制下，企业上市主要涉及三类中介业务，包括券商、会计师事务所和律师事务所。北京有券商14家，会计师事务所29家，律师事务所53

---

① https：//baijiahao.baidu.com/s？id=17831505669814284528wfr=spider&for=pc.

家。北交所落地后，对在京相关中介行业发展的带动作用更加凸显，地域优势有助于在京券商、事务所等中介业务蓬勃发展。

比照科创板上市公司发行费用结构和标准，上市企业总体发行费用的分配比例大致为券商：会计师律师：其他（信息披露费）= 75：15：10。如果按照科创板发行费用总额比率和 2020 年宏观税负率估算，上市企业每募集 1 亿元资金可带动中介行业产生税收效益约 90 万元。从北京新三板挂牌企业涉及的重点中介机构来看，13 家券商中，位于西城区的有 7 家，占比超过 50%；13 家会计师事务所和律师事务所中，位于西城区的仅 4 家，占比 30.8%。

（三）专精特新企业对比

根据 2023 年发布的《北京市专精特新企业发展报告》，自 2019 年起，北京市在专精特新领域的企业培养方面取得显著成就，共有 6848 家企业获得了专精特新的认定，包括 795 家国家级"小巨人"企业，与 2021 年末相比，均实现了超过 200% 的增长。这些企业的总营业收入已经超过 8000 亿元人民币，其中有 150 家企业成功上市，总市值突破了 1 万亿元。超过一半的企业位于海淀区、朝阳区及北京经济技术开发区。在行业分布上，超过 80% 的企业属于信息传输、软件与信息技术服务业，科技服务业，制造业等关键领域。

1.国家级专精特新企业对比

专精特新企业具有专业化、精细化、特色化和新颖化等突出特征。国家级专精特新企业不仅是未来中小企业高质量发展的重要方向，更是北交所潜在高质量上市企业群体。

（1）企业数量区域分布

截至 2022 年 6 月底，北京市国家级专精特新企业共 256 家，占全国国家级专精特新企业的 5.38%。从城区分布来看，国家级专精特新企业主要分布在海淀区、大兴区和昌平区，分别有 119 家、38 家和 17 家。其中，海淀区的国家级专精特新企业主要分布在智能声学、研磨微粉和抛光膜生产、云安全和人工智能安全技术、智能传感技术、大数据分析和人工智能等领域。这些企业在各自领域具有较高的知名度和市场地位，是推动海淀区经济发展的重要力量。

表1　北京市国家级专精特新企业的城区分布

单位：家，%

排名	城区	国家级专精特新企业数量	占比
1	海淀	119	46.48
2	大兴	38	14.84
3	昌平	17	6.64
4	朝阳	14	5.47
5	顺义	14	5.47
6	房山	12	4.69
7	通州	10	3.91
8	丰台	9	3.52
9	石景山	4	1.56
10	密云	4	1.56
11	怀柔	4	1.56
12	平谷	3	1.17
13	门头沟	3	1.17
14	东城	3	1.17
15	西城	2	0.78
16	延庆	0	0.00

资料来源：产业通 SaaS 平台。

（2）企业创新能力区域分布

截至 2022 年 4 月 30 日，北京市国家级专精特新企业拥有授权专利共14715 件，其中发明专利 5669 件，实用新型专利 7415 件，外观设计专利1631 件。2022 年 1~4 月，北京市国家级专精特新企业新增授权专利 1433件，其中发明专利 606 件，实用新型专利 640 件，外观设计专利 187 件。从发明专利的角度来看，这些海淀区国家级专精特新企业都具有较强的创新能力。以安声科技为例，该公司拥有智能声学领域的多项专利，包括智能语音识别、声音降噪、音乐识别等方面的技术。国瑞升在研磨微粉和抛光膜生产方面拥有多项专利，涉及超精密抛光膜、精密抛光液等产品的研发和生产。六方云在云安全和人工智能安全技术方面拥有多项专利，包括网络安全、数据加密等方面的技术。钛方科技在智能传感技术领域拥有多项专利，涉及触摸屏设备、智能家居触控模组、机器人触感模组等方面的技术。百瑞互联在电子技术/半导体/集成电路领域拥有多项专利，涉及集成电路设计、芯片制造等方面的技术。九章云极在大数据分析和人工智能领域拥有多项专利，涉及数据挖掘、机器学习等方面的技术。

表 2　北京市国家级专精特新企业创新能力城区分布

单位：项，%

排名	城区	发明专利城区分布	占比
1	海淀	2431	55.15
2	大兴	584	13.25
3	昌平	494	11.21
4	朝阳	291	6.60
5	房山	180	4.08
6	顺义	86	1.95
7	通州	70	1.59
8	丰台	64	1.45
9	怀柔	64	1.45
10	门头沟	53	1.20
11	西城	36	0.82
12	平谷	20	0.45
13	东城	17	0.39
14	石景山	11	0.25
15	密云	7	0.16
16	延庆	0	0

资料来源：产业通 SaaS 平台。

（3）产业吸引投资能力对比

根据北京市经济和信息化局的数据，2021 年，北京市级专精特新企业整体融资超 2000 亿元。北交所的上市企业中，专精特新企业占据了一定的比例。截至 2023 年 12 月 18 日，在北交所 236 家的上市公司群体中，属于国家级专精特新"小巨人"企业的数量为 112 家,约占 47.46%。此外,2023 年新增的 74 家上市公司中,属于国家级专精特新"小巨人"企业的数量有 38 家,占比超过五成,约为 51.35%。从产业分布来看,2019~2023 年北京市国家级专精特新企业在数字经济、新一代信息技术和电子元器件产业的吸金能力最强,分别获得融资 28360389.83 万元、15334632.35 万元和 11770681.12 万元。2022 年 4~5 月国家级专精特新企业在海淀区、朝阳区和昌平区融资事件最多,分别发生融资 6 笔、3 笔和 3 笔,分别获得融资 91000 万元、108016 万元和 57000 万元。

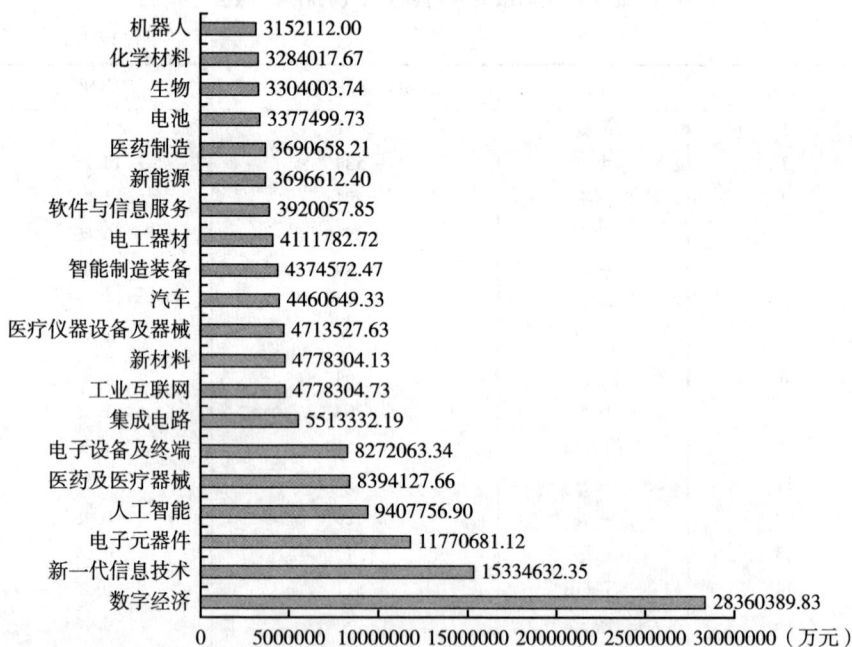

产业	融资金额(万元)
机器人	3152112.00
化学材料	3284017.67
生物	3304003.74
电池	3377499.73
医药制造	3690658.21
新能源	3696612.40
软件与信息服务	3920057.85
电工器材	4111782.72
智能制造装备	4374572.47
汽车	4460649.33
医疗仪器设备及器械	4713527.63
新材料	4778304.13
工业互联网	4778304.73
集成电路	5513332.19
电子设备及终端	8272063.34
医药及医疗器械	8394127.66
人工智能	9407756.90
电子元器件	11770681.12
新一代信息技术	15334632.35
数字经济	28360389.83

图 1　北京市国家级专精特新企业融资金融产业分布

资料来源:产业通 SaaS 平台。

2. 市级专精特新企业对比

截至 2022 年,北京市级专精特新企业数量已达到 3000 家左右,其中包括专精特新中小企业和专精特新小巨人企业。这些企业主要集中分布在高新技术产业、战略性新兴产业和现代服务业等领域。北京市级专精特新企业主要分布在海淀区、朝阳区、昌平区、顺义区和丰台区等区域。其中，海淀区是北京市级专精特新企业数量最多的区域，主要涉及高新技术产业和科技企业孵化器等领域。朝阳区则集中了一大批文化创意、商务服务、金融等行业的企业。昌平区则以高科技制造和生命科学领域的企业为主。顺义区和丰台区也分别拥有一批市级专精特新企业，涉及航空航天、汽车制造、新能源等领域。

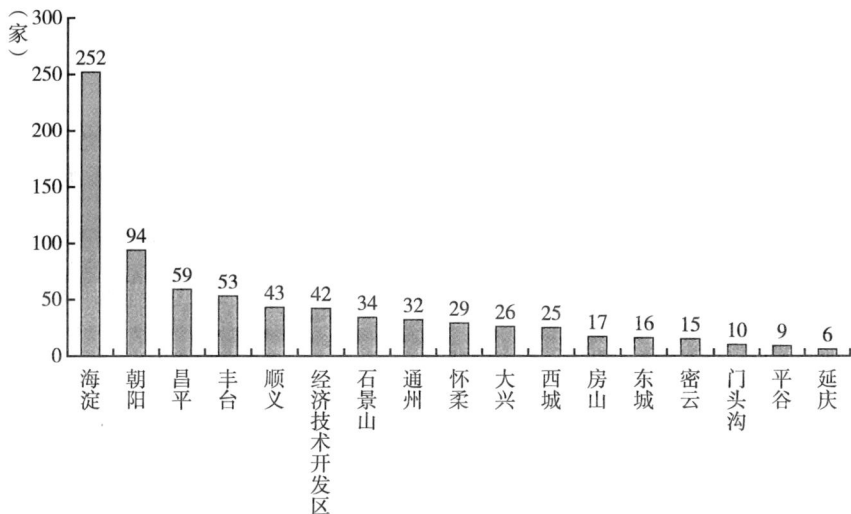

图 2　2022 年度北京市第三批认定专精特新企业区域分布

3. 专精特新奖励政策各区补贴对比

从补贴方面看，2021~2025 年，中央财政累计安排 100 亿元以上奖补资金，引导地方完善扶持政策和公共服务体系，分三批（每批不超过三年）重点支持 1000 余家国家级专精特新"小巨人"企业高质量发展。[①] 北京市各区主要是面向中小企业开展三项专精特新认定，分别是北京市"专精特新"中小企业、北京市专精特新"小巨人"、国家专精特新"小巨人"。通

---

① 《关于支持"专精特新"中小企业高质量发展的通知》，2021 年 1 月 23 日。

过专精特新认定的企业既可以申报项目补贴，又能享受配套奖励。此外，中关村管委会还发放了服务券：第一批"专精特新"服务券 800 万元，第二批"专精特新"服务券 419 万元，第三批"专精特新"服务券 400 万元。每张服务券的面额为 1 万元，可多张申请、叠加使用，每批次每家企业可申领至多不超过 20 万元的服务券，3 年不超过 60 万元。① 企业可使用"专精特新"服务券享受半价优惠，包括高新技术企业认定、知识产权贯标、新技术新产品认定、人力资源培训、招聘等领域。

表3　北京市专精特新奖励政策各区补贴

区域	内容	文件
西城区	对国家专精特新"小巨人"企业,给予一次性30万元奖励 对北京市专精特新"小巨人"企业,给予一次性10万元奖励	《北京市西城区支持中关村科技园区西城园自主创新若干规定》
丰台区	对国家专精特新"小巨人"企业,给予60万元扶持 对北京市专精特新"小巨人"企业,给予30万元扶持	《丰台区促进高精尖产业发展扶持措施(试行)》
石景山区	对首次获得北京市"专精特新"中小企业称号的企业,给予最高20万元的一次性奖励 对获得北京市专精特新"小巨人"称号的企业,给予最高50万元的一次性奖励 对获得国家专精特新"小巨人"称号的企业,给予最高80万元的一次性奖励 单个企业不重复享受,晋级享受差额奖励	《石景山区关于促进"专精特新"中小企业高质量发展的若干措施》
通州区	对国家专精特新"小巨人"企业,给予最高50万元奖励 对北京市专精特新"小巨人"企业,给予最高20万元奖励 对获得北京市"专精特新"中小企业称号的企业,给予最高10万元奖励	《通州区高精尖产业发展资金管理办法(试行)实施细则(2021版)》
大兴区	对国家专精特新"小巨人"企业,给予最高100万元奖励 对北京市专精特新"小巨人"企业,给予最高50万元奖励 对获得北京市"专精特新"中小企业称号的企业,给予最高20万元奖励	《大兴区支持商业航天产业发展暂行办法》

---

① 曹政:《800万元"专精特新"中小企业服务券今日发放》,《北京日报》2020年8月26日。

区域	内容	文件
经开区	对国家专精特新"小巨人"企业,给予最高30万元奖励 对北京市专精特新"小巨人"企业,给予最高10万元奖励	《北京经济技术开发区打造大中小企业融通型特色载体推动中小企业创新创业升级专项资金实施细则》

二 首都资本市场服务专精特新企业存在的问题

通过以上对北京市主要功能区资本市场和专精特新企业的对比分析可以发现,在资本市场服务中小企业,特别是专精特新企业方面,还存在以下问题。

一是融资渠道不够畅通。首都北京的资本市场发展相对成熟,但对于专精特新企业这样的高成长性企业而言,仍需要更多的创新融资渠道。传统的银行贷款、股权融资等渠道可能难以满足这些企业快速发展的需求。

二是资本市场的集聚效应不足。北交所的成立弥补了北京交易所的空白,但是与上海、深圳相比,北京国有金融业占比非常大却灵活性不足。北京的新三板在市场分层、投资准入、融资交易等科技型企业融资制度安排方面与科创板和创业板的差异不明显,制度安排仍需要进一步厘清和明确。北交所成立以来,服务中小企业的远期效应仍未显现,还需要通过时间和实践的检验。在服务专精特新企业这样的特定群体时,仍需提供更加精细化、专业化的服务,如估值定价、交易撮合等方面的支持。

三是政策支持力度有待加强。政府已经出台了一系列支持专精特新企业的政策,但在实际操作中,政策的执行力度、效果等仍有待加强。政策支持的精准度和有效性也有提升空间。尽管加大了对专精特新企业的扶持力度,但并非所有的专精特新企业都能上市受到资本的青睐。八成以上的专精特新企业并未进入资本市场融资，主要分布在航空航天装备、农机装备、先进轨道交通装备、海洋工程装备及高技术船舶领域，市场化程度不高，上市企业较少，未来首都资本市场服务专精特新中小型企业高质量发展仍任重道远。

三 主要结论及对策建议

（一）发展壮大以专精特新企业为代表的中小企业

通过培育优质新兴行业上市公司和调整各区现有上市公司结构，打造区域优势产业，是推动北京经济发展的重要途径。产业层面，着眼于数字经济、文化产业、新一代信息技术和高端服务业，促进国内专精特新企业集聚发展。借助北交所的资本平台作用，发挥首都属地优势，可由发改委、经信局、科委等市属部门，建立更加细化的京内外专精特新企业发现、监测和培育机制，进而带动相关产业协同发展，提升创新型中小企业群体规模和质量。可将北交所上市和新三板挂牌企业数量纳入绩效考核指标。比照沪深上市公司数量及迁入迁出等绩效考核标准，出台针对北交所上市和新三板挂牌企业的绩效考核体系，压实部门责任，提升工作积极性。

（二）构建中小企业金融生态圈

一是以北交所为平台，促进金融业及相关配套服务业联动发展。开展针对性招商，落地"两区"政策，吸引境内外证券公司、基金和资产管理公司在北京落户，吸引国内外知名的律师事务所、会计师事务所、资产评估事务所和信用评级机构等专业配套服务机构入驻，完善金融业生态圈。二是加强基金引导，财政局、国资委协同推动产业基金等积极参与北交所上市优质企业的公开发行、定向增发和并购重组，引导其在投资或孵化新三板挂牌企业方面发挥示范作用，撬动更多社会资本。三是由北交所与新三板的创新层、基础层共同组成"升级版"，形成与沪深交易所、区域性股权市场互促发展的格局。北交所应充分提升服务的包容性和精准性，构建一套契合创新型中小企业发展需求的涵盖发行上市、交易、退市、持续监管、投资者适当性管理等的基础制度，打造服务创新型中小企业主阵地，补足多层次资本市场发展普惠金融的短板。

（三）用好用足公共服务和补贴措施

加强与北交所的联系，建立健全宣传培训、专业辅导、路演推介等合作机制，培育支持一批创新型中小企业在新三板挂牌、北交所上市。加强与证券公司等专业服务机构和投资机构的战略合作，努力为企业上市融资搭建专业的合作平台。支持构建创新型中小企业上市孵化基地，发挥区域金融资源优势，利用小微企业金融服务平台等渠道，为企业在不同周期智能筛选、精准对接各类金融机构，降低企业融资成本。一是上市企业补贴方面，参照北京市现行上市企业挂牌资金补贴政策，对北交所上市和新三板创新层、基础层挂牌企业给予适当补贴。二是人才支撑方面，细化人才公寓、子女入学、落户等人才相关政策，按照综合贡献（税收贡献和创新能力等）对大型金融机构及相关配套高端服务企业、境内外不同层级资本市场上市公司给予政策倾斜。

（四）加强各区之间的协同发展

着力打造以技术创新为链条的生态，各区协同打造金融科技底层核心技术创新平台。如西城区可加强与海淀区的协同发展，发挥微芯研究院、智源研究院、量子研究院等市级底层技术研发创新平台的作用，推动北京金融科技研究院转型为新型研发机构，深入探索"底层技术+生态"金融科技产业生态实现路径、实现模式。制定支持金融科技底层技术发展的政策，建设金融科技核心技术创新平台，推动形成金融科技技术链、价值链，逐步完善金融科技产业链。

（五）规范金融市场健康发展

重视金融市场规范及风险，发挥北京金融法院的作用，使金融市场法制建设与金融业蓬勃发展同步推进。同时，规范保荐机构、会计师事务所、律师事务所、信用评级等中介机构的市场行为，为金融市场长期稳定发展提供保障。依托金融监管创新试点在北京先行先试的优势，加强项目辅导，争取将更多项目纳入试点，协助央行完善对试点项目的全生命周期管理，建立风险评估指标体系，持续动态监测创新应用运行状况，探索建立监管试点制度体系。加强监管科技创新研发和应用推广，服务央行建设国家金融科技创新监控中心。

参考文献

王国明：《聚焦"专精特新"》，《中国市场监管报》2022年4月16日。

杜伟锦、何桃富：《上市公司对地区经济发展贡献究竟有多大》，《浙江经济》2005年第10期。

方彬楠：《一周5家企业上市海淀力推科企进入资本市场》，《北京商报》2019年12月4日。

艾瑞咨询：《中国中小微企业数字化转型路径研究报告》，2022年10月1日。

区域发展篇

B.21
京津冀产业链分工与融合发展路径研究

——以集成电路产业为例

刘宪杰 *

摘 要： 产业一体化是京津冀协同发展战略中率先突破的三大领域之一，是推动京津冀协同发展的实体内容和关键支撑。在国家相关部门和京津冀三地共同推动下，区域产业转移与合作取得了积极成效，但实际工作中仍面临着诸多困难和问题。在当前全球经济下行压力加大、科技创新与产业竞争格局深度变革的背景下，加快京津冀产业链深度融合、打造具有竞争力的创新型产业集群，对于完善北京产业配套环境、拓展北京产业链合作腹地、发挥北京辐射带动作用推动京津冀高质量协同发展等都具有重要意义。京津冀地区是我国重要的集成电路开发和生产基地之一，三地在芯片设计、制造、材料等产业链的不同环节形成了各自的优势，具备率先实现产业融合发展的良好条件。

---

* 刘宪杰，北京方迪经济发展研究院部门经理，主要研究方向：区域经济、产业经济。

关键词： 京津冀　产业融合发展　集成电路产业

京津冀协同发展战略实施以来，非首都功能性产业有序转移疏解，"2+4+N"产业承接平台加快建设，协同创新共同体建设稳步推进，跨区域产业协同机制逐步建立，推动共建产业园区与对接合作平台，基本形成了京津冀产业融合发展框架。但京津冀产业融合发展也存在诸多困难和问题：一是三地经济发展水平和产业结构差异较大，产业合作和融合发展的基础比较薄弱，产业融合程度不足，跨区域产业链、创新链尚未真正形成。二是产业平台大多处于规划建设阶段，集群化、规模化、品牌化的承接效应没有显现。大部分产业承接平台为综合性承接平台，在一定程度上存在同质化竞争现象。三是区域间创新创业环境、产业营商环境、公共服务配套等产业生态环境差异大，产业要素跨区域流动存在障碍。四是区域间产业政策衔接不畅，产业政策存在较大差异，跨区域产业转移的利益共赢机制有待健全，产业对接协作面临诸多约束。京津冀地区集成电路产业发展基础较好，应加快推进京津冀集成电路产业深度融合发展，明确三地集成电路产业发展的重点领域以及产业跨区域协同布局的具体路径，发挥示范带动作用，为其他领域的融合发展探索路径、积累经验。

一　京津冀集成电路产业融合发展基础

（一）三地集成电路产业发展现状

1. 北京芯片设计环节竞争优势明显，近六成集成电路企业集中在海淀区

北京是全国最重要的集成电路发展基地之一，已形成装备产业集群全国规模最大、晶圆制造能力最强、工艺平台最全、自主可控水平最高的集成电路产业创新高地，对全国集成电路产业发展起着重要引领和示范作用。北京集成电路产业以设计为龙头，以装备为依托，以通用芯片、特色芯片制造为

基础，覆盖 IC 设计、制造、封装、测试及配套装备与材料等各环节，产业链条相对完备。目前，北京聚集了各类集成电路企业 600 余家，兆易创新、君正、圣邦微、比特大陆、地平线、寒武纪等 6 家企业入选"2020 年胡润中国芯片设计 10 强民营企业"。北京还拥有中科院微电子所、半导体所、北京未来芯片技术高精尖创新中心、集成电路计算光刻与设计优化实验室、中科院集成电路 EDA 中心等一批科研机构和重点开放实验室，搭建了工业集成电路协同创新平台、国产高性能 CPU 创新中心、先进集成电路 IP 大数据平台等多个集成电路产业协同创新平台。2022 年全市集成电路产量 217.9 亿块，占全国总产量（3241.9 亿块）的 6.7%。①

从产业空间分布看，集成电路企业主要分布在海淀区、北京经济技术开发区、顺义区等重点区域。其中，海淀区以集成电路设计和创新创业平台为主，聚集了各类企业 270 余家。中关村集成电路设计园有 100 余家以集成电路设计为核心的泛 IC 高新企业，其中资产过亿元的龙头企业有 20 余家、上市企业有 10 余家。2021 年，中关村集成电路设计园实现产值 400 余亿元，占全市 IC 设计业总产值的 50% 左右，成为国家芯片自主创新的重要阵地之一。北京经济技术开发区自 2002 年引进国内首条 12 英寸生产线以来，已形成以中芯国际、北方华创为龙头，包括设计、晶圆制造、封装测试、装备、零部件及材料等在内的完备的集成电路产业链，产业规模占全市的一半。顺义区以第三代半导体为特色，集聚了泰科天润、国联万众、瑞能半导体等产业链上下游企业 20 余家，初步形成从装备到材料、芯片、模组、封装检测及下游应用的产业链布局，部分企业产品已实现 10 万台以上车规级应用。朝阳区依托中关村电子城科技园，集聚了中电华大、兆维电子、华芯通半导体、华创科技等一批行业龙头企业，逐渐形成集成电路设计、5G 产业、新一代创新应用产业等产业集群。丰台区拥有中电科电子装备集团有限公司、北京元六鸿远电子科技股份有限公司等一批龙头企业，并依托国家软件与集成电路公共服务平台——智能硬件双创平台（网络工坊）等创新孵化平台，

---

① 资料来源：《北京统计年鉴 2023》。

加速培育集成电路企业。

2. 天津集成电路产业链条相对完备，主要集中在滨海新区

天津集成电路产业链条相对完备，产业链各环节发展较为均衡。近年来，天津市加快实施重大项目，引进和培育了展讯通信、唯捷创芯、杭州国芯等一批国内集成电路设计龙头企业，中芯国际、中环股份、诺思科技等知名芯片制造业，恩智浦半导体、金海通、双竞科技等重点封装测试业企业，以及中环半导体、中电46所、华海清科等材料与设备制造企业。目前，全市拥有集成电路企业百余家，初步形成IC设计、芯片制造、封装测试三业并举，新型半导体材料与高端设备支撑配套业共同发展的相对完整的产业链格局。天津集成电路产业以飞腾CPU、展讯28纳米手机核心芯片等重大示范项目为依托，不断完善产业链条，扩大产业规模，涌现出一批先进技术和特色产品，在细分行业领域达到全国乃至全球领先水平。

从产业空间分布来看，天津市集成电路产业主要集中分布在滨海新区、西青区、津南区等区，初步形成滨海新区龙头带动，西青开发区、津南区等配套支撑的发展格局。以现有科技资源和产业项目为依托，逐步形成天津大学国家大学科技园、天津国家现代服务业集成电路设计产业化基地、天津高新区国家软件及服务外包产业基地、展讯科技园、清华紫光集成电路产业园等一批重点产业园区和天津市集成电路设计中心、滨海新区集成电路设计服务中心等公共服务平台。

3. 河北集成电路产业处于起步阶段，在专用集成电路设计、基础材料领域形成特色优势

河北省拥有一批半导体领域的一流科研机构和优势企业，在专用集成电路设计、基础材料领域特色优势突出，在国内具有一定的竞争优势。2022年河北省集成电路产量3930.37万块。[①]

从产业空间分布来看，石家庄、邯郸、保定、廊坊等地集成电路产业基础较好，特色优势突出。石家庄集成电路科研资源丰富，拥有通信软件与专

---

① 资料来源：《河北统计年鉴2023》。

用集成电路设计国家工程研究中心、高密度集成电路封装技术国家地方联合工程实验室等一批国家和省市级集成电路研究机构，在通信芯片、射频芯片等专用集成电路设计、封装技术、专用材料等方面具有较强的研究基础和竞争优势。邯郸依托中船重工（邯郸）派瑞特种气体有限公司等特种气体生产企业，在集成电路用特种气体生产方面形成独特竞争优势。保定依托太赫兹国际科技产业园，积极开展太赫兹芯片、太赫兹辐射源与探测器、太赫兹和亚太赫兹人体安检仪等产品的设计和生产制造。廊坊依托中科院半导体研究所廊坊基地，在砷化镓、氮化镓等高性能半导体材料研究方面不断增强竞争优势。

（二）京津冀集成电路产业协同发展现状

近年来，京津冀三地围绕集成电路产业协同联动发展，积极开展跨区域产业合作的顶层设计，陆续搭建了一批跨区域产业对接合作平台，推动集成电路产业要素跨区域流动和对接合作。比如，北京市打造的中关村集成电路设计园在规划设计之初就立足三地各自产业基础和优势，谋划跨区域产业链合作，在产业定位上将形成以芯片设计、基础软件、物联网、云计算、智能硬件为主体的泛集成电路设计园，与北京经济技术开发区的制造基地、河北石家庄封装测试产业基地形成"设计—制造—封测"产业链协同发展格局。2016年11月，由中关村发展集团、石家庄市、正定县多方出资共建石家庄（正定）中关村集成电路产业基地，积极构建集成电路设计、制造和封装测试及装备制造全产业链。

从总体来看，目前京津冀集成电路产业协同发展尚处于起步阶段，与长三角、珠三角等区域相比，北京与津冀产业合作项目规模小、竞争力不强。比如，在天津市集成电路重点企业项目中，展讯通信、中芯国际、金海通等具有较强行业影响力的龙头企业均来自上海，国芯为杭州国芯在天津设立的分支机构；河北专用集成电路设计研发所依托单位之一——河北华讯方舟太赫兹技术有限公司为深圳华讯方舟科技有限公司在河北设立的分支机构。从协同发展的模式来看，京津冀集成电路产业现有合作方式多表现为北京集成电路企业或科研机构在津冀设立分支机构，尚未形成真正意义上的产业链协同、供应链协同。

二　京津冀集成电路产业链分工与布局

京津冀三地集成电路产业都具备一定的发展基础，并依托创新资源和重大产业项目，在产业链、价值链不同环节形成各具特色的竞争优势。未来可结合三地城市功能定位、产业基础和优势领域，加强整体规划，进一步明确三地集成电路产业重点发展方向和细分产业领域（环节），推动京津冀集成电路产业链分工合作，有序引导产业资源跨区域优化配置，形成设计、研发、总部在北京，制造、封测环节向天津集中，专用芯片设计、集成电路基础材料向河北集中，区域间产业紧密合作、协同发展的良好格局。

（一）北京：聚焦芯片设计技术和芯片制造工艺创新，打造具有国际影响力的集成电路产业技术创新高地

从产业链环节来看，北京集成电路设计的竞争优势明显，在集成电路制造环节也具有一定基础和优势。紧跟国内外集成电路设计技术创新趋势，北京集成电路产业可依托中关村集成电路设计园、亦庄开发区等园区，围绕物联网、人工智能、云计算、移动通信、汽车电子等领域的发展需求，聚焦存储器、图像传感器、移动基带及无线互联芯片等优势细分领域，着力推动芯片核心设计技术和特色工艺创新突破。

中关村集成电路设计园强化集成电路设计技术创新，以头部企业和独角兽企业为引领，着力破解集成电路设计领域"卡脖子"关键技术，努力产出一批核心技术自主可控的设计工具。以中关村集成电路设计园为依托，围绕物联网、人工智能、云计算、移动通信、汽车电子等领域核心芯片设计需求，在高端通用核心产品、工业控制、前沿新兴领域实现关键技术突破。发挥龙头企业的带动作用，鼓励骨干企业提高7~10纳米芯片设计能力，并积极围绕5纳米乃至2纳米芯片设计进行前瞻性布局，支持重点企业在5G、

人工智能和区块链等新兴领域加快布局，抢占未来发展制高点。充分利用好中关村芯园设计服务平台，降低企业研发成本。引导园区设计企业与集成电路制造企业协调联动，支持集成电路设计企业成果转化落地。

亦庄开发区聚焦集成电路制造环节，着力开展芯片制造工艺创新。加快先进、特色工艺平台建设，提升 12 英寸晶圆产线产能规模，支持 8 英寸晶圆产线、8 英寸微机电系统（MEMS）产线及第二/三代半导体产线建设，推动特色工艺研发与产业化应用，满足本地设计企业代工需求。

顺义区以第三代半导体材料及应用联合创新基地为依托，聚焦第三代半导体新兴领域，积极打造国际化公共研发、技术创新和成果转化科技服务平台，加快构建覆盖衬底、外延、芯片、器件、模块等环节的产业链条，依托中电科光电总部、平湖波科等已入驻企业和科研机构，加快红外、激光技术研究与产品研发生产，实现第三代半导体关键技术重大突破。

（二）雄安新区：着力开展集成电路关键工艺技术研发设计

积极引进京津及国内外科研单位、高等学校和知名企业，在雄安新区布局建设国家实验室、国家重点实验室、工程研究中心等一批集成电路领域的国家级创新平台，聚集全球集成电路产业高端人才，围绕下一代通信网络、北斗导航、物联网、人工智能、工业互联网、网络安全等开展集成电路芯片关键工艺技术研发设计，推动核心装备与新型材料研发及产业化，努力打造全球集成电路创新高地。

（三）天津：推动特色工艺水平升级和产能扩充，提升高端封测服务能力

天津集成电路设计、制造、封装测试等产业链各环节发展相对均衡，发展基础较好，在新型半导体材料和高端设备方面也具有一定优势。但与北京、河北相比，天津在集成电路制造和封测环节更具比较优势，未来可以面向京津冀区域集成电路产业发展需求，强化与北京、河北的产业分工与对接合作，重点发展集成电路制造与封测环节，瞄准芯片制造国际先进水平，依

托滨海新区、西青区现有产业基础和资源优势，积极引进具有国际领先水平的集成电路制造和高端封测项目，扩充生产线产能，扩大高端集成电路制造和封测产业规模。

滨海新区着力于提升现有生产线产能，加快引进龙头集成电路制造企业，大力发展模拟机数模混合电路、微机电系统（MEMS）射频电路等特色专用工艺生产线，推动低能耗芯片、高性能服务器、海量存储设备、网络大容量交换机等核心云基础设备产业化。围绕 CMOS 图像传感器、存储器等产品的 3D 封装和高端通信集成电路、汽车电子、无线智能仪表、无线传感器、物联网终端等产品的测试，加快吸引国内外集成电路封测企业集聚，壮大集成电路封测产业规模。

西青区依托中芯国际天津生产线等龙头企业，积极对接京津冀通信设备、电子元器件、新型显示、汽车和工业应用领域的市场需求，加快提升高端图形处理器、微处理器、通信及计算机数据处理芯片等集成电路制造产能，推动集成电路高端封装（BGA、QFP、QFN 等）测试规模化发展。

（四）河北：重点发展专用集成电路设计与基础材料研发生产，加快特色领域科技成果转化孵化

河北省专用集成电路设计与基础材料研发优势明显，但产业主体少、规模小，产业基础薄弱，产业化环节短板突出。未来可以发挥石家庄、邯郸、保定、廊坊特色领域创新资源优势，在进一步提升专用集成电路设计和基础材料研发能力的基础上，以产业主体的培育和引进为重点，加快培育壮大特色产业，与北京、天津集成电路产业优势互补、联动发展。以通信软件与专用集成电路设计国家工程研究中心、射频集成电路与系统工程实验室等创新平台为依托，发挥特色领域科技创新优势，着力推动北斗导航、卫星通信等重点领域专用芯片设计技术创新，扩大专用集成电路设计产业规模；以石家庄（正定）中关村集成电路产业基地为依托，培育壮大集成电路封测产业；依托河北省硅基外延材料工程技术研究中心、河北省光电陶瓷封装工程技术研究中心、中科院半导体研究所廊坊基地、中船重工（邯郸）派瑞特种气

体有限公司等集成电路基础材料科研机构和龙头企业，着力开展集成电路基础材料研发，提高我国集成电路基础材料自主配套能力。

石家庄重点发展集成电路设计服务、专用材料及高端封测产业，努力打造以集成电路专用材料、集成电路设计、集成电路封装测试为核心的集成电路产业链。加快科研成果孵化转化，积极培育国内领先的集成电路设计企业，面向北斗导航、卫星通信领域的需求，加快推动第三代北斗导航高精度芯片、太赫兹芯片、第五代移动通信基站宽带高频段功率放大器和射频前端芯片、卫星移动通信射频终端芯片的研发及产业化，力争北斗导航、卫星通信等重点领域专用芯片设计技术水平达到国内领先，打造全国领先的北斗导航、卫星通信领域的专用集成电路设计制造基地。依托河北省硅基外延材料工程技术研究中心、河北省光电陶瓷封装工程技术研究中心等集成电路基础材料科研机构，着力开展硅外延片、碳化硅晶片等高性能半导体基础材料技术研发。加快石家庄（正定）中关村集成电路产业基地建设，主动承接京津产业转移，着力发展集成电路高端封装测试生产线、芯片生产线、关键装备及材料生产线等集成电路产业项目，打造国家级集成电路封测基地。

保定以太赫兹产业基地建设为依托，加快推进太赫兹芯片、关键器件及太赫兹安检仪、光谱分析仪、药品检测仪等专用集成电路设计和产业化。加强与北京、石家庄等城市的对接合作，积极吸引北京、石家庄太赫兹芯片创新成果产业化落地。

邯郸依托中船重工（邯郸）派瑞特种气体有限公司等骨干企业，着力开展集成电路电子特气技术研发，提升三氟化氮、六氟化钨、六氟丁二烯和三氟甲基磺酸等集成电路特种气体技术水平、生产能力和国内外市场占有率，巩固国内领先地位。发挥中船重工（邯郸）企业的影响力，积极吸引集成电路特种气体上下游企业集聚，打造国内技术最先进、规模最大的集成电路用电子特气生产基地。

廊坊依托中科院半导体研究所廊坊基地，强化与顺义第三代半导体材料及应用联合创新基地等京津集成电路特色产业基地的联动发展，积极开展砷化镓、氮化镓等高性能第三代半导体材料的研发与生产制造。加快推动科技成果孵化转化与龙头企业引进，建设国内有较大影响力的砷化镓单晶生产基地。

三 京津冀共建集成电路产业链的路径举措

（一）支持京津冀集成电路龙头企业与各类创新主体开展高制程芯片设计制造、半导体基础材料等"卡脖子"关键技术联合攻关

京津冀集成电路产业研发主体众多，创新成果也较多，但突破行业瓶颈的创新成果较少，支撑行业发展能力不足。未来京津冀要着力提升集成电路产业创新的内生动力，围绕制约行业发展的"卡脖子"关键技术开展联合攻关，破解行业发展短板问题。以紫光展锐、豪威科技、兆易创新、国芯等龙头企业和中科院、北航、北理工等科研院所为依托，聚焦 5 纳米及以上高制程芯片设计、超大规模 FPGA 芯片设计、第三代半导体材料等关键技术，深化京津冀集成电路领域产学研主体跨区域合作，突破集成电路设计核心技术。发挥中芯国际（北京）、中芯国际（天津）集成电路龙头企业的主导作用，带动集成电路材料等领域上下游企业和科研机构，全力突破 10 纳米、7 纳米芯片等高端芯片生产工艺，缓解核心技术受制于人的约束，提升京津冀乃至我国集成电路产业创新能级。

（二）实施产业链补链工程，引导为龙头企业提供上下游配套服务的中小企业在津冀地区布局

近年来京津冀乃至我国集成电路产业设计、制造、封测及装备制造等环节的发展水平都有较大提高，但零部件环节的能力相对薄弱。比如，晶圆制造所需的密封圈、静电吸盘、阀类、陶瓷类真空压力计等零部件大部分依赖进口，国内供应基本为空白。为此，京津冀可以聚焦集成电路零部件制造等产业链的缺失环节、薄弱环节，围绕行业龙头企业生产配套服务需求，着力

吸引龙头企业供应链上下游配套中小企业在京津冀布局。同时，京津冀集成电路产业创新资源富集，创新成果丰富，但创新成果市场化、产业化环节相对薄弱。未来可以围绕京津冀集成电路设计、材料研发等创新成果的产业化落地需求，着力培育创新孵化、中试、投融资、人才培养、市场推广、中介服务等配套服务产业主体，完善区域集成电路产业生态。

（三）搭建集成电路企业与产品应用企业的供需平台，拓展集成电路市场空间

从产业环节来看，京津冀集成电路产业涵盖了芯片设计、制造、封测、材料和设备制造等各个环节，产业链相对完善。但产业链上下游协作不充分，集成电路企业与产品应用企业之间对接不够紧密，在一定程度上还存在产业链、供应链脱节问题。比如，苹果、三星等国外系统集成商一般先开展产品设计，再通过产品设计引领芯片设计，形成产业链、供应链的紧密衔接。而我国的系统集成商如百度、小米等的系统整合能力很强，但没有与芯片设计公司形成紧密地联合。未来要积极搭建京津冀集成电路产业与区域内大型系统集成商等产品应用企业的供需对接平台，使京津冀集成电路设计与生产厂商能够充分对接市场需求，加大创新投入，优化产品结构，生产更加适销对路的产品；同时也使京津冀集成电路产品应用企业更全面地了解本地产品供应情况，促进集成电路产品应用企业采购国产产品，实现进口替代，拓展京津冀集成电路产品的市场空间。

（四）推动三地集成现有产业资金的融通对接，共同发起成立京津冀集成电路产业投资引导基金

集成电路产业是高度资本密集型产业，市场进入的资金门槛较高。近年来，国家和各地方政府陆续设立了一批集成电路产业投资资金，支持集成电路产业发展壮大。为更好地支持京津冀集成电路产业发展，推动三地共建集成电路产业链，建议三地集成现有产业资金和集成电路产业基金，共同发起成立京津冀集成电路产业投资引导基金，深化三地集成电路产业规划的对接

协调，加大对京津冀集成电路设计、制造、封装、测试、核心装备等关键环节重大产业项目、特色产业园区及企业技术中心等创新实体的支持力度。

参考文献

刘宪杰：《京津冀产业协同发展的路径研究》，载杨松主编《北京蓝皮书：北京经济发展报告（2021~2022）》，社会科学文献出版社，2022。

刘宪杰、张静华：《推动京津冀产业协同发展的对策建议》，载杨松主编《北京经济发展报告（2020~2021）》，社会科学文献出版社，2021。

赵弘：《继续推进京津冀协同发展战略的思考》，《中国国情国力》2018年第5期。

B.22
首都南部地区经济高质量发展路径研究

孙　莉[*]

摘　要： 首都南部地区是北京高质量发展重要的承载空间。目前，城南地区仍然存在发展不平衡不充分、产业功能区作用尚未发挥、优质高等级公共资源不足、与京津冀联动不强等问题。逐步推动放权赋能、提升高端制造业发展能级、优化营商环境、提供高品质公共服务资源、增强国土空间韧性、加强南北合作、培育跨区域产业集群成为城南地区高质量发展的重要路径。

关键词： 高质量发展　首都南部地区　产业功能区

首都南部地区是首都的南大门，包括丰台区、房山区、大兴区、北京经济技术开发区。首都南部地区是"一核两翼"的重要腹地，是京津冀协同发展的重要战略门户，是首都高质量发展的重要承载空间。首都南部地区经济高质量发展，对促进首都南北均衡和共同富裕，深入推动"五子"联动，加快构建现代化产业体系，加速形成首都新质生产力具有重要的战略意义。

一　首都南部地区发展的主要进展

（一）从"补短板"到"筑高地"的顶层设计促进南部地区政策环境不断优化

加快城南地区发展是2008年奥运会后，北京进入新阶段在新水平继续

---

* 孙莉，博士，北京社会科学院经济研究所副研究员，研究方向为区域经济。

向前发展必须破解的重大课题，也是城南地区自身经济社会发展的需求。[①] 2009 年，北京市出台《促进城市南部地区加快发展行动计划（2010—2012 年）》，旨在缩小南北差距，促进南北互动。这一阶段强调以产业发展为核心，把谋划和推动产业的培育和壮大作为加快城南发展的重要措施，强调改变城南发展的基本条件，为城南长远发展和企业进入"打基础、造环境"。 2013~2015 年，北京实施第二轮城南行动计划，与第一阶段城南计划相比，这一阶段更加注重民生服务，强调城市功能，重点将实现"三个转变"：一是产业发展由产业园区空间拓展为主向园区功能完善与高端产业培育并重转变，着力做大做强主导产业；二是城市建设由基础设施为主向完善城市功能转变，着力提高人口资源环境协调发展能力；三是发展动力由政府主导向更多依靠社会力量转变，着力处理好政府与市场的关系。[②]

与前两轮行动计划侧重于"补短板"不同，2018 年开启的第三轮行动计划侧重于"筑高地"。聚焦"一轴、两廊、两带、多点"，围绕优化提升首都功能、落实京津冀协同发展战略、改革创新、增强人民获得感幸福感安全感，逐步将城市南部地区打造成为首都功能梯度转移的承接区、高质量发展的试验区、和谐宜居的示范区。2021 年，北京市发布的《推动城市南部地区高质量发展行动计划（2021—2025 年）》是第四轮城南行动计划。第四轮行动计划涉及五方面 21 项内容，重点强调高质量发展、突出功能引领和重大项目带动，突出激发内生动力。城南地区的发展目标是到 2025 年建成面向未来的首都发展新高地。

（二）经济实力跃升，承载力不断增强

城南经济实力迈上新台阶。2013~2022 年，城南地区生产总值由 3182 亿元跃升至 6471 亿元，增长了 1.03 倍；[③] 城南地区经济实力占全市的比重从 15.06% 上升至 15.55%；一般公共预算收入从 174 亿元增长至 335 亿元，

---

① 贺卫平：《站在建设世界城市的高度规划北京南城发展》，《经济》2011 年第 6 期。
② 张自然：《第二阶段城南行动计划发布》，《投资北京》2013 年第 4 期。
③ 根据《北京区域统计年鉴 2023》数据计算。

比重从 4.76% 上升至 5.86%。工业发展提速，从规模以上工业总产值来看，城南地区从 2013 年的 4315 亿元上升至 2022 年的 7690 亿元，占比从 24.84% 上升至 32.22%。2022 年，房山区、大兴区、北京经济技术开发区的第三产业增长速度均高于全市平均增速。

城南在承载城市功能方面发挥了更大作用。大兴国际机场正式运营，开启首都"双枢纽"时代；临空经济区、自由贸易区和综合保税区联动发展。北京大兴国际机场承载更多的国际交往和科技创新功能，成为国家发展的新动力源。城市交通体系逐步完善，京雄高速、京良路西延顺利通车。公共服务水平持续提升，天坛医院、人大附中丰台学校等一批优质医院和学校建成，城南绿色版图持续扩大。南海子郊野公园、旧宫城市森林公园等先后建成，城市面貌和生态环境大幅改善。

产业空间持续释放。北京经济技术开发区扩区，从原来的 60 平方公里扩大到 225 平方公里，丽泽金融商务区还有约 280 万平方米产业承载空间，生物医药基地、良乡大学城扩区控规获批，南苑—大红门地区疏解腾退释放出一批发展空间，城南将加速承载更多功能和产业。

（三）重点项目园区稳步推进，提升城南地区高质量发展能级

聚焦"一轴、两带、多点"城市服务功能组织机构，发挥重大功能性项目的带动作用。根据《城南行动计划 2023 年重点任务清单和重点项目清单》，2023 年城南各区累计完成投资约 1337 亿元，超额完成全年投资任务。重点项目建设有序推进。在产业方面，经开区小米智能制造产业基地项目完成竣工备案，大兴临空经济区国际航空总部园项目实现封顶，再生医学产业园项目开工。在基础设施方面，丰台区 16 号线剩余段开通运行；在公共服务方面，北京工商大学良乡校区二期学生宿舍项目竣工，北京大学第一医院大兴园区建成投用；在生态环境方面，大兴区农村污水治理工程基本完工。

重点产业园区高效发展。南中轴国际文化科技园引进国家级专精特新小巨人、国家级高新企业 140 余家。中信证券资管、中国物流资本等重量级跨

境支付公司和央企下设板块企业陆续落户丽泽，丽泽商务区 2023 年引进企业约 100 家。中日创新合作示范区引入优质企业 112 家，成功举办"一带一路"高新企业入驻仪式。生物医药基地完成南扩区 5 个批次征地结案，北扩区土地及开发项目方案启动编制。大兴国际氢能示范区南区一期、二期已全面投用，三期实现开工。完成大兴临空经济区国际会展片区城市设计方案征集及专家评审工作，成功举办商业航空航天大兴论坛。良乡大学城大学联盟成立，与首都师范大学、中国地质大学（武汉）、中国石油大学（北京）等签订战略合作协议，共建政产学研协同创新平台。经开区集成电路双"1+1"工程取得突破性进展，信创园一期主体结构封顶，2023 年共引入信创产业链企业 60 余家。新能源汽车核心零部件产业园启动改建。恒瑞北方运营总部和产业化基地、艾美疫苗中国总部及新型疫苗产业化基地等重点项目开工。

二 南部地区经济发展的现状与问题

（一）城南地区发展不平衡不充分问题依然存在

近年来，城南地区的经济实力不断增强。但是从全市来看，城南地区生产总值仅占全市的 15% 左右。2022 年，海淀区、昌平区、怀柔区、延庆区和密云区城北五区的地区生产总值为 12571 亿元，常住人口为 670 万人。城南地区人口相当于城北地区的 4/5，GDP 仅为其 1/2。从产业结构来看，城南地区二三产比重为 41∶58，二三产业比重相当；城北地区二三产比重为 12∶87，第三产业占据绝对优势。从税收来看，2022 年城南地区税收收入为 1612 亿元，城北地区为 3409 亿元，城南地区税收相当于城北地区的 1/2。由此可见，城南地区仍然存在发展不平衡不充分问题。

（二）城南地区产业集群不强，产业功能区作用尚未充分发挥

城南地区产业发展从散点分布向集群化跃升。城南地区已经形成了轨道交通、航空航天、高端汽车、产业互联网、生物医药、新一代信息技术等 6

个千亿级产业集群,① 培养智能制造、新材料等若干个百亿级产业集群,产业实现转型跨越发展。城南地区的产业集群主要集中分布在北京经济技术开发区,其他功能区的产业集群尚在培育中。从产出效益来说,轨道交通、航空航天、生物医药等以高端制造为主,效益普遍低于现代服务业等产业集群。大兴临空经济区、中日合作创新示范区、良乡大学城、丽泽商务区等重点功能区的发展刚刚起步,有的处于设计、建设阶段,引领型龙头企业项目数量较少,产业功能区还处于集聚阶段,作为增长极发挥扩散效应还尚待时日。

(三)优质高等级公共服务资源不足,难以形成辐射周边地区效用

优质公共服务资源是北京作为京津冀龙头发挥重要引领作用的基础,也是吸引人才和产业集聚的重要因素之一。相较于北部地区而言,城南的优质教育、医疗、体育、养老等资源相对不足,高端服务品牌不多。因此,承接承载能力不足,人才吸引力不够。城南重大公共服务项目主要用于弥补城镇化过程中的教育、医疗等配套功能缺失问题。例如,在城镇化进程中,房山的医疗资源、教育资源比较紧张,大兴和亦庄新城养老资源略显薄弱。此外,高品质的公共服务项目相对较少,商务服务和生活服务业品质有待提升,产业园区的承载和吸引力需要增强。

(四)城南地区与城北、京津冀联动发展仍需加强

联动发展是指由市场主体和不同层级政府共同推动竞争与合作。竞合统筹机制与跨区域治理方式的完善是联动发展中的难点。一是利益共享机制难破题。例如,中关村分园部分企业外迁,城南地区或津冀区域难以承接产业外溢,部分原因是企业跨区域迁移相关的税收分享机制不完善。交界地区基础设施和公共服务设施共建共享相关的投入分担和利益分享机制仍不健全。二是行政等级不对等导致跨区域项目建设中的沟通成本较高。尤其是城南各

---

① 曹政:《城南崛起六大千亿级产业集群》,《北京日报》2022 年 6 月 23 日。

区与津冀跨区域基础设施建设过程中，由于环京的县级市与城南各区行政层级落差，联通不畅。三是跨域要素流动的制度成本较高。

三　城南地区经济高质量发展的路径

（一）逐步推动南部地区放权赋能，持续加大南部地区要素供给

一是切实增强城市南部地区新城发展自主权。建议参照大兴区、北京经济技术开发区赋权的政策机制，在南部平原新城实施特别机制和政策。根据北京市政府各部门授权或委托，对于平原新城范围内经济调节、行政审批等，赋予更大经济管理权限。二是加大新城资金支持力度。鼓励和吸引更多社会资本参与新城市郊铁路、新型基础设施建设等重大项目。三是加大城南地区新城的土地要素供给。适度加大新增建设用地指标向城南倾斜力度，扩大产业用地规模，确保高精尖产业项目和未来产业的发展空间。

（二）持续提升城南高端制造业发展能级，加快形成新质生产力

新一轮科技革命和产业变革加速演进，我国积极推动高质量发展、塑造新质生产力，未来产业是打造竞争新优势、抢占竞争制高点的必争之地。城南地区应发挥现有的制造业优势、空间优势，积极培育未来产业。明晰城南地区差异化产业发展模式，与城北地区形成错位竞争。一是亦庄新城已形成龙头企业带动京津冀产业链垂直整合的非毗邻地区一体化发展模式。重点打造"数联智造+"，巩固集成电路、新能源智能汽车、生物医药、智能制造等优势产业集群，开辟商业航天、生命科学、机器人等未来产业新赛道。二是大兴新城已经形成新城毗邻地区融合、港城互动发展的一体化模式。重点打造临空区、自贸区、综保税区三区叠加的"制度+"，做好制度协同式联动，打造具有国际影响力、链接全球、引领辐射京津冀的制度创新之源和对外开放高地。大兴新城聚焦新航城发展，与廊坊临空经济区互动发展，全面参与京津冀"五群六链五廊"建设，在推动区域强链补链延链的同时，持

续提升自身发展能级。三是房山新城重点打造"绿色+"，提高研发投入和科技成果转化率。以良乡大学城建设为契机，积极承接"三城一区"外溢资源，构建产学研用生态体系。做大做强造新型储能及氢能、先进基础与关键战略材料、智慧医工服务、智能制造和网联汽车四大产业集群。四是丰台区重点打造"数字金融+"，重点建设轨道交通、航天航空两个千亿级产业集群，加快建设卫星互联网产业园，打造北京卫星应用融合示范区，持续打响中国商业航天大会品牌。

（三）促进营商环境全域优化，加快城南产业功能区建设

做优营商环境金名片。大兴区加大上规入统和企业上市培育力度，搭建高频事项一次办理应用场景，推动"一业一证"全面落地，实现工业项目"拿地即开工"全覆盖。优化丰富"1+N"产业政策，"一企一策"精准画像企业需求。房山区提升政务服务水平，构建亲清政商关系，开展助企赋能2.0版专项行动。丰台区优化"服务包"工作机制，完善"九促"服务体系，开展"京策"政策服务、智慧政务升级等先行先试，推动创建"全国网络市场监管与服务示范区"、国家知识产权强市建设示范城市。深化北京市 RCEP 知识产权公共服务平台功能提升，拓展国际经贸合作新空间。亦庄持续优化首个新生代政府综合体"亦城客厅"，深化"一企一册"规划管家式审批服务、土地出让"带方案入市"等创新服务。

充分利用招商引资"政策服务包"，积极"走出去"，加大招商引资力度，提升城南地区产业功能区龙头企业的入驻率，助力产业功能区发展。构建城南地区产业园区之间的联动机制。深化北京经济技术开发区与大兴中日、临空经济区之间的产业联动，完善良乡大学城与房山园区协同联动机制，形成科技成果转化集聚效应，促进丰台科技金融与大兴、房山、亦庄的高端制造融合发展。

（四）提供高品质的公共服务资源，提升城市品质和活力

强化边界缝合，分类推进城南交通枢纽 TOD 发展。推进大兴—房山—

亦庄等城南新城间连接线建设，对于远期北京乃至京津冀交通网络的完善具有重要意义。北京西站、北京南站、丰台站和大兴国际机场是首都"两场八站"的重要组成部分，持续推进新城大枢纽"站城融合"和小站点一体化发展，重点建设亦庄站前区南、大兴新城、市郊铁路良乡站等交通微中心，打造"站城融合"的活力城南品质微中心。提升医疗、教育、养老等公共资源的等级，在加快建设城镇化公共服务设施的同时，新建一批达到国际标准的国际学校、国际医院和高端养老设施。推动方庄等传统商业圈改造提升，形成花乡商圈—西红门商圈—长阳奥莱商圈—良乡龙湖商圈等串联的京南高品质消费带。支持各区争创国家森林城市，重点推进永定河森林公园等重点项目。

（五）增强城南地区国土空间韧性，共同防御重大灾害

一是在城南地区与津冀交接区域探索建设综合应急救援基地，通过对物流园区、高速公路服务区、郊野公园、闲置土地、空闲地、战略留白用地等空间资源的"平急两用"，集中建设一批能够承担极端条件下外部救援队伍进驻、中转、集散功能，具备应急物资转运、存贮、分发能力的综合应急救援基地。二是推动韧性城南建设，探索多设施转换，加强国企、政府党校、国有宾馆、学校等政府可统筹资源的"平急两用"。联动首都核心功能区和京津冀区域，通过予以一定补助补贴，鼓励民营酒店、公寓等设施提前进行隔离条件改造，实现空间资源的及时有效利用。三是强化城南平原新城与津冀区域联动救援机制，完善协同响应、空间转换、跨区域救援、物资机械调配、交通管制等机制，确保灾时协同响应、依需求救援的有序一致，实现京津冀防灾一体化。

（六）加强城南地区与城北地区的联动，着力促进区域协调

对接中关村科学城、未来科学城、怀柔科学城的科研创新成果，构建北部成果南部转化机制，将南部地区打造成为科技成果转化示范区与高精尖产业发展主阵地。深化中关村南北园区之间的合作，以及中关村分院与区内产

业功能区的联动发展，主动承接溢出资源，完善利益共享机制。从"两场八站"的交通格局来看，充分发挥"双枢纽"建设发展联席会议机制的作用，加密大兴国际机场网络，为临空经济区、自贸区和综合保税区的高质量发展提供经验借鉴。借鉴城北交通枢纽站场的开发模式，加强南北城站点的融通与联动发展，促进城南站场一体化发展，形成城南活力和品质提升的微中心。

（七）推进跨区域产业集群培育，促进节点城市强链补链

在京津冀三地协同编制六条产业链图谱的基础上，城南平原新城发挥"桥头堡"优势，实施产业链"织网工程"。首先，共建 4 个跨区域产业协同发展轴带。亦庄新城发挥京津、京保石的枢纽节点作用，联动天津西青区和滨海新区、涿州高新区—保定高新区—石家庄经开区，构建京津新一代信息产业廊道和新能源装备产业廊道。房山新城依托中关村房山园，联动唐山高新区—秦皇岛经开区，协同布局各类机器人、安全应急装备等产业，构建京唐秦机器人产业廊道。大兴新城重点依托中关村大兴园区，对内链接中关村科学城，对外链接张家口经开区—怀来大数据基地—承德高新等园区，构建京张承绿色算力和绿色能源产业廊道。其次，加快氢能、生物医药等 6 条重点产业图谱落地，"一链一策"开展产业链延伸和协同配套，培育新能源汽车、集成电路等一批跨区域的先进制造业集群。最后，构建跨区域政产学研金服用相结合的发展模式，城南地区与津冀形成"高端制造+配套服务"发展模式。支持新城与周边地区政府联合出台政策措施，鼓励城南地区高端制造业发展，在津冀周边地区开发"场景应用"；引导三地支持创新主体共建成果孵化与中试基地。

参考文献

熊竞：《"五个新城"建设与长三角一体化发展战略联动研究》，《科学发展》2023

年第 6 期。

张勇、刘兴、张璞玉：《上海"五个新城"建设与长三角一体化战略联动》，《科学发展》2023 年第 2 期。

曹政：《城南崛起六大千亿级产业集群》，《北京日报》2022 年 6 月 23 日。

张自然：《第二阶段城南行动计划发布》，《投资北京》2013 年第 4 期。

贺卫平：《站在建设世界城市的高度规划北京南城发展》，《经济》2011 年第 6 期。

B.23
北京乡村产业振兴问题与对策研究[*]

——以北京市大兴区安定镇农桑产业为例

方　方[**]

摘　要：　开展乡村特色产业的路径与机理研究，能够为探索共同富裕目标导向下乡村特色产业高质量发展路径提供科学支撑。本文在辨析共同富裕与乡村产业振兴之间理论逻辑的基础上，以北京市大兴区安定镇农桑产业为案例，剖析了农桑产业链的作用路径、运作机理与存在的问题，提出了北京乡村特色产业振兴的创新路径与对策建议。北京市大兴区安定镇利用桑葚文化节等重要节庆活动引流，系统策划农桑文旅产业发展；以"合作社+企业+农户"的运营模式，构建特色农桑全产业链体系；探索"桑文化+农业+旅游"多元化发展，促进特色农文旅融合。基于农桑产业链的运作机理，构建特色农桑产业体系是增强乡村产业发展能力的核心，新业态是乡村产业持续发展的物质基础，各类乡村主体为乡村产业的内生发展注入了新活力。为此，提出通过加大对企业的扶持力度，完善农户利益联结机制，加强乡村特色产业的品牌化建设与人才队伍建设，搭建政企联动平台，强化乡村特色产业的制度保障等措施，以推动北京乡村特色产业振兴。

关键词：　乡村特色产业　农桑产业链　共同富裕

---

* 本文系基金项目：北京市社会科学院激励课题"共同富裕目标下乡村振兴的路径与机制研究"（2022C7324）。

** 方方，博士，北京市社会科学院经济研究所副研究员，主要研究方向为区域经济与农村发展。

产业兴旺是乡村全面振兴的基础与关键，更是破解新发展阶段农村发展不平衡不充分矛盾、实现全体人民共同富裕的重要突破口。习近平总书记指出，发展特色产业是实现乡村振兴的一条重要途径，要着力做好"土特产"文章，以产业振兴促进乡村全面振兴。2019年国务院出台的《关于促进乡村产业振兴的指导意见》指出，发展优势明显、特色鲜明的乡村产业，做精乡土特色产业，突出地域特色、乡村价值与乡土气息，通过健全利益联结机制，将农业产业链的增值收益、就业岗位留给农民；2021~2023年中央"一号文件"均提出，通过培育特色优势主导产业，增强乡村地区内生发展动力。乡村特色产业已成为增强乡村发展内生动力、拓宽农民增收致富渠道的重要抓手，亟待深入开展乡村特色产业的路径与案例研究，为探索共同富裕目标导向下乡村特色产业高质量发展路径提供科学支撑。

国内学者从理论与实证层面对乡村特色产业开展了广泛研究。例如，有学者探讨了乡村特色产业的内涵，指出当前乡村特色产业发展面临着产品与服务保障、农村资源环境保护、带动农民就业增收与城镇产业协同推进四项重点任务。有学者面向共同富裕目标探索了乡村特色产业兴旺的优化路径与保障机制等。随着农文旅融合在各地广泛推进，学者们围绕农文旅与乡村振兴展开了大量的研究。例如，一些学者对典型农区农文旅融合案例进行了剖析，总结提炼了农文旅融合的运营模式与地域模式，探讨了农文旅产业融合与乡村振兴、共同富裕之间的理论关系与实现路径。有学者从主体参与视角对比了普通农户、专业农户、家庭农场、龙头企业等主体推动农文旅融合的差异。也有学者提出通过完善利益联结机制、搭建创新平台、创新农村服务业体制机制等途径，促进农村一二三产业融合发展。基于此，本研究从理论层面构建了共同富裕与乡村产业振兴的逻辑框架，指出了共同富裕目标导向下乡村产业发展面临的突出问题，以北京市大兴区安定镇农桑产业为案例，剖析了农桑产业的作用路径与运作机理，以期面向共同富裕战略目标提出北京乡村特色产业振兴的创新路径与对策建议。

一 理论分析：共同富裕与乡村产业振兴的逻辑框架

（一）共同富裕与乡村产业振兴之间的逻辑关系

实现共同富裕是中国式现代化的重要特征，乡村振兴是新时代"三农"工作的重心，乡村振兴与共同富裕之间存在辩证统一的逻辑关系。一方面，乡村振兴是实现农村农民共同富裕的必由之路，农村农民共同富裕是全面推进乡村振兴的终极目标。乡村振兴战略着眼于解决农村发展不平衡不充分矛盾，以农业农村现代化带动乡村全面发展，进而实现农村农民共同富裕。另一方面，共同富裕是中国式现代化的本质要求，代表着全体人民群众物质生活与精神生活的共同富裕。当前我国实现共同富裕的最大短板在农村，只有通过农业农村现代化才能实现乡村全面振兴，才能补齐现代化建设中最大的短板。

乡村振兴与共同富裕之间相互作用、相互影响，两者在内涵、目标、原则与实施路径等方面存在一致性。共同富裕是一个涵盖多领域、多层次的概念，包含"五位一体"的战略布局；共同富裕目标为有序落实乡村振兴的重点任务提供了行动指南与目标遵循，有利于科学安排不同阶段乡村振兴与农业农村现代化的任务目标。乡村全面振兴是实现共同富裕的必要条件，乡村振兴战略为实现共同富裕提供了物质基础与根本保障，乡村振兴提出的"产业兴旺、生态宜居、乡风文明、治理有效、生活富裕"总要求，着力于补齐农业农村发展中的短板，实现农业农村现代化。

乡村产业振兴是推进共同富裕的重要抓手。产业振兴是实现农业农村共同富裕的有效手段，以构建现代乡村产业体系为主要目标，通过整合城乡优质资源要素，培育高质高效农业，推进乡村一二三产业融合，催生乡村新产业新业态，最终形成结构优化、功能多样、优质高效的乡村产业体系。乡村产业振兴以培育乡村内生动力为目标，着眼于提升乡村产业的创新力与竞争力，通过产业的提质增效实现产业结构优化调整，有利于缓解城乡发展不平衡、农村发展不充分的主要矛盾，以做大做强"蛋糕"的方式带动农业农村实现共同富裕。

（二）共同富裕目标下乡村产业发展面临的突出问题

当前，在我国乡村产业振兴过程中仍存在一系列障碍，表现为乡村产业基础薄弱、内生动力不足、产业链价值链不完善等问题。一是乡村产业基础薄弱，带动农民增收能力不强。农业产出依赖于资源、技术、资本等要素的投入，由于农业自身弱质性特征，总体产出效益不高，对农民增收的带动能力不强。面向乡村振兴与共同富裕目标的乡村产业，应具备较强的联农益农效应，目前联农益农机制仍不健全，产业发展模式创新性、类型多样性不足，带动农民就业增收效应较为有限。二是乡村发展内生动力不足，产业培育难度较大。随着工业化与城镇化的快速推进，乡村要素加速向城镇地区集聚与转移，乡村空心化与空废化现象普遍存在，乡村发展内生动力弱化，影响乡村产业的可持续发展。增强乡村发展内生动力是解决乡村发展乏力问题的关键，目前乡村发展内生动力培育较为薄弱，在激活乡村本土资源要素活力、吸引人才要素回流等方面仍存在不足。三是乡村产业链价值链不完善。乡村资源要素实现价值转化依赖于产业链与价值链的整合，但目前仍存在龙头企业带动能力不强、产业链上下游整合不充分、一二三产业融合发展水平较低、应对市场风险能力不足等突出问题。

二　实证分析：北京乡村特色产业振兴的路径与机理

选取北京大兴区安定镇农桑产业作为案例，梳理特色农桑产业的发展历程，剖析农桑产业的作用路径与运作机理。

（一）研究区概况与特色产业案例

安定镇地处大兴区东南部，全镇行政面积 77.8 平方公里，镇域户籍人口与常住人口分别约为 3.3 万人、3.1 万人，耕地总面积 5.4 万亩，林地总面积 2.2 万亩。安定镇属永定河洪冲积平原，土壤以结构疏松的沙土为主，透水透气能力强，富含铁、锰、锌等矿物质，适宜于种植桑树。安定镇桑葚种植历史悠久，早在明清时期盛产的白蜡皮桑葚就已成为皇家贡品，桑葚品种以白玉王、大石、龙桑为主。2003 年安定镇被誉为"中国桑葚之乡"。2023 年，安定镇桑田种植规模接近 4500 亩，桑葚年产量 2000 余吨，种植桑树约 3.5 万株，主要分布在高店村、前野厂村、后野厂村等村庄。2010 年，安定桑葚被列为国家地理标志农产品；2022 年，安定镇被批准为老北京果品示范基地。目前安定镇已形成桑树种植、桑葚采摘、桑葚加工等一体化产业发展模式，成为北京乡村特色产业振兴的典范。

安定镇农桑产业发展历程大致分为三个阶段。第一阶段是明清时期至 1999 年前后以桑树种植为主的传统农业时期。桑树种植对生产要素投入的需求较低，桑树抗旱能力强，不易发生病虫害。明清时期为了防风固沙，当地农民开始在沙荒地上种植桑树，逐步形成了种植桑树的文化传统，种植规模不断扩大，整体上处于粗放式经营阶段。第二阶段是 2000~2017 年农桑产业快速扩张期。2000 年前后，安定镇政府大力支持前野厂村及其周围村庄发展农桑产业，桑树种植面积不断扩张，种植总面积约 1000 亩，户均种植桑树 500 株，桑树品种不断更新，在保留安定镇桑树老品种的基础上，引进了抗风、抗寒的新品种。2010 年安定桑葚被列为国家地理标志农产品后，其知名度不断提升，古桑园桑树观赏、桑葚采摘等关联行业逐渐兴起。第三阶段是 2018 年至今的农桑产业多元发展期。在地方政府与致富带头人的引领下，农桑产业链不断延伸，围绕桑葚、桑叶等农产品开发了多种衍生品，桑葚节等各类农文旅活动日益丰富，初步形成了以农桑产业为主体的乡村产业体系，一二三产业融合发展，带动农民就业增收效应不断显现。

（二）农桑产业链的作用路径与特征

1. 利用重要节庆活动引流，系统谋划农桑文旅产业发展

依托特色农产品、民俗、村庄等要素举办大型节庆活动，是助推乡村特

色产业规范化、品牌化发展的重要途径。大兴区安定镇以桑葚文化节为契机，打造特色农产品品牌，提升特色农产品的知名度与吸引力。一是利用桑葚文化节等节庆活动引流，打造特色古桑文化。安定镇深度挖掘古桑特色文化，以美丽乡村、绿色生态、特色文化等主题举办年度桑葚旅游文化节，吸引本地与外地游客参与。截至2023年底，安定镇已连续举办22届桑葚旅游文化节。基于桑葚采摘、古树保护、休闲农耕等举办民俗文化活动，销售各类农桑加工食品与日用品，在古桑树保护、生态文明建设与传统农耕文化传承上取得了显著成效，提升了文化品牌影响力。二是利用专业运营团队系统设计古桑文化旅游方案。御林古桑园作为安定镇保存古桑树数量最多、相对完整的园区，引入专业运营团队解决长期存在的运营能力不足问题，以农桑产业、特色农产品为导向，深度挖掘农桑文化内涵，对安定镇农桑旅游进行系统设计，策划国风牡丹节、桑葚采摘节、丰收节等活动，带动周边村民销售桑葚，实现多方共赢。

2. 以"合作社+企业+农户"的运营模式，构建特色农桑全产业链体系

立足区域特色资源禀赋，全链开发乡村特色产业，推进乡村特色产业延链、壮链、补链发展是实现乡村产业兴旺的根本途径。安定镇充分挖掘桑树产品价值，不断延长农桑产业链，通过深加工提升农产品的附加值，促进农桑资源的高效利用。一是通过对桑葚、桑叶进行深加工，延伸农桑产业加工链条。采取"合作社+企业+农户"的运营模式，对收购的桑葚、桑叶等农桑产品进行深加工，提高农产品的附加值。桑葚成熟上市期约一个月，不易储存，为此，安定镇通过与加工企业建立合作关系，开发桑葚醋、桑葚饮料、桑葚酒等各类衍生品；与制药企业合作，利用桑枝和桑叶加工桑叶茶、开发药用饮片；与饲料厂合作，利用落地桑叶生产加工养殖饲料，实现农桑产品资源利用最大化。二是依托果蔬合作社、直播间拉动桑葚及其加工品等特色农产品销售。北京亦辰园果蔬专业合作社创建"大美安定古树"品牌，收购安定镇桑村种植村庄的桑葚、桑叶等农桑产品，促进农桑产品资源高效利用，2023年带动安定镇17个村庄1300名桑农增收，其中，通过桑葚销售带动农民每年增收90余万元，通过桑叶收购带动桑农户均增收2600元。

另外，利用直播间、合作社等平台带动了桑葚、桑叶加工品以及周边村庄古桑田园鸡、柴鸡蛋等其他特色农产品的销售。

3. 探索"桑文化+农业+旅游"多元化发展，促进特色农文旅融合

以特色农业为核心，促进农业、文化、旅游的有机结合是当前乡村旅游深度开发的新模式。一是借助节庆活动，挖掘游客研学、餐饮、住宿等消费需求，延长乡村旅游产业链。通过举办桑葚文化节、参观御林古桑园等活动对游客引流，探索以桑产品为主题的特色农家宴，开发特色民宿，挖掘夜间经济潜力，延长乡村旅游产业链。借助节庆活动引流，整合安定镇的旅游资源与特色农业资源，打造全域旅游路线。二是围绕农桑特色，挖掘文化内涵，传承优秀乡土文化。在节庆活动设计中，游客深度体验桑汁捶染、草花造纸等传统技艺魅力，传承优秀传统文化。三是以"桑文化+农业+旅游"带动农民增收。农家宴餐饮、乡村特色民宿等是村民实现就地就近就业的主要载体。借助于节庆活动、景区的引流效应，游客增加了餐饮、住宿、采摘等方面的消费需求，带动了当地村民的多元化就业，最大限度地延伸了乡村产业链。

（三）农桑产业链的运作机理与问题剖析

产业振兴的关键在于激活乡村发展内生动力与增强乡村产业发展能力。农桑产业链的运作机理表现为：一是构建乡村特色产业体系是增强乡村产业发展能力的核心要素。安定镇立足于特色传统农桑种植优势，对农桑种植产业进行产业链延伸与拓展，最大限度地利用农桑资源，提升农业附加值，初步构建了特色农桑产业体系，产生了一定的规模效应。二是培育新业态是乡村产业可持续发展的物质基础。乡村新产业新业态是乡村经济的重要增长点。立足于农业农村的多功能性，以传统农桑种植产业为核心，基于新技术、新理念培育农家宴餐饮、乡村特色民宿、直播带货、非遗体验、研学科普等新产业组织形态与服务形态，促进价值链的延伸，拓展农民增收渠道，实现特色农业的多元价值转化。三是各类乡村主体为乡村产业内生发展注入了新活力。乡村产业要实现内生发展就需要调动农民、致富带头人、村集体

组织等多元化主体力量，充分激发主体活力。地方政府在产业政策制定、农桑节庆活动组织、产业资金保障等方面发挥了主导作用，与农民、致富带头人等形成合力，从支持农民稳定就业、加强培训等方面提升农民主体能力。

从总体来看，安定镇已初步构建了乡村特色农桑产业体系，在产业培育、农民就业增收等方面取得了成效。面向产业振兴与共同富裕的目标任务与战略需求，特色农桑产业仍面临着发展不充分、联农益农效应有限等问题，主要体现在：一是重要节庆活动同质化，引流效果有待提升。文化节、旅游节等活动的本土特色仍不突出，与其他同类文化旅游和节庆活动相比差异不明显，对安定镇本地乡土民俗文化的内涵提炼不足，文旅资源对游客的吸引力有待提升，特色农桑产品及其衍生品的推广力度有待进一步加大。二是产业融合发展深度不够，农桑产业规模有待扩大。在推动农桑产业链向上下游延伸的过程中，产业规模不大，产业链的系统化、组织化程度不足，对龙头企业的培育力度有待进一步加大，农桑产品的品牌化有待进一步深化，产业竞争力有待增强。三是对古桑资源的挖掘利用有待增强。目前特色农桑文化资源的挖掘空间仍较大，文旅产品展现出的特色农桑文化创意不足，与文化振兴之间结合不深，对优秀传统农耕文化的传承有待加强，安定古桑文化与农桑文旅产业的知名度有待进一步提升。

三 北京乡村特色产业振兴的创新路径与对策建议

面向共同富裕目标，未来要培育壮大乡村特色产业体系、持续推动乡村产业全链条升级，解决乡村特色产业发展中的短板问题，探索北京乡村特色产业振兴的创新路径。

（一）加大对企业扶持力度，健全农户利益联结机制

立足于本地特色资源禀赋，通过扶持乡村特色产业的龙头企业，完善与农户之间的利益联结机制，培育特色产业的新优势。一是加快培育龙头企业，加大对企业的扶持力度。未来需进一步加强对龙头企业的培育，支持企

业做大做强，在带动农民增收、促进产品销售、完善农桑产业链价值链等方面起到示范带动作用；健全"龙头企业+合作社+农户"的生产经营体系，探索创新村集体参与、土地入股等新型经营模式，培育壮大集体经济；强化龙头企业在带动农户开展专业化、标准化生产中的主体作用，进一步拓展延伸特色产业链条，推动产业提质增效。优化乡村特色产业营商环境，着力解决企业发展过程中面临的资金、土地等短缺问题，支持产业带头人培育项目，加强特色产业人才与劳动力保障。二是健全农户利益联结机制。鼓励龙头企业创新，推动特色产业与文旅、康养、科普研学等融合，满足消费者对农产品个性化、高端化、优质化的需求；创新龙头企业的联农益农模式，鼓励农户参与产业发展全过程，增强农户自我发展能力，稳步带动农户增收；完善利益联结的保障机制，推动不同类型经营主体之间形成分工协作、优势互补的关系。

（二）加强乡村特色产业的品牌化建设与人才队伍建设

乡村特色产业的品牌化建设是增强乡村产业竞争力、提升农产品附加值的重要手段，未来需进一步打造特色产业的品牌化、精品化路线。一是打造一批高品质的特色农产品品牌。结合乡村特色产业的资源优势、竞争品牌与市场需求，实施乡村特色产业品牌化战略，强化对地域文化与农耕特色的提炼，挖掘品牌文化内涵，明确品牌发展路线、实施路径与管理策略，设计独具当地农耕特色的品牌符号；制定特色农产品的精品化路线，明确农产品品牌的生产技术规范，建立与国家、行业标准接轨的标准化生产体系。二是以特色农产品品牌化助推农业产业升级。通过品牌化建设推动乡村特色产业全链条升级，引导农业生产向高质量、高效益方向发展；因地制宜，挖掘乡村多元价值，促进特色农产品品牌与二三产业融合，通过乡村文旅、休闲农业等渠道推动特色品牌的传播。三是加强服务于乡村特色产业的人才队伍建设。以产教协同为核心，健全乡村产业专技人才培育机制，从生产技术、品牌管理、品牌营销等方面加强对本土型产业人才的培育，引进品牌建设与品牌咨询方面的专业人才，共同服务于乡村特色产业高质量发展。

（三）搭建政企联动平台，加强乡村特色产业的制度保障

通过强化政府与企业联动作用，深化农村土地制度与集体产权制度改革，增强乡村特色产业发展的内生动力。一是搭建政企联动平台，促进政府与企业协同发展。通过搭建政企联动平台，为乡村产业发展提供资源对接、合作促进与推动实施等方面的服务；围绕农产品加工与流通、文旅融合、农业产业化等重点领域进行政策整合，利用政企联动平台促进特色农产品知名度提升，点对点帮扶乡村企业突破瓶颈、解决问题。二是完善农业农村用地保障机制。将年度新增建设用地指标向农业农村倾斜，用地指标优先用于乡村新产业新业态发展，激发农村土地要素活力；深化农村土地管理改革，加大对设施农业、数字农业等改造项目用地的支持力度。三是深化农村集体产权制度改革。探索构建符合市场需求的农村集体经济运营新机制，充分激活乡村要素潜能，将集体资产量化至集体经济组织成员，通过股份制等多种形式保障农民的集体收益，探索推进农业规模化经营，调动农民从事规模化生产的积极性。

参考文献

农业部课题组、张红宇：《中国特色乡村产业发展的重点任务及实现路径》，《求索》2018 年第 2 期。

姜长云：《推进农村一二三产业融合发展的路径和着力点》，《中州学刊》2016 年第 5 期。

何玲玲、殷学斌：《西南边疆地区乡村特色产业发展的路径研究：以广西崇左市 M 县为例》，《现代农业》2022 年第 3 期。

冯巧玲、张江勇、李萃：《基于"农文旅"产业融合的城市近郊山区乡村振兴模式探索》，《小城镇建设》2019 年第 10 期。

雷明、王钰晴：《交融与共生：乡村农文旅产业融合的运营机制与模式——基于三个典型村庄的田野调查》，《中国农业大学学报》（社会科学版）2022 年第 6 期。

汪厚庭：《山区乡村产业振兴与有效治理模式和路径优化：基于皖南山区乡村实践

研究》，《云南民族大学学报》（哲学社会科学版）2021 年第 1 期。

李眉洁、王兴骥：《乡村振兴背景下农旅融合发展模式及其路径优化：对农村产业融合发展的反思》，《贵州社会科学》2022 年第 3 期。

杨亚东、罗其友、伦闰琪等：《乡村优势特色产业发展动力机制研究——基于系统分析的视角》，《农业经济问题》2020 年第 12 期。

涂圣伟：《产业融合促进农民共同富裕：作用机理与政策选择》，《南京农业大学学报》（社会科学版）2022 年第 1 期。

B.24
中关村科学城建设
世界领先科技园区的若干思考

宋洁尘　赵甜蜜　姬梦星 *

摘　要： 本文从创新资源、科技领军企业、产业发展、创新生态等方面探讨了中关村科学城建设世界领先科技园区的现实基础，从原始创新能力、高水平创新服务体系、创新效率等方面分析了与世界领先科技园区存在的主要差距；基于此，提出了提升原始创新能力、打造引领未来产业发展的产业生态、培育具有竞争力的现代产业体系、强化人才支撑和拓展开放合作等对策建议。

关键词： 中关村科学城　世界领先科技园区　创新　未来产业

一　现实基础

（一）创新资源密集

中关村科学城创新资源密集，区域内有北大、清华等 37 所高校；以中国科学院为代表的科研院所 106 家；重组后全国重点实验室 36 家，约占全国的 27.6%；拥有智源院、微芯院、量子院、通研院等新型研发机构 10 家；

---

* 宋洁尘，博士，中关村国家自主创新示范区核心区发展研究中心主任、副研究员，主要研究方向为科技创新、区域经济；赵甜蜜，中关村科学城管委会规划发展处副处长、副研究员，主要研究方向为科技创新；姬梦星，中关村国家自主创新示范区核心区发展研究中心副科长，主要研究方向为科技创新。

区域内工作或居住的两院院士 620 名，占北京市的 77.02%，占全国的 35.98%。国家实验室、国家科研机构、高水平研究型大学、科技领军企业等国家战略科技力量聚集，重大成果不断涌现，形成新一代量子计算云平台、256 核区块链专用加速芯片、"悟道 3.0"系列大模型等重大成果。

（二）科技领军企业不断孕育

伴随科技革命和产业变革加速，加之国家层面政策利好和海淀长期深耕创新生态共同作用，中关村科学城诞生了一批呈现爆发式增长的科技领军企业。特别是 2010 年以来，在移动互联网浪潮推动下，中关村科学城出现特有的"八年千亿"现象，成为海淀经济增长的强大引擎。比如，字节跳动于 2012 年成立，2019 年营收破千亿元，达 1300 亿元，之后更是一年上一个台阶，2020 年 2400 亿元、2021 年 4300 亿元、2022 年 5500 亿元，超过腾讯和阿里，成为中国规模最大、赢利能力最强的互联网公司。2010 年成立的小米，仅用两年时间营收破百亿元，2017 年营收破千亿元，2022 年营收 2800 亿元，在全球智能手机市场份额排名中稳居前三。2010 年成立的美团，仅用 10 年时间，收入破千亿元，2022 年收入破 2000 亿元。

（三）新兴产业聚集发展

在 PC 时代，中关村科学城诞生了以联想为代表的国际品牌。进入互联网时代，中关村科学城乘势而上，孕育了新浪、搜狐、网易、百度等，成长起了一批具有巨大增长空间和技术前景的互联网企业。在移动互联网时代，中关村科学城又成长起小米、滴滴、美团、字节跳动等领军企业。进入万物互联的人工智能时代，中关村科学城集聚了包括百度、旷视、智谱华章等在内的人工智能企业近千家，占全市的 2/3、全国的 1/6。集成电路领域集聚企业 230 家，占全市的 59%，集成电路设计产业生态逐步完善。区块链领域，获批国家区块链创新应用综合试点，形成"长安链"生态联盟。网络安全领域，集聚企业 501 家，占全市的 53%，国家网络安全产业园海淀园区建设提速。智能制造领域，拥有代表企业 148 家，年收入超过 3000 亿元。

智能网联汽车领域，集聚企业百家，占全市六成以上，全速推进自动驾驶示范区建设。大健康产业生态体系初步形成，百放孵化器、巢生实验室、高端医疗器械 CDMO 等产业服务平台投入运营，一批重点企业聚焦 AI+新药研发、基因和细胞治疗、脑科学等前沿方向加速布局。

（四）创新生态持续优化

人才方面，中关村科学城发布"海英计划"升级版，发挥"双站"平台的引才作用，实施"薪火共燃"计划，区域人才资源总量近 200 万人。年轻创业者不断涌现，演绎着独特的中关村"21 岁"现象，即创业者年龄大都在 21 岁左右。据统计，中关村 30 岁以下创业新贵数量居全国首位；2020 年中关村从业人员的平均年龄为 33 岁，其中，29 岁及以下从业者占 42.14%；30~39 岁从业者占 40.77%。中关村的连续创业者占所有创业者的 37%；33%的连续创业者获得融资或被并购，高出其他创业背景创业者近 10 个百分点。包括"百度系""金山系""搜狐系""腾讯系""华为系"在内的大企业骨干离职创业者占中关村创业者的近五成。中关村科学城聚集了一批拥有家国情怀的企业家，有从科研院所内走出的企业家，有从海外留学归来的企业家，有从创业者到企业家再到天使投资人的多重角色的企业家。创业者、企业家和天使投资人等创富群体聚集，是中关村科学城经济高质量发展的独特资源和源动力。孵化服务方面，奇绩创坛、PNP 等高水平孵化器建设不断加速，各类创业孵化机构 180 余家，孵化面积 200 万平方米。中关村知识产权保护中心助力创新主体专利快速授权，高价值专利培育成效显著，成功获批建设知识产权强市，建设试点示范城市和首批知识产权服务出口基地，"双创"工作连续六年获得国务院通报表扬。

（五）先行先试助力创新

率先推进中关村新一轮先行先试改革，支持企业创新的税收优惠、高端人才引进、科技成果转化等改革举措成效显著，有力激发了各类创新主体活力。先后获批国家服务业扩大开放综合示范区、中国（北京）自由贸易试验区、中关村综合保税区，形成产业准入更加开放、数据流动更加安全有序、资金进出更加便利、人才支持更加有力的政策叠加强大优势。

二 主要差距

（一）原始创新能力不强

基础研究的根基不够深，重大颠覆性成果少，前沿技术研究储备还不足，底层技术布局和突破仍处于起步探索阶段，不少"卡脖子"难题有待进一步突破。以人工智能领域为例，在人工智能基础理论和原创算法、深度学习模型、生成对抗网络等新的重大成果和原创性理论方面，与西方国家相比还有较大差距。高端训练推理芯片、关键部件、高精度传感器等领域的基础薄弱。

（二）创新型产业集群引领性不足

一方面，产业链不完善，前期研发居多，但缺乏后续就地开展高端制造等环节，导致研发与制造在空间上相互脱节，制约了产业集群的有效生成，也削弱了制造与研发相互促进的创新能力提升。另一方面，对新兴产业孕育加速能力不足，缺乏支持新兴产业快速发展的政策和服务，在一定程度上限制了新兴产业在区域内的快速成长。

（三）高能级创新服务体系不完善

创新服务还停留在空间、资金、政策支持等层面。直接服务科技创新的科技服务业大而不强，尤其迫切需要提升创新服务能级，不断强化对原始创新、前沿技术创新、硬科技孵化、人才、场景、投资等关键要素的服务支撑。

（四）开放创新国际化发展水平亟待提升

高水平的国际合作机制和路径需要加快探索，参与全球科技创新治理的深度和广度还不够，亟待构建更加开放、更加便利、链接全球的开放创新网络。更加多元化的人才结构和更加透明、可预期的市场化、法治化、国际化营商环境尚未形成。具有全球影响力的企业、创投机构等国际高端创新要素仍需加快集聚。

（五）区域创新效率有待提升

从全球范围看，2022 年，硅谷 GDP 约 4697.7 亿美元，折合人民币 31571.0 亿元，地均 GDP 为 39.5 亿元/公里^2（按硅谷核心地带 800 平方公里测算），人均 GDP 为 120.5 万元；同期，海淀区 GDP 为 10206.9 亿元，地均 GDP 为 23.7 亿元/公里^2，人均 GDP 为 32.7 万元；硅谷的地均 GDP 和人均 GDP 分别是海淀区的 1.7 倍和 3.7 倍，仍有不小差距。从全国范围看，2022 年，深圳南山区地均 GDP 为 42.9 亿元/公里^2，人均 GDP 为 44.4 万元，均高于海淀区。从中关村示范区范围看，2022 年，海淀园地均 GDP 为 212.77 亿元/公里^2（按照 174.06 平方公里统计口径），虽然高于中关村示范区平均水平（179.23 亿元/公里^2），但在十六园中仅排名第七；无论从全球、全国还是全市范围看，创新效率方面仍有差距。

表 1 2022 年海淀区与硅谷单位产出对照

地域	GDP（亿元）	人口（万人）	面积（平方公里）	人均 GDP（万元）	地均 GDP（亿元/公里^2）
海淀区	10206.9	312.4	431	32.7	23.7
硅谷	31571.0	262.0	4800（核心地带 800）	120.5	39.5（按核心地带面积算）

注：硅谷资料来源于《2023 年硅谷指数》（2023 Silicon Valley Index）。

表 2 2022 年海淀区与全国其他主要创新区域单位产出对照

区域	GDP（亿元）	人口（万人）	面积（平方公里）	人均 GDP（万元）	地均 GDP（亿元/公里^2）
海淀区	10206.9	312.4	431	32.7	23.7
深圳南山区	8035.9	181.00	187.5	44.4	42.9
浦东新区	16013	578.2	1210	27.7	13.2

区域	GDP（亿元）	人口（万人）	面积（平方公里）	人均GDP（万元）	地均GDP（亿元/公里²）
杭州市	18753	1237.6	16850	15.2	1.1
合肥市	12013.1	963.4	11445	12.5	1.1

资料来源：各地区官网。

表3　2022年中关村示范区和十六园单位产出对照

园区	人均GDP（万元）	地均GDP（亿元/公里²）	总收入（亿元）	从业人员年末数（万人）	面积（平方公里）
示范区	313.47	179.23	87462.9	2790189	488.00
石景山园	389.53	314.49	4195.3	107700	13.34
丰台园	369.99	429.32	7568.9	204572	17.63
大兴园	366.31	101.58	9981.8	272498	98.27
东城园	345.62	556.73	3357.1	97131	6.03
海淀园	323.53	212.77	37021.8	1144304	174.06
昌平园	313.34	102.29	5257.7	167798	51.40
门头沟园	308.11	299.60	566.3	18378	1.89
朝阳园	307.24	370.51	9670.2	314744	26.10
西城园	295.03	460.56	4601.0	155951	9.99
通州园	220.45	30.88	1060.3	48099	34.34
顺义园	196.70	176.26	2127.4	108154	12.07
延庆园	176.48	40.06	196.7	11144	4.91
密云园	175.78	53.95	539.5	30691	10.00
怀柔园	162.87	64.76	460.4	28270	7.11
房山园	107.35	42.54	668.7	62291	15.72
平谷园	102.81	37.37	189.4	18464	5.08

资料来源：市科委中关村管委会官网。

三　对策建议

（一）服务用好国家战略科技力量，提升原始创新能力

聚焦国家实验室、国家科研机构、高水平研究型大学、科技领军企业等

国家战略科技力量，坚持分类施策，强化协同创新，持续涵养壮大前沿技术的源头供给能力，进一步畅通创新链产业链衔接转化通道，全面提升园区创新体系的整体效能。

建设国家实验室体系。推动完善部市区协同机制，加大对国家实验室科研任务保障力度，做好空间、人才、保障房等属地服务。密切跟踪国家实验室在研、预研科研项目和高水平团队，支持驻区高校院所、新型研发机构、领军企业参与国家实验室重大科研任务攻关。服务对接重组后全国重点实验室，贯通区域科研体系，形成跨学科、跨领域的创新网络。推动驻区战略科技力量重大实验设施和仪器共享，降低创新企业研发成本。

建设全球领先科研机构。支持中国科学院、中国信息通信研究院、国家纳米科学中心、中国航发北京航材院、钢铁研究总院、航天科技集团、航天科工集团等国家科研机构，聚焦芯片设计、软件工程、信息通信、纳米材料、空天关键材料与核心部件制造、基因工程等重点领域，开展科研攻关和成果转化，抢占国际科技制高点。支持北京量子信息科学研究院、北京智源人工智能研究院、北京通用人工智能研究院、北京微芯区块链与边缘计算研究院、北京开源芯片研究院等新型研发机构，加快攻关突破量子信息、颠覆性材料、集成电路、人工智能、区块链、开源芯片等关键核心技术，取得一批世界级重大原创成果，同步提升沿途成果转化、产业化能力。

建设高水平研究型大学。支持清华大学、北京大学等高校打造顶尖学科、开展基础研究和前沿探索，建设高水平研究型大学。支持高校院所、企业共建特色研究院、实验室，聚焦计算机科学与技术、软件工程、材料科学与工程、控制科学与工程、生物学等学科领域开展研究。发挥高水平研究型大学在引领国际学术前沿、催生产业技术变革等方面的策源功能，支持高校探索概念验证、新型科转载体等新模式新平台，提升成果转化能力。

培育科技领军企业。支持驻区央企、行业龙头企业等围绕国家战略需求，在关键战略材料、硅基光电子芯片、类脑计算等领域，超前布局前沿技术和颠覆性技术。用好北京市自然科学基金—海淀原始创新联合基金和国家自然科学基金区域创新发展联合基金（北京），面向科技领军企业需求，推进相关领域的基础研究。支持科技领军企业牵头组建创新联合体，承担国家重大科技任务，在带动产业发展和构建产业生态过程中提升自身创新能级。建立健全揭榜挂帅机制，依托关键核心技术攻关的新组织方式，探索形成科技领军企业培育的新路径。

（二）完善领先的产业服务体系，打造引领未来产业发展的产业生态

聚焦打造新兴产业、未来产业策源地，着力构建全要素、全链条、全生命周期的产业服务体系，全面提升面向新兴产业、未来产业的源头项目发现孵化能力、赋能加速能力、价值实现倍增能力，形成世界领先的产业生态。

构建与国际接轨、体现区域特色的产业服务体系。顺应新一轮科技革命和产业变革趋势，结合中关村科学城产业发展定位，细化人工智能、医药健康等新兴产业发展图谱，分类构建面向细分产业发展的全要素、全链条、全生命周期的定制化、精准化的产业服务体系，加快构筑支撑新兴产业发展的产业生态。支持人工智能、医药健康等细分产业领域的专业服务机构集聚发展，为初创企业提供专业化服务，降低创新创业综合成本，助力初创企业加速成长。

提升产业源头挖掘和早期孵化能力。持续跟踪高校院所源头创新成果，进一步发挥孵化平台、概念验证中心的作用，打通科技成果转化"最初一公里"。发挥新型研发机构在技术研发、成果转化方面的机制灵活优势，实时推动成熟技术成果落地转化。发挥央企行业领军优势，支持其新设科技创新板块。发挥专业孵化机构的源头孵化作用，持续汇聚 PNP、奇绩创坛、红杉中国、巢生等高水平机构，为早期项目提供高端、定制化和具有专业特色的精准服务，持续涵养培育种子项目。

搭建产业加速赋能平台。加快推动集成电路、人工智能、区块链等重点领域新型重大基础平台建设，建设好北京人工智能公共算力平台、北京区块链先进商用算力平台，突出"数据、算力、算法"核心驱动，推动前沿技术和底层技术快速迭代及创新突破、加速畅通从基础研究到产业化的通道。

以新技术应用为核心，加强科技应用场景建设，推动人工智能计算处理中心建设、生态环境智慧化综合治理、自动驾驶创新示范区等典型新场景应用项目实施，为新经济、新业态创造新的市场空间。加强中关村知识产权保护中心建设，创建国家知识产权保护示范区，培育一批国家知识产权示范企业和优势企业。

建立产业服务与区域价值实现的良性循环机制。进一步提升区属国有企业产业投资能力和搭建产业公共服务平台能力，加大对潜力足、成长快的早期项目的投资力度，发挥政府资金的杠杆作用，促进企业稳定发展和区域可持续发展。

（三）加快培育未来产业，构建具有竞争力的现代产业体系

人工智能领域，结合北京建设国家新一代人工智能创新发展试验区和国家人工智能创新应用先导区，积极构筑全球人工智能创新策源地和产业发展高地。推动前沿理论和底层技术突破。采取"揭榜挂帅""创新联合体"等方式支持开展关键核心技术联合攻关；推动"悟道"系列大模型在高精度、高智能等方面不断取得突破；建设合规数据集及相关工作机制；力争在通用人工智能、新型机器学习、数据智能、决策智能、类脑智能、具身智能、可解释人工智能等领域跻身国际前列；围绕大模型算法、模型、工具、评测等，打造高质量、国际领先的大模型自主技术开源体系；支持建设数据集工作组并开放大模型数据集，鼓励数据开放共享。依托北京人工智能公共算力平台等重大基础设施提供算力支撑；构建具有国际影响力的人工智能芯片、深度学习框架等基础软硬件自主可控生态体系；打造中关村人工智能大模型产业集聚区。围绕城市治理、政务服务、智慧教育、科学计算、智慧医疗、智慧金融等应用领域，推动大模型示范应用，赋能实体经济发展。

智能制造领域，重点布局工业软件、机器人、智能检测设备等细分领域，突破仿真软件、智能感知、人机协作等"卡脖子"技术，打造研发实力雄厚、产品附加值高、核心竞争力强的高端装备和智能制造产业集群。打破工业软件垄断。依托国家数字化设计与制造创新中心北京中心和行业领军

企业，整合优势力量，推进三维几何建模引擎、求解器、多物理场仿真、控制系统仿真等关键技术联合攻关，鼓励供给侧工业软件企业使用自主内核并实现典型应用示范，面向船舶、航空航天、汽车、轨道交通、医疗等重点领域开展国产工业软件产品试点。提高专用设备供给能力。开展电子光学、光谱、色谱、质谱等高端仪器仪表联合攻关，争取实现多焦点分布式 X 射线源、机器视觉等检测设备弯道超车；加快推动电力电子、轨道交通、海洋等成套装备研制和产业化，以装备的智能化、高端化带动制造业转型升级。

医药健康领域，重点布局创新药、医疗器械、医疗服务三大方向。支持创新药和高端医疗器械研发。重点发展针对肿瘤、免疫类疾病、罕见病、病毒感染等疾病的创新药物，以及手术机器人、高端医学影像设备、肿瘤治疗设备、体外诊断产品等医疗器械，推动具有自主知识产权的创新品种落地。实现手术机器人、PET-CT、静态 CT、脑磁图仪等全球领先设备研制，打破国外设备垄断；推动高端医疗装备在海淀医院示范应用；布局基因及细胞治疗产业集群，围绕药物改良、蛋白质药物设计及生产、高端制剂、绿色原料药、高端医疗器械等重点领域搭建创新平台，补齐生物医药产业先进制造的短板，攻关"卡脖子"工艺技术，为高校院所、医院及企业的前沿技术项目转化、落地、生产提供"一站式"服务。

机器人领域，以北京市医疗机器人产业创新中心、中关村机器人产业创新中心和中关村智友研究院为抓手，建立从项目发现、概念验证到培育转化的创新机制，形成产业链、创新链和公共服务"三位一体"的产业创新生态。加快新一代机器人关键共性技术与核心零部件攻关平台建设。以人形机器人为牵引，强化人工智能大模型支撑，开展机器人操作系统、芯片、控制系统等技术研究，提升智能一体化关节、新型传感器、高性能伺服驱动系统等关键零部件性能。规划机器人产业园区。

按照全市统一部署，重点发展未来信息、未来健康、未来材料、未来空间四大领域，同时面向未来制造和未来能源两大领域主动而为。未来信息领域，加快布局通用人工智能、6G、元宇宙、量子信息、光电子等。未来健康领域，加快布局细胞与基因治疗、脑科学、合成生物学、医疗机器人等领域。未来材料领域，加快布局石墨烯材料、新一代生物医用材料等细分方向。未来空间领域，加快布局商业航天、卫星网络等。未来制造领域，加快布局类人机器人等。未来能源领域，加快布局氢能和新型储能等。落实全市促进未来产业创新发展八大行动，突出政策驱动，突出场景牵引，突出平台支撑，突出空间保障，抢占未来产业发展先机，打造世界领先的未来产业策源高地。

（四）持续推进高水平人才高地建设，夯实区域创新发展的人才支撑

吸引高水平的科学家。发挥驻区国家实验室、全国重点实验室、双一流大学、新型研发机构、科技领军企业等国家战略科技力量聚集全球顶尖人才的平台作用，聚焦人工智能、量子科技、集成电路、医药健康等前沿领域，支持其引进一批战略科学家、青年科学家，以及 QS 排名前 100 的优秀硕博毕业生和创新团队，并同步纳入海英计划予以跟进支持。发挥企业博士后工作站的平台引才育才优势，优先支持青年科学家，承担科学城主导的揭榜挂帅项目，参与关键核心技术研发攻关，营造青年人才脱颖而出的良好氛围。

培养优秀的企业家。高质量推进"薪火共燃"计划，聚焦前沿科技领域，培养造就一批扎根中关村科学城的未来青年企业家，组织企业家跨界交流碰撞，不断激发创新创业的奇思妙想，打造具有中关村科学城特色的科技企业家品牌。

培育复合型的技术经理人。注重培育对新技术商业化应用具有独特嗅觉、能够将新技术快速转移转化的高水平技术经理人队伍，支持清华、北理工等高校技术转移专业学科建设，支持校企合作联合培养技术经理人，争取北京市朱雀计划引进的技术转移人才流向中关村科学城。

吸引专业化的投资人。充分发挥风投创投对新技术新产业新业态的催化熟化作用，聚焦中关村科学城重点培育的未来产业，发挥先行先试相关政策优势，重点引进聚集一批专业风投创投机构，凝聚一批知名的天使投资、风险投资等高端人才。

构筑创新人才频繁交流的创新网络。支持头部企业、新型研发机构、第

三方专业服务机构，打造包括顶尖科学家、领军企业家、知名投资人和高水平技术经理人在内的交流合作平台，打造产业园区、智能城区、休闲商区、居住社区"四位一体"的人才集聚空间。

（五）务实拓展开放创新合作，确保始终融入全球创新体系

充分释放"四区"政策叠加优势，围绕"引进来"和"走出去"，积极探索高水平的国际合作新机制新路径新模式，深度链接全球高端创新资源，积极参与全球科技创新治理，加快构建更加开放、更加便利、链接全球的开放创新网络。

聚焦"两区"建设，用足用好开放创新的制度性功能性平台。加快推进自由贸易试验区科技创新片区建设，打造面向全球的数字经济试验区和创业投资中心。探索与国际先进水平对标的数字贸易规则，研究制定信息技术安全、数据隐私保护、跨境数据流动等重点领域的规则和标准，构建"规则制定+基础设施+应用场景"开放生态。加快建设以研发创新为特色的中关村综保区，聚焦保税研发、保税检测、保税维修、保税展览，探索监管服务创新和保税服务定制。

聚焦优质增量项目"引进来"，加快集聚国际创新资源。充分挖掘领军企业建立的创新网络，更多借助海外投资、技术并购等市场化资本运作方式，引进落地一批硬科技含量高、产业化前景广阔的重大项目。支持国际化、专业化、高端化的跨国平台机构发展，建设形式多样的开放创新平台，深度链接全球创新资源，助力高端创新要素的流动融合，挖掘一批国际化的重大项目落地。持续吸引国际化人才、跨国公司、外资研发机构等国际高端创新要素集聚发展，推动一批具有国际影响力的行业联盟、国际科技组织、国际科技服务机构落地。

聚焦"走出去"，积极探索国际合作新路径。发挥企业"走出去"的主力军作用。支持科技领军企业通过战略研发合作、技术交叉许可、投资并购重组等方式提高海外优质资源配置能力，支持企业在创新资源密集的国家和地区布局海外研发中心，建设协同创新平台，利用国际人才、技术、品牌等

资源，推动国际协同创新合作端口前移。鼓励创新主体开展离岸创新，积极融入当地创新网络，形成海外研发攻关、创新孵化，中关村科学城落地转化的国际循环路径。积极搭建服务企业"走出去"平台载体。加强对接中国欧盟商会、中国在欧在俄等跨国投资平台，用好"一带一路"平台的纽带作用，支持驻区企业开展海外布局、拓展国际市场、引入优质国际项目。加快建设中德创新中心、国际氢能中心，构建一批国际创新合作新平台。推动设立面向全球的开放科技计划，聚焦生命健康、碳达峰碳中和等国际社会共同关注的重大领域，积极开展国际创新合作。

用好用足中关村论坛。用好中关村论坛永久会址，打造标志中国创新高度的新地标。深入参与中关村论坛的主题策划、平行论坛设置、论坛常态化运行，不断向世界发出创新的中关村科学城声音。做强做优中关村展示中心的国际展示交流交易功能，打造具有影响力的国际交流、新技术新产品的高端首发平台。举办多层次国际科学会议、高端产业峰会等国际会议，邀请国际知名高校院所、企业及机构，开展高层次国际学术交流活动，打造全球科学思想和创新文化交流高地。

参考文献

马宗国、刘亚男：《世界领先科技园区发展的逻辑转向、国际经验与中国路径》，《经济纵横》2023 年第 6 期。

赵弘、哈妮丽：《北京中关村加快建设世界领先科技园区的思考与建议》，《中国国情国力》2022 年第 7 期。

《中共北京市委　北京市人民政府关于印发〈北京市"十四五"时期国际科技创新中心建设规划〉的通知》，2021 年 11 月 3 日。

Abstract

The Beijing Economic Development Report (2023−2024) is divided into general report, macroeconomic report, strategic analysis report, industrial development report, fiscal and financial report, and regional development report. Focusing on the primary task of high-quality development in the capital, with the "five key points" linkage service and integration into the new development pattern as the main line, the overall situation of Beijing's economic development was analyzed and predicted using a combination of quantitative and qualitative analysis methods. The focus was on the global, strategic, and key issues in Beijing's economic development, and a systematic study was conducted on the modern economic system with the characteristics of the capital. The new growth points represented by technological innovation, green economy, digital transformation, and industrial development provide a sustainable growth path for high-quality economic development. A prospect, prediction, and analysis were conducted on the economic situation, information service industry, science and technology service industry, real estate situation, and fiscal and financial situation in Beijing in 2024. Key hot issues such as digital technology innovation, high precision and cutting-edge industrial system , realization of ecological product value, new industrialization, artificial intelligence models, development of science and technology finance, construction of a world leading science and technology park in Zhong Guancun, rural industrial revitalization, and collaborative innovation of the Beijing Tianjin Hebei industrial chain were analyzed in depth, Propose actionable countermeasures and suggestions. The important viewpoints are as follows:

Firstly, the economic situation in Beijing will achieve a stable and positive development pattern in 2024. In 2023, the Beijing economy recovered amidst fluctuations, showing an overall trend of "low before, medium high, and stable after". Establish a Solow model, estimate capital stock, measure total factor productivity growth rate, analyze the endogenous driving force of Beijing's long-term economic growth, and research shows that there is still significant room for improvement in the driving effect of technological innovation on the potential economic growth rate. In 2024, the favorable conditions and development opportunities faced by Beijing's economic development outweigh external risks and internal contradictions, and will gradually return to stable growth. Based on the prediction results of various models, the economic growth rate in 2024 will be around 4.5%. From the demand side, consumer demand is expected to return to a normalized growth level, with a total annual consumption growth of about 6.5%; Fixed assets investment has stabilized and slowed down, and fixed assets investment in the city is expected to grow by about 4%. From the supply side perspective, according to key areas, it is expected that industry will recover to a normalized growth level of around 4%; The service industry is expected to continue its stable yet gradual development trend before the epidemic, with an expected growth rate of around 5% in key areas. The three major sub sectors of key industries and information services are expected to achieve stable growth. Artificial intelligence, information innovation, and public data applications may undergo qualitative transformation and development, and it is expected that the growth rate of added value in the information services industry will remain around 14%. As a key link in achieving technological innovation driven industrial upgrading and accelerating the formation of new productive forces, the strategic support role of the technology service industry will become increasingly prominent. With the recovery of internal and external demand, the implementation and effectiveness of favorable policies, and the accelerated emergence of scientific and technological achievements, it will open up incremental space and usher in new development opportunities. It is expected that the growth rate will stabilize and show a rebound and positive development trend.

Secondly, cultivate a modern industrial system with the characteristics of the capital, and accelerate the formation of new driving forces and advantages.

Promote the new industrialization of the capital, continuously consolidate the foundation of the real economy represented by high-precision and cutting-edge industries, and gradually build a modern industrial system that conforms to the strategic positioning of the capital city. The contribution rate of productive service industry to the growth of service industry is as high as 73%. Due to the agglomeration effect of productive service industry itself, the service industry has changed the urban development logic of Beijing and profoundly affected the spatial layout of Beijing's industries. At the same time, Beijing's artificial intelligence big model industry is in a leading position nationwide and is rapidly building an industrial ecosystem with global influence. In response to the series of challenges and problems faced in key elements and applications such as computing power, data, algorithms, etc., we need to accelerate the construction of computing power infrastructure, optimize supply structure and efficiency; Support the development of high-quality datasets and further deepen the construction of data element markets; Strengthen algorithm and tool innovation, optimize the open cooperation ecosystem; Deepen the opening of application scenarios and drive the implementation of large-scale model applications; Provide guidance and supervision to promote the safe and orderly development of the large model industry.

Thirdly, implement an innovation driven development strategy and strengthen the construction of international science and technology innovation centers. Beijing is deeply promoting independent innovation in digital technology, exploring a series of experiences in improving the mechanism for promoting independent innovation, breaking through key core technologies, enhancing the position of enterprises as the main body of scientific and technological innovation, and forward-looking layout of future technology. To further enhance Beijing's independent innovation capability in digital technology, we must adhere to breakthroughs in independent innovation and implement an asymmetric competition strategy; Adhere to integrated innovation and strengthen the position of enterprises as the main body of innovation; Adhere to application innovation and scenario driven approaches, and strengthen the cultivation of an innovation ecosystem. We will steadily promote the strategy of domestic substitution, promote key core technologies through disruptive technological innovation, improve the mechanism and model for implementing a new national system, strengthen the interaction and coupling between the innovation chain and the industrial chain, optimize the innovation application ecosystem, and build differentiated competitive advantages in emerging fields to improve policy measures. At the same time, accelerate the construction, do a good job in science and technology finance, strengthen financial support for the field of scientific and technological innovation, and promote a virtuous cycle of "technology industry finance".

Fourthly, the green economy solidifies the foundation for high-quality economic development. Beijing has focused on the protection and development issues faced by ecological conservation areas, constructed a basic institutional system, explored the path to realizing the value of ecological products, and improved the government support path. We need to establish a sound ecological compensation mechanism to regulate the profitability of service products; Strengthen the construction of agricultural brands and achieve the value-added of ecological material products; Innovate the integrated development of industries and achieve the monetization of cultural service products. At the same time, the linkage between the "five key points" and Beijing's green, low-carbon and circular development is closely related. However, the degree of industrial digital development affects the speed of green and low-carbon transformation, digital technology empowers green and low-carbon, and carbon value accounting and ecological value accounting are in their early stages, which poses challenges to the coordinated development of Beijing's digital economy and green, low-carbon. We need to accelerate the construction of a digital, green, and low-carbon industrial system led by technological innovation, strengthen multi-dimensional collaboration between the government and the market, use digital technology as a medium, accelerate green and low-carbon technological innovation, and expand the ways to realize carbon value and ecological product value.

Fifthly, taking industrial chain collaboration as an important entry point, we will deepen regional coordinated development. Accelerating the deep integration of the Beijing Tianjin Hebei industrial chain and building competitive innovative industrial clusters will help improve the supporting environment for Beijing's industries and expand the hinterland of industrial chain cooperation. The Beijing

Tianjin Hebei region is one of the important integrated circuit development and production bases in China, with good conditions for achieving industrial integration and development first. We need to promote the formation of a more effective industrial chain division of labor and cooperation pattern. At the same time, strengthening north-south cooperation, cultivating cross regional industrial clusters, and promoting high-quality development in the southern region of the city. Connect with the innovative achievements of Zhongguancun Science City, Future Science City, and Huairou Science City, establish a mechanism for the southern transformation of achievements in the north, and build the southern region into a demonstration zone for the transformation of scientific and technological achievements and a main battlefield for the development of high-precision and cutting-edge industries.

Keywords: Macroeconomic Situation; Digital Economy; Technological Innovation; Green Economy; Beijing

Contents

I   General Report

Abstract: The main features of Beijing's economic development in 2023 include: a rebound and subsequent decline in economic growth, overall low inflation, generally stable employment situation, development driven by technological innovation, slow growth in investment demand, sustained recovery in consumer demand, stable growth in household income, and a decrease in housing market inventory. Establishing a Solow model to estimate capital stock, calculating the growth rate of total factor productivity, and analyzing the endogenous driving forces of Beijing's long-term economic growth. The number of the labor force has gradually decreased in recent years, which may potentially lower the future potential economic growth rate. The slowdown in per capita capital accumulation will weaken its role in driving the potential economic growth rate. There is still significant room for improvement in the impact of technological innovation on the potential economic growth rate. The ARIMA model and LSTM model are applied to forecast the economic growth rate of Beijing in 2024. The latest prediction of the ARIMA model for quarterly GDP growth rate is 4.3% in the first quarter of 2024, and the latest prediction for annual GDP growth rate is 4. 1% in 2024. The latest forecast of the LSTM model for annual GDP growth rate is a 4. 36% growth in 2024. Overall, the model predicts that the annual economic growth rate of Beijing in 2024 will be between 4. 1% and 4. 4%.

Keywords: Economic Growth; Capital Stock; Total Factor Productivity; Beijing

Ⅱ Macroeconomy

B. 2 Beijing's Economic and Social Development in 2023

and Prospects for 2024

Comprehensive Office of the Beijing Municipal Commission

of Development and Reform / 021

Abstract: In 2023, guided by Xi Jinping Thought on Socialism with Chinese Characteristics for a New Era, Beijing maintained the overall stability of the economy and society by strengthening the construction of the "four centers" function, improving the level of "four services", deepening the implementation of the Beijing Tianjin Hebei coordinated development strategy, adhering to the "five sub" linkage services and integrating into the new development pattern. n 2024, it is necessary to adhere to the overall tone of seeking progress while maintaining stability, fully, accurately, and comprehensively implement the new development concept, take the development of the capital in the new era as the leadership, deeply implement the strategies of humanistic Beijing, scientific and technological Beijing, and green Beijing, deeply implement the coordinated development strategy of Beijing Tianjin Hebei, adhere to the "five key points" linkage service and integration into the new development pattern, focus on promoting high-quality development, comprehensively deepen reform and opening up, and effectively enhance economic vitality Prevent and resolve risks, improve social expectations, improve people's wellbeing, maintain social stability, promote comprehensive and strict governance of the Party to develop in depth, and make capital contributions to promoting Chinese path to modernization.

Keywords: "Five Key" Initiatives; Coordinated Development of the Beijing-Tianjin-Hebei Region; Innovation Driven Development Strategy; Digital Economy; Supply-side Structural Reform

B.3 Review of Beijing's Economic Situation in 2023 and Outlook for 2024

Beijing Economic Information Center / 042

Abstract: 2023 is a year of economic recovery and development after the transition of epidemic prevention and control, with many internal and external uncertainties, Beijing actively responding to shocks and mitigating risks, and the economy rebounding in fluctuations, with annual GDP growth of 5.2%. In 2024, some difficult challenges will remain prominent, such as increased external risks, lack of market confidence, and slow income and employment growth. However, we also see some favorable conditions and development opportunities, such as the national fiscal and monetary easing policy, the centralized cashing of large manufacturing projects, and the beginning of new business formats, while getting rid of the impact of the epidemic and the base, the economy will gradually return to stability, and the growth is expected to be about 4.5%.

Keywords: Economic Growth; Consumption; Investment in Fixed Assets; Industry; Services

B.4　Analysis and Prospects of Beijing's Economic Situation

　　from the Perspective of Economic Recovery

Wang Shuhua, Liu Zuoli, Liu Zixing and Zhang Yingnan / 052

Abstract: In 2023, Beijing's economic development showed a trend of "low at the beginning, high at the middle, and stable at the end". Annual GDP growth of 5.2%, which is synchronized with the national average. There are still problems in economic development, such as weakened industry support and weak demand. The growth rate of some advantageous industries has slowed down, and profits have not yet recovered to the level of 2019. Investment growth rate is higher than the national average, while consumption growth rate is lower than the national average. 2024 marks the 75th anniversary of the founding of the People's Republic of China, marks the 10th anniversary of the implementation of the Beijing Tianjin Hebei coordinated development strategy, and is a crucial year for achieving the goals and tasks of the 14th Five Year Plan. Beijing's economic and social development will be in a critical period of functional reshaping, economic recovery, and enhancing the level of opening up to the outside world. We must adhere to the overall tone of seeking progress while maintaining stability, take the development of the capital in the new era as the leadership, and focus on solving prominent problems. We need to anchor industries, integrate regions, and focus on opening up to the outside world, promoting the rational growth of the capital's economy in terms of quantity and effective improvement in quality.

Keywords: Economic Situation; Coordinated Development of Beijing-Tianjin-Hebei; Opening up to the World; Beijing

B . 5　Beijing's Real Estate Operation in 2023 and

Prospect of 2024

Teng Qiujie / 066

Abstract: In 2023, the real estate market was in the cold throughout the country, but the main indicators of Beijing kept growing. It is expected to maintain stability with minor adjustment in 2024. Overall, the era of housing shortage in Beijing has come to an end, and the demand for housing has gradually expanded from "having a room" to "having a safe, comfortable, and convenient living space". Now, there is still room for improvement in the living quality in this city. Focus on the needs of the residents and the city, it is suggested promoting the development of commercial housing return to the market, and promoting the transformation of the real estate industry towards a new development model. The government should take more responsibility of housing security, enhancing the sense of gain, happiness, and security of the residents.

Keywords: Real Estate Development Investment; Land Transfer; Housing Problem

III　Strategic Analysis

B . 6　Strengthening Independent Innovation in Digital

Technology to Lead High-quality Development of

the Digital Economy

Deng Lishu / 078

Abstract: Technological self-reliance and self-improvement are the key engines leading the high-quality development of the digital economy. Beijing is deeply promoting independent innovation in digital technology, exploring a series of experiences in improving the mechanism for promoting independent innovation, breaking through key core technologies, enhancing the position of enterprises as the main body of scientific and technological innovation, and forward-looking layout of future technology. However, at the same time, there are still shortcomings in digital technology innovation, and the efficiency of the technology innovation system needs to be improved. To further enhance Beijing's independent innovation capability in digital technology, we must adhere to breakthroughs in independent innovation and implement an asymmetric competition strategy; Adhere to integrated innovation and strengthen the position of enterprises as the main body of innovation; Adhere to application innovation and scenario driven approaches, and strengthen the cultivation of an innovation ecosystem. We will improve policy measures in areas such as steadily advancing the domestic substitution strategy, promoting independent and controllable key core technologies through disruptive technological innovation, improving the implementation mechanism and model of the new national system, strengthening the innovation coupling and collaborative research between the innovation chain and the industrial chain, optimizing the innovation application ecosystem, and building differentiated competitive advantages in emerging fields.

Keywords: Digital Technology; Independent Innovation; Technological Self-reliance and Self-improvement; High-quality Development

B.7 Establishing and Studying the Mechanism for the Value Realization of Ecological Products in Beijing

Zhao Li, Meng Fan / 093

Abstract: Establishing a sound mechanism for realizing the value of ecological products is a crucial manifestation of implementing Xi Jinping ecological civilization Thought. In order to deepen the practice that emphasizes the importance of green mountains and clear waters, Beijing focuses on the protection and development issues faced by ecological conservation areas. It has constructed fundamental institutional system, explored paths for realizing the value of ecological products, and improved government support mechanisms. However, challenges persist in the implementation process. First, there is irregular accounting of the value of service-type products and inadequate ecological compensation. Second, the value appreciation of material supply-type products is limited, and their advantages are not prominent. Third, there is insufficient transformation of cultural service-type products, and the realization channels are not smooth. Drawing lessons from the practices of pioneering regions, such as developing ecological characteristic industries, transforming the "Two Mountains Bank" platform, and refining GEP accounting, the following strategic suggestions are proposed: strengthen ecological compensation mechanism to make value accounting of service products more standardized and compensations more effective; enhance construction of agricultural brands to ensure the value appreciation of ecological material products; innovate in the integrated development of industries to make cultural service products more convertible.

Keywords: Realization of Ecological Product Value; Gross Ecosystem Product; Ecological Conservation Areas; Beijing

B.8 Relying on the "Five Key Points" Linkage to Achieve Green Low-carbon and Circular Development in Beijing

Liu Wei / 107

Abstract: In the context of the new development pattern, Beijing strives to promote high-quality development relying on the linkage of "five key points". How to link the construction of a national science and technology innovation center, the development of digital economy, supply-side reform, and the construction of "two zones" with the coordinated development of Beijing-Tianjin-Hebei and green, low-carbon and circular development is an important research proposition. By summarizing the current situation and problems of Beijing's green, low-carbon and circular development, the key to realizing

Beijing's green, low-carbon and circular development relying on the "five key points" linkage is found out, and then the countermeasures and suggestions are put forward.

Keywords: Green Development; Low Carbon Development; Circular Economy; Beijing

B.9 Research on the Collaborative Development of Digital Economy and Green and Low Carbon in Beijing

Chen Nan / 119

Abstract: This paper analyzes the current development status of digital economy and green synergy in Beijing, and by constructing an indicator system for digital economy and green low-carbon synergy, horizontally compares the development of digital economy and green low-carbon in major provinces (cities) in China. It is concluded that Beijing has advantages in green low-carbon, digital innovation, and digital industrialization, while its industrial digitization is relatively weak. According to the evaluation results, it is believed that the degree of industrial digital development affects the speed of green and low-carbon transformation, digital technology empowers green and low-carbon insufficient, carbon value accounting and ecological value accounting are in the primary stage, and value transformation has not been achieved. The above problems are the main challenges faced. Finally, this paper proposes policy recommendations to accelerate the construction of a digital, green, and low-carbon industrial system led by technological innovation, strengthen multi-dimensional collaboration between the government and the market, use digital technology as a medium, accelerate green and low-carbon technological innovation, and expand the ways to realize carbon value and ecological product value.

Keywords: Beijing; Digital Economy; Green and Low-Carbon; Cooperation

B.10 Promote the Improvement and Upgrading of Digital
　　　Infrastructure in Beijing and Assist in the Construction of
　　　Global Digital Economy Benchmark Cities

Li Jiamei / 132

Abstract： Beijing is accelerating its speed in building itself into a global benchmark city for digital economy. As an important cornerstone of high-quality development of digital economy, digital infrastructure can help promoting the transformation and upgrading of traditional industries, replace old growth drivers with new ones and expand new space for the development of the digital economy. However, there is still a gap between the construction of digital infrastructure in Beijing and the great demands of its economic and social development. Besides, Beijing still faces some problems. For example, its core technology is still controlled by others; there is still a lack of overall unified planning and its regional distribution is unbalanced. Therefore, it is important to grasp core and key technologies of digital infrastructure through scientific and technological innovation, strengthen overall planning to promote infrastructure connectivity, make reasonable layout to promote the high-quality development of digital infrastructure and promote the high-quality development of the digital economy on the basis of the construction of digital infrastructure.

Keywords： Digital Infrastructure; Digital Economy; Beijing

Ⅳ Industrial Development

B.11 Key Issues and Policy Recommendations for Beijing to
　　　Focus on in Promoting the Development of High-precision
　　　and Cutting-edge Industrial Systems

Zhang Jie / 143

Abstract： The article takes the promotion of the proportion of added value of high-end manufacturing to GDP as the starting point, and studies and analyzes the prominent problems and specific countermeasures in the current development process of Beijing's high-precision and cutting-edge industrial system. We need to highly recognize the importance of promoting the increase in the proportion of added value of high-end manufacturing to GDP in Beijing, and conduct in-depth analysis of the difficulties faced. On this basis, important breakthroughs and specific measures have been proposed to build a distinctive high-precision and cutting-edge industrial system in Beijing. This is reflected in: firstly, specific policy measures to promote the increase of the proportion of added value of high-end manufacturing in Beijing's GDP; Secondly, Beijing prioritizes the development of global "hard technology" centers and accelerates the implementation of related industrial and supply chain innovation chains.

Keywords: High Precision and Cutting-edge Industrial System; The Proportion of Manufacturing; Beijing

B.12 Promoting the High-quality Development of the Capital Economy Through New Industrialization

Research Office of Beijing Municipal Bureau of Economy and Information Technology / 153

Abstract: Accelerating the new industrialization is an important strategic deployment made by the CPC Central Committee in order to build a great modern socialist country. It is an inevitable requirement for Beijing to serve and integrate into the new development paradigm, and resolutely implement the national strategic deployment. It is also an inevitable choice to enhance the new development momentum, seize the commanding heights in competition, and seize the initiative of development under the complex external environment. It is also the only way to solve the bottlenecks of development and achieve high-quality development under the constraint of reduction. Facing the new situation and new requirements, Beijing fully implements the Central Committee's decision and deployment to promote new industrialization, takes the capital development as the lead, takes promoting high-quality development as the theme, continuously consolidates the foundation of the real economy represented by high-end, innovative and leading industries, gradually builds a modern industrial system that meets the strategic positioning of the capital city, and constantly stimulates the strong momentum and vitality of the capital development in the new era.

Keywords: New Industrialization; High-quality Development; Capital Development

B.13 Information Service Industry in Beijing and

Outlook for 2024 *Hu Huijing* / 161

Abstract: Thanks to macroeconomic stability and the significant progress of the construction of global digital economy benchmark city, Beijing's information service industry will resume rapid development in 2023, and continue to play a major supporting role in the growth of GDP. Looking forward to 2024, with the new round of great opportunities represented by large-scale AI models and data factor productivity, Beijing's digital economy construction will take further step forward, and the growth rate of the value-added of the information service industry is expected to remain at about 14%. Three major sub-fields are expected to show steady growth, and artificial intelligence, Information technology application innovation industry and public data applications may face qualitative transformation and development. However, the industry is still facing challenges such as continuous foreign constraints, increased pressure to reduce costs and increase efficiency, imperfect open source software and data open system, and slow commercialization of large models. It is suggested to strengthen key technology research and development, explore the international and domestic market demand; support the commercialization of open source software, improve the open circulation system of data; encourage the commercialization of large-scale models to better land, accelerate the construction of new ecology; continue to optimize the investment environment, and stabilize the development expectations of enterprises.

Keywords: Information Service Industry; Digital Economy; AI; Data Factor Productivity; Public Data

B.14 Current Status and Strategic Recommendations for the Development of Beijing's AI Mega-model Industry

Chang Yan / 171

Abstract: As the epicenter of national artificial intelligence (AI) mega-model industry, Beijing is a leading force in seizing the commanding heights of international competition. This paper, based on an analysis of the characteristics and trends of the international and domestic AI mega-model industry at the new stage, delves into the current state and issues of Beijing's mega-model industry. It is found that while the supply of computing power leads the nation, it still struggles to meet the demands of the mega-model industry's development; high-quality Chinese datasets are limited, and the data market is underdeveloped; there is a high dependency on foreign underlying algorithmic technologies, and professional tools urgently need further evolution; commercial applications are still in the early exploratory stages, with significant gaps before large-scale implementation can be realized. To promote further growth and expansion of the industry, it is necessary to accelerate the construction of computing infrastructure and optimize the supply structure and efficiency; to support the development of high-quality datasets and further deepen the construction of the data market; to strengthen algorithm and tool innovation and optimize the open cooperative ecosystem; to drive the applications of mega-model by deepening the opening of application scenarios; to provide proper guidance and supervision in order to promote the safe and orderly development of the mega-model industry.

Keywords: Artificial Intelligence; Large Models; Computational Power; Data

B. 15 Research on the Industrial Evolution and High-quality Development Path of Beijing's Service Industry

Xu Liluyi / 182

Abstract: Since the 1990s, Beijing has promoted the evolution of industrial structure, leading the service industry to become the main driving force for Beijing's urban economic growth. The scale of Beijing's service industry is growing rapidly, and the proportion of added value of the service industry to GDP is rising, reaching 84. 8% in 2023, ranking first in China. Among the three types of service industry, producer services contributed as much as 73% to the economic growth of Beijing's service industry. However, due to the agglomeration effect of the producer services itself, the logic of Beijing's urban development and the layout of Beijing's industrial space has been affected profoundly, caused problems such as large-scale population, regional coordinated development, and insufficient industrial integration which affect the high-quality development of the Beijing service industry in the future. In this regard, research proposes awareness of deepening the high-quality development of the service industry, accelerating the integration of industrial integration to promote innovation and development, actively expanding the openness of the service industry to the outside world, supporting re-organization of industrial space by building metropolitan area. It expects promoting high-quality development of Beijing service industry with four fields suggestions.

Keywords: Urban Economic Growth; Industrial Revolution; Regional Coordinated Development; Capital Metropolitan Area

B.16 Characteristics of the Operation of Beijing Science and
Technology Service Industry in 2023 and Predictions
for the Situation in 2024

Han Muxun / 196

Abstract: In 2023, the growth rate of the value added in Beijing science
and technology service industry in our city continued to remain low. However,
throughout the year, there was a positive trend of gradual improvement and stable
recovery. Optimizations and adjustments were observed in specific sectors, leading
to the formation of a development pattern characterized by multiple regions
progressing together and providing support from multiple points. However,
attention should be paid to issues such as weak overall competitiveness within the
industry, disconnection between technology and industry, inefficient development
of science and technology parks, insufficient regional innovation collaboration, as
well as talent and funding constraints faced by technology companies. In 2024, a
new round of technological revolution and industrial transformation will
continuously shape new driving forces and advantages for development. The
Western countries' technological blockade against China will accelerate the process
of domestic substitution. The government's support for technological innovation
will be further enhanced through preferential policies. Our city will expedite the
construction of a new pattern of "five-child" linkage to help open up incremental
space for the industry. It is expected that the industry's growth rate will gradually
stabilize, showing a positive trend of recovery and good development prospects.

Keywords: Science and Technology Service Industry; International Science
and Technology Innovation Center; Professional Technical Services; Beijing

V　Fiscal & Financial Market

B. 17　Analysis of Beijing's Fiscal Situation in 2023 and

Prospect in 2024

Si Tong / 213

Abstract: After a year of recovery, Beijing's fiscal revenue showed a stable and good trend, with the revenue scale exceeding 600 billion yuan, achieving an increase of 8. 2%, and the income quality ranked first among provinces and cities in the country for three consecutive years, with tax revenue accounting for more than 85%. Fiscal expenditure not only maintained the priority and actively responded to sudden natural disasters during the year, but also supported the high-quality development of the capital while holding the bottom line of people's livelihood. Looking forward to 2024, the stable and good economic trend will continue to consolidate, the positive factors of the city's production will increase, and the consumption scenario and consumption mode will continue to innovate, which will stimulate the internal impetus of demand and is expected to drive the rapid growth of fiscal revenue. 2024 will mark the 75th anniversary of the founding of New China and the 10th anniversary of the implementation of the Beijing-Tianjin-Hebei coordinated development strategy. It is a key year for the implementation of the " 14th Five-Year Plan ", which puts forward higher requirements for fiscal expenditure, and it is more necessary to make full use of limited financial resources to complete major events, continue to improve the efficiency of fiscal expenditure, and help the high-quality development of the capital.

Keywords: Quality of Revenue; Expenditure Efficiency; Tight Balance of Payments; Fiscal Management Reform

B . 18 Analysis and Forecast of Financial Operation in Beijing
from 2023 to 2024

Gao Fei / 228

Abstract: In 2023, Beijing adheres to the guidance of Xi Jinping Thought on Socialism with Chinese Characteristics for a New Era, thoroughly studies and implements the spirit of the 20th National Congress of the Communist Party of China, the Central Economic Work Conference, and the Central Financial Work Conference, implements prudent monetary policies that are accurate and effective, and opens up and innovates the vitality of finance. It shows that the quality and efficiency of financial services and management have been improved, and it has effectively supported the stabilization and improvement of the economy, and has uncompromisingly promoted the implementation of the Party Central Committee's major decisions and deployments. First, adheres to the purpose of serving the development of the real economy, Beijing creates a good monetary and financial environment to promote the recovery and improvement of the economic operation. The balance of RMB loans increased by 13.4% year-on-year, 2.5 percentage points higher than the same period last year. Second, Beijing continuously optimizes the supply structure and provides precise and effective financial support for major strategies, key areas and weak links. The balance of loans to science and technology innovation enterprises, medium and long-term loans to manufacturing industries, and inclusive small and micro loans increased by 18.4%, 38.1%, and 23% year-on-year. Third, credit support for the real economy has been significantly strengthened, and financing costs for the real economy have hit new lows. We need to pay attention to issues such as the overall low willingness of enterprises to invest in loans, the low credit ratio of technology enterprise loans, the decline in residents' willingness to invest, and the real estate price level expectation index hitting a new low in recent years. In 2024, Beijing will adhere to the fundamental purpose of financial services to the real economy, give full play to the total and structural functions of monetary policy tools, focus on the functional positioning of the "four centers", and make every effort to

complete the "five major articles". With The people's sense of gain as the
foothold and focus, Beijing will better support major strategies, key areas and
weak links such as technological innovation, private small and micro enterprises,
advanced manufacturing, and green development, constantly consolidate and
enhance the economic recovery and good momentum, and serve Chinese-style
modernization with high-quality financial development.

Keywords: Deposit; Loan; Interest Rate; Investment; Technology
Enterprise Financing

B.19 Research on Further Promote the High-quality Development of Science and Technology Finance in Beijing

Zhu Hongmei / 241

Abstract: Accelerating the construction of Beijing as a Science and
Technology Innovation Center is a major strategic task assigned to Beijing by the
Central Committee of the Communist Party. Strengthening financial support for
scientific and technological innovation, and promoting a positive cycle of "science
and technology-industry-finance" are important aspects of Beijing's development into
an international science and technology innovation center. Through measures such as
active policy guidance, enhanced financial innovation, and strengthened technology
empowerment, Beijing has achieved notable progress in the development of science
and technology finance. However, financing for small and medium-sized tech
enterprises still faces challenges, with insufficient diversified direct financing and an
incomplete supporting system for financial innovation. Financial institutions also
need to enhance their service capabilities. It is recommended to solidly promote the
construction of the Zhongguancun Demonstration Area as a pilot zone for science
and technology finance reform, drive the deep integration of science and technology
with finance, vigorously develop direct financing, continuously optimize the
business environment, cultivate professional talent, and further advance the high-

quality development of science and technology finance.

Keywords: Science and Technology Finance; Science and Technology Innovation Center; High-quality Development

B. 20 Comparative Study of Capital Markets and Specialised

Enterprises in Major Functional Areas of the Capital City

He Yan / 254

Abstract: Through structured comparative analysis of the quality, quantity and spatial distribution of listed enterprises in each major functional area of the capital; the ability of capital market intermediaries to serve specialized, special and new enterprises; the development quality, quantity and spatial distribution of specialized, special and new enterprises; and the subsidy policies for specialized, special and new enterprises in each major functional area, it is found that Beijing is facing the challenges of insufficiently smooth financing channels in promoting the high-quality development of specialized, special and new enterprises; It is found that Beijing faces challenges in promoting the high-quality development of specialized, special and new enterprises, such as insufficient financing channels, insufficient capital market agglomeration effect, and policy support to be strengthened. In this regard, it is proposed to develop and expand SMEs represented by specialized, special and new enterprises in the capital; to build a financial ecosystem for SMEs in the capital; to give full play to the advantages of early and pilot implementation and make good use of the public services and subsidies of major functional zones; to strengthen the synergistic development of functional zones in Beijing; and to regulate the healthy development of the capital's multilevel financial market.

Keywords: Capital; Capital Markets; Specialized and Sophisticated Enterprises

VI Regional Development

B.21 Research on Division of Labor and Integration Development Path of Beijing-Tianjin-Hebei Industrial Chain: Taking the Integrated Circuit Industry as an Example

Liu Xianjie / 267

Abstract: Industrial integration is one of the three major areas that have been the first to break through in the coordinated development strategy of the Beijing Tianjin Hebei region. It is the physical content and key support for promoting the coordinated development of the Beijing Tianjin Hebei region. Under the joint promotion of relevant national departments and the Beijing Tianjin Hebei region, regional industrial transfer and cooperation have achieved positive results, but there are still many difficulties and problems in actual work. Against the backdrop of increasing downward pressure on the global economy and profound changes in the pattern of technological innovation and industrial competition, accelerating the deep integration of the Beijing Tianjin Hebei industrial chain and building competitive innovative industrial clusters is of great significance for improving the supporting environment of Beijing's industries, expanding the cooperation hinterland of Beijing's industrial chain, and leveraging Beijing's radiating and driving role to promote high-quality coordinated development of the Beijing Tianjin Hebei region. The Beijing Tianjin Hebei region is one of the important integrated circuit development and production bases in China. The three regions have formed their own comparative advantages in different links of the chip design, manufacturing, materials and other industrial chains, and have good conditions for achieving industrial integration and development in the first place.

Keywords: Beijing-Tianjin-Hebei Region; Industrial Integration and Development; Integrated Circuit Industry

B . 22 Research on the Path of high-quality Economic

Development in the Southern Region of the Capital City

Sun Li / 279

Abstract: The southern region of the city is an important carrier space for the high-quality development of the capital. At present, there are still problems in the southern region of the city, such as imbalanced and insufficient development, the role of industrial clusters and functional zones has not been fully realized, insufficient high-quality and high-level public resources, and weak linkage with the Beijing Tianjin Hebei region. Gradually promoting decentralization and empowerment, enhancing the level of high-end manufacturing, optimizing the business environment, providing high-quality public service resources, enhancing national spatial resilience, strengthening north-south cooperation, and cultivating cross regional industrial clusters have become important paths for the high-quality development of the southern region of the city.

Keywords: High-quality Development; Chengnan Area; Industrial Functional Zones

B . 23 Research on the Path and Mechanism of Revitalizing

Rural Characteristic Industry in Beijing Under the

Guidance of Common Prosperity

Fang Fang / 289

Abstract: Researching on the path, and mechanism of rural characteristic industry can provide scientific support for exploring the high-quality development path of rural characteristic industry under the guidance of the goal of common prosperity. Based on analyzing the theoretical logic between common prosperity and rural industrial revitalization, this article takes the agricultural and mulberry industry in Anding Town, Daxing District, Beijing as a case study, analyzes the path, mechanism, and problems of the agricultural and mulberry industry chain, and proposes innovative paths and countermeasures for the revitalization of Beijing's rural characteristic industry. It's systematically plans the development of the agricultural and mulberry cultural tourism industry by utilizing important festival activities such as the Mulberry Culture Festival to attract tourists in Anding Town, Daxing District, Beijing; it's constructed a distinctive agricultural and mulberry industry chain system through the operation model of "cooperatives+enterprises+farmers"; it's explored the diversified development of "mulberry culture + agriculture+tourism" and promoted the integration of characteristic agriculture, culture and tourism. The mechanism of the agricultural and mulberry industry chain is that, building a distinctive agricultural and mulberry industry system is the core of enhancing the development capacity of rural industries; new rural industries and formats are the material basis for the sustainable development of rural industry; various rural entities provides new vitality to the endogenous development of rural industries. Finally, it is proposed to promote the revitalization of rural characteristic industry by increasing support for enterprises, improving the mechanism for connecting the interests of farmers, strengthening the branding and talent team construction of rural characteristic industry, building a platform for government and enterpris, and improving institutional guarantees for rural characteristic industry.

Keywords: Rural Characteristic Industry; Agriculture and Mulberry Industry Chain; Common Prosperity

B. 24   Several Thoughts on Building World Leading Science and Technology Park in Zhongguancun Science City

Song Jiechen, Zhao Tianmi and Ji Mengxing / 300

Abstract: This article summarizes the practical foundation of building a world leading scientific and technological park in Zhongguancun Science City from the aspects of innovative resources, technology leading enterprises, industrial development, and innovation ecology. It analyzes the main gap between Zhongguancun Science City and the world leading scientific and technological park from the aspects of insufficient original innovation capabilities, incomplete high-level innovation service systems, and low innovation efficiency. Based on the above research and analysis, countermeasures and suggestions are proposed to enhance original innovation capabilities, create an industrial ecosystem that leads future industrial development, cultivate a competitive modern industrial system, strengthen talent support, and expand open cooperation.

Keywords: Zhongguancun Science City; World Leading Science and Technology Park; Innovation; Future Industry

皮 书

智库成果出版与传播平台

❖ 皮书定义 ❖

皮书是对中国与世界发展状况和热点问题进行年度监测，以专业的角度、专家的视野和实证研究方法，针对某一领域或区域现状与发展态势展开分析和预测，具备前沿性、原创性、实证性、连续性、时效性等特点的公开出版物，由一系列权威研究报告组成。

❖ 皮书作者 ❖

皮书系列报告作者以国内外一流研究机构、知名高校等重点智库的研究人员为主，多为相关领域一流专家学者，他们的观点代表了当下学界对中国与世界的现实和未来最高水平的解读与分析。

❖ 皮书荣誉 ❖

皮书作为中国社会科学院基础理论研究与应用对策研究融合发展的代表性成果，不仅是哲学社会科学工作者服务中国特色社会主义现代化建设的重要成果，更是助力中国特色新型智库建设、构建中国特色哲学社会科学"三大体系"的重要平台。皮书系列先后被列入"十二五""十三五""十四五"时期国家重点出版物出版专项规划项目；自2013年起，重点皮书被列入中国社会科学院国家哲学社会科学创新工程项目。

皮书网

（网址：www.pishu.cn）

发布皮书研创资讯，传播皮书精彩内容
引领皮书出版潮流，打造皮书服务平台

栏目设置

◆ **关于皮书**
何谓皮书、皮书分类、皮书大事记、
皮书荣誉、皮书出版第一人、皮书编辑部

◆ **最新资讯**
通知公告、新闻动态、媒体聚焦、
网站专题、视频直播、下载专区

◆ **皮书研创**
皮书规范、皮书出版、
皮书研究、研创团队

◆ **皮书评奖评价**
指标体系、皮书评价、皮书评奖

所获荣誉

◆ 2008年、2011年、2014年，皮书网均
在全国新闻出版业网站荣誉评选中获得
"最具商业价值网站"称号；
◆ 2012年，获得"出版业网站百强"称号。

网库合一

2014年，皮书网与皮书数据库端口合
一，实现资源共享，搭建智库成果融合创
新平台。

皮书网

"皮书说"
微信公众号

S 基本子库
SUB DATABASE

中国社会发展数据库（下设 12 个专题子库）

紧扣人口、政治、外交、法律、教育、医疗卫生、资源环境等 12 个社会发展领域的前沿和热点，全面整合专业著作、智库报告、学术资讯、调研数据等类型资源，帮助用户追踪中国社会发展动态、研究社会发展战略与政策、了解社会热点问题、分析社会发展趋势。

中国经济发展数据库（下设 12 专题子库）

内容涵盖宏观经济、产业经济、工业经济、农业经济、财政金融、房地产经济、城市经济、商业贸易等 12 个重点经济领域，为把握经济运行态势、洞察经济发展规律、研判经济发展趋势、进行经济调控决策提供参考和依据。

中国行业发展数据库（下设 17 个专题子库）

以中国国民经济行业分类为依据，覆盖金融业、旅游业、交通运输业、能源矿产业、制造业等 100 多个行业，跟踪分析国民经济相关行业市场运行状况和政策导向，汇集行业发展前沿资讯，为投资、从业及各种经济决策提供理论支撑和实践指导。

中国区域发展数据库（下设 4 个专题子库）

对中国特定区域内的经济、社会、文化等领域现状与发展情况进行深度分析和预测，涉及省级行政区、城市群、城市、农村等不同维度，研究层级至县及县以下行政区，为学者研究地方经济社会宏观态势、经验模式、发展案例提供支撑，为地方政府决策提供参考。

中国文化传媒数据库（下设 18 个专题子库）

内容覆盖文化产业、新闻传播、电影娱乐、文学艺术、群众文化、图书情报等 18 个重点研究领域，聚焦文化传媒领域发展前沿、热点话题、行业实践，服务用户的教学科研、文化投资、企业规划等需要。

世界经济与国际关系数据库（下设 6 个专题子库）

整合世界经济、国际政治、世界文化与科技、全球性问题、国际组织与国际法、区域研究 6 大领域研究成果，对世界经济形势、国际形势进行连续性深度分析，对年度热点问题进行专题解读，为研判全球发展趋势提供事实和数据支持。

法律声明